무분별의 지혜

삶의 갈림길에서 읽는 신심명 강의

■ 일러두기

* 본문과 각주에서 인용한 성경 구절은 개역개정판을 참조하였으며, 이에 대한 해석은 전통적인 성경 해석과 다를 수 있음을 밝혀 둔다. 진리는 언제나 지금 여기에 있고, 매 순간의 우리 자신과 분리되어 있지 않으며, '대상화' 될 수도 없는 것이라는 관점에서 읽었기 때문이다.
* 본문에 등장하는 몇몇 선사(禪師)들에 관한 일화는 『달마에서 경허까지』(박영규 지음, 정신세계사, 1996)와 『달마와 그 제자들』(우봉규 지음, 살림, 2012)을 참조하였다.

무분별의 지혜

삶의 갈림길에서 읽는
신심명 강의

김기태

판미동

무조건적인 행복이란

"당신은 행복합니까?"

누군가가 나에게 이렇게 묻는다면
나는 주저 없이 대답할 것이다.
"예, 행복합니다."

"왜 행복하다고 생각합니까?"
만약 그가 또 이렇게 묻는다면
나는 이번에도 주저 없이 말할 것이다.

"그냥요. 행복에는 아무런 이유나 조건이 필요하지 않아요.
지금 이대로의 나 자신이 곧 행복이니까요."

무조건적인 행복……. 무조건적이라는 것은, 그 어떤 것에도 영향을 받지 않고, 그 무엇에도 물들지 않으며, 그만큼 완전하고도 영원하다는 것이다.

이런저런 질곡 속에서 유한한 삶을 살아가고 있는 우리에게 정말 그런 행복이 가능할까? 그러나 나는 이런 물음에 대해서도 분명하고 단호하게 말할 수 있다.

"가능할 뿐만 아니라 오직 그것만이 유일한 진실입니다."라고.

어떻게 그럴 수 있을까? 어떻게 그 '진실'을 알고, 지금 이 순간의 삶속에서 '영원'하고도 '완전한 행복'을 누릴 수 있을까? 뜻밖에도 그 길은 너무나 가까이 있다. 행복은 단순히, 어떤 감정 상태가 아닌 존재의 근본 같은 것이기 때문이다.

우리 안에서 일어나는 어떤 감정, 느낌, 생각 들은 파도처럼 일어났다가 사라지지만, 그 하나하나는 모두 내 마음임에는 틀림없다. '좋고 나쁨', '옳고 그른 것'이라는 이분법에서 벗어나, 늘 흔들리는 모든 느낌과 생각을 통하여 결국 흔들리지 않는 자리로 들어선다는 것. 이 놀라운 삶의 비약을 가져다주는 것이 바로 '무분별의 지혜'다.

이 책에는 내가 만나 온, 갈림길에 서서 자신을 잃어버린 수많은 이들이 등장한다. 그러나 그 고통을 벗어나 흔들리지 않는 자신의 자리를 찾는 지혜는, 지금 이 순간, 나와 당신, 그리고 우리 안에 온전히 주어져 있다. 당신은 그것을 꺼내어 쓰기만 하면 된다. 어떻게 꺼내어 쓸까? 이제부터 그 길을 『신심명』을 쓴 승찬 스님을 통해 배워 보고자 한다. 그는 이 '무분별의 지혜'로써 무조건적인 행복을 얻은 사람이기 때문이다.

차 례

『신심명』에 대하여

승찬僧璨은 중국 남북조 시대와 수나라에 걸쳐 살았던 사람으로서, 나이 마흔이 넘도록 심한 풍질을 앓고 있었다. 풍질은 '문둥병'을 가리키는데, 이로 인해 그는 차마 눈뜨고 볼 수 없는 몰골을 하고 있었다. 사는 것이 너무 괴로웠고, 하루를 넘긴다는 것이 너무 힘들고 고통스러웠다. 그는 자신이 무슨 죄를 지어 이런 병을 앓게 되었는지 알고 싶었다.

어느 날 승찬은 중국 선불교의 제2대 조사祖師인 혜가慧可 스님의 명성을 듣게 되었다. 혜가는 달마 대사로부터 법法을 이어받아 당시 여러 지방을 돌아다니며 설법하고 있었다. 승찬은 속인의 몸으로 한걸음에 달려가 혜가를 만났다. 고통에 찌든 얼굴에 더러운 옷차림을 한 그는 혜가를 만나자마자 이름도 밝히지 않은 채 절박하게 그의 발아래 엎드리며 말했다.

"스님, 저는 지금 이렇게 문둥병을 앓고 있습니다."

혜가가 조용히 물었다.

"그래서?"

"제가 왜 이런 고통을 받아야 하는지 알고 싶습니다."

혜가는 난데없이 나타난 승찬을 아무런 말없이 그윽이 내려다보기만 했다.

혜가가 말이 없자 승찬은 다시 물었다.

"도대체 제가 무슨 죄를 지었기에 이런 고통을 겪고 있는 것입니까?"

그러자 혜가는 부드럽게 말했다.

"그 죄를 나에게 가져오너라. 내가 그것을 없애 주마."

잠시 침묵이 흘렀다.

승찬이 다시 입을 열어 말했다.

"죄를 찾아보아도 찾을 수가 없습니다."

혜가가 빙긋이 웃으며 말했다.

"그렇다면 네 죄는 다 없어졌다. 찾을 수도 없는 죄에 묶여 헛되이 고통받는 일은 이제 그만 하라."

그 말에 승찬은 크게 깨쳤다. 그 순간 그는 갑자기 자신을 평생 무겁게 짓누르던 고통으로부터 벗어나 영원한 자유를 얻게 된 것이다. 그날 이후 승찬의 병은 점차 나았고, 출가하여 승려가 되었다. 몇 년 뒤 그는 혜가로부터 법통을 이어받아 중국 선종의 제3대 조사가 되었다.

어떻게 그런 일이 가능했을까?

승찬은 어떻게 그렇게 한 순간 완전한 자유를 얻을 수 있었던 것일까?

깨달음이란 무엇일까?

승찬 스님은 은둔 생활을 오래했기 때문에 그의 행적에 관한 기록은 거의 없지만, 그가 남긴 『신심명』은 지금도 영원한 행복을 구하는 많은 사람에게 밝은 빛이 되어 주고 있다.

『신심명』은 146구 584자로 이루어진 사언절구의 짧은 시문이다. 승찬 스님이 깨달음을 얻고 난 뒤에 은둔 생활을 하면서 선종의 근본 뜻을 73수의 시에 담아 나타낸 것이다. 600자도 되지 않는 작은 소품이지만, 『신심명』에는 선禪의 요체가 잘 나타나 있어 중국에 불법佛法이 전래된 이후로 '문자로서는 최고의 문자'라는 찬사를 받고 있으며, 선종의 역사에서 가장 유명한 선시禪詩 가운데 하나로서 초기부터 널리 읽히며 사람들에게 많은 영향을 끼쳤다.

승찬 스님이 깨달아 이 『신심명』 안에 담아 놓은 진실은 지금 이 순간 우리 자신 안에도 생생하게 살아 있다. 진실은 문자 속에 있는 것이 아니라 영원한 '지금' 속에 있기 때문이다. 언제나 우리 안에 있었으나 미처 깨닫지 못한 '영원한 진실'을 지금 당장 만나 보자. 늘 밖으로만 향하던 우리의 눈을 우리 자신 안으로 돌이키기만 하면 승찬 스님이 발견한 진실을, 깨달음을, 참된 자유와 행복을 우리도 넉넉히 만나고 누릴 수 있다. 왜냐하면 그 진실은 조금도 감추어져 있지 않고, 지금 이 순간 우리 앞에 훤히 드러나 있기 때문이다.

1부

행복은 그런 것이 아니다

왜 무분별인가

_____

1~2수

1

지극한 도(道)는 어렵지 않으니
오직 가려서 택하지만 말라

지도무난至道無難 유혐간택唯嫌揀擇

며칠 전에 있었던 일이다. 거실 천장에 있는 십자형 형광등이 자꾸만 깜박거리고 불이 잘 들어오지 않아 형광등 중앙에 달린 스위치 줄을 몇 번 잡아당겨 보았다. 그런데 너무 세게 당겼는지 그만 줄이 뚝 끊어져 버리는 게 아닌가. 자세히 살펴보니 형광등 본체 안에 있는 스위치와 줄을 연결하는 고리의 매듭이 풀어진 것 같았다. 천장에서 형광등을 떼어 내 덮개를 벗겨 보기로 했다. 그런데 아무리 이곳저곳을 살펴봐도 덮개를 벗겨 낼 수 있는 자그마한 나사 구멍 하나 보이지가 않았다. 하는 수 없이 형광등과 스위치 줄을 들고 집 가까이 있는 조명등 가게에 가서 그것을 내보이며 말했다.

"사장님, 이 스위치 줄 매듭이 풀어져서 다시 연결하려고 하는데, 아무리 해도 덮개를 벗겨 낼 수가 없네요!"

그러자 주인은 빙그레 웃으면서 말했다.

"아저씨가 못 하는 걸 내가 어떻게 합니까?"

"에이, 그래도 사장님은 이런 조명 기구에는 전문가가 아니십니까!"

그제야 주인은 재미있다는 듯 미소 띤 얼굴로 일자 드라이버를 공구통에서 쓱 꺼내더니 형광등 본체 뒷면에 아주 자그맣게 나 있는 틈에 갖다 대고 약간 힘을 주어 눌렀다. 그러자 거짓말처럼 너무나 쉽게 덮개가 벗겨지면서 스위치 줄을 연결할 고리가 나타나는 것이 아닌가. 형광등은 조립식으로 되어 있어 드라이버로 나사를 돌려서 조이거나 하지 않아도 분리와 조립이 아주 쉽고 간단했다. 그것을 본 내가 무척 새로운 사실을 발견한 듯 놀라워하면서, 나도 모르게 약간 큰 소리로 말했다.

"하~, 이렇게 간단한 것을 몰랐군요!"

그러자 가게 주인은 또 한 번 빙그레 웃으면서 이렇게 말했다.

"알고 나면 아무것도 아닌데, 모르면 그렇게 어렵고 힘이 드는 법이지요……."

그 말을 듣는 순간, 나는 무릎을 탁 치며 말했다.

"맞아요! 도道라는 것도 마찬가지랍니다!"

정말 그렇다. 승찬 스님이 이 신심명의 첫머리에서 분명하고 힘 있게 말하고 있는 것처럼 지극한 도는 어렵지 않다. 오죽하면 '세수하다가 코 만지기'라는 말로써 그것을 비유하고 있을까! 세수하면서 코에 손이 닿지 않는 사람이 어디에 있겠는가. 도를 깨닫기란 그만큼 쉽다는 말이다. 그런데 그 쉬운 도가, 조명등 가게 주인의 말처럼 알고 나면 아무것도 아닌 그것이 우리에게는 왜 그렇게 어렵고 또 깨닫기 힘든 무엇이 되어 버렸을까?

그것은 도 자체가 어렵기 때문이 아니라 오히려 도에 대한 잘못된 생각이나 관념 때문이 아닐까? 도는 언제나 지금 이 순간 속에 있는데 미래의 어느 순간 속에서 찾으며, 우리 안에 있는데 밖에서 구하기 때문이 아닐까? 우리가 단 한 순간도 잃어버린 적이 없어서 따로 찾거나 구할 필요가 조금도 없는데도 자꾸만 애써서 찾으려고 하기에 도리어 잃어버리고 있는 것은 아닐까? 지금 바로 우리 눈앞에 밝게 드러나 있는데 오히려 엉뚱한 곳에서, 엉뚱한 모양으로 헤아리기 때문에 우리가 보지 못하는 것은 아닐까?[1]

어쨌든 도를 깨닫게 되면 승찬 스님의 삶에서 보듯이 우리 마음에서 어떤 근본적이고도 질적인 '변화'가 일어나, 마음의 모든 고통과 괴로움이 사라지고 참된 평화와 자유가 가득하게 된다. 그것은 곧 영원한 행복을 얻게 된다는 것이다. 그렇다면 도란 무엇일까? 도가 무엇이기에 우리의 전부를 뒤바꿔 놓을 만큼 강력한 힘을 가진 것일까?

노자가 『도덕경』에서 "도를 도라고 말하면 참된 도가 아니다."라고 말하고 있듯이, 도란 결코 특별하거나 신비로운 무엇이 아니다. 그것은 너

---

1 중국 위진남북조 시대의 스님으로서 『대승찬(大乘讚)』을 쓴 지공화상(誌公和尙)은 이렇게 노래한다. "대도(大道)는 눈앞에 밝게 드러나 있건만, 뒤집혀 헤매는 어리석은 사람은 깨닫지 못한다. 불성(佛性)은 있는 그대로 꾸밈이 없는 것이니, 닦아서 만들 까닭이 없다."

무도 평범하여 차라리 아무것도 아니다. 도란 바로 '현존^{現存, 지금 있는 것}' 혹은 '있는 그대로'를 가리키는 말이기 때문이다. 매 순간 있는 그대로의 현존, 그것이 바로 도라는 말이다. 그렇기에 우리가 도를 깨닫기 위해서 해야 할 일은 아무것도 없다. 다만 매 순간 있는 그대로 존재하기만 하면 된다. 그러니 도를 깨닫기란 얼마나 쉬운가?

그런데 가만히 보면, 모든 사람은 이미 지금 여기에 현존하고 있고, 지금을 떠나서는 단 한 순간도 존재할 수 없기에, 모든 사람은 이미 도 안에 있고 도로서 살아가고 있다고 말할 수 있다. 이 말은 곧 모든 사람이 이미 도를 깨달아 있다는 것이며, 지금 이 순간 이미 영원한 자유와 행복 속에서 살아가고 있다는 말이다. 그러니 따로 도를 찾거나 자유를 구할 필요가 조금도 없는 것이다.[2]

사실이 그렇다. 진정한 행복은 멀리 있지 않으며 특별한 것도 아니어서, 그것을 얻기 위해 무언가를 하거나 애쓸 필요가 없다. 행복은 바로 지금 이 순간 속에 온전히 드러나 있기 때문이다. 아침이면 어김없이 눈을 뜬다는 것, 아무런 불편함 없이 눈을 깜박이며 무언가를 볼 수 있고 들을 수 있으며 말할 수 있다는 것, 몸을 움직일 수 있고 손으로 무언가를 잡을 수 있으며 발을 앞으로 내디디며 길을 걸어갈 수 있다는 것, 또한 밥을 먹을 수 있고 생각할 수 있으며 이런저런 일을 하며 차를 마실 수 있다는 것, 그러는 가운데 가끔 피부를 스치며 지나가는 바람 속에서 계절의 변화를 느낄 수 있고, 누군가를 그리워하며 사랑할 수도

---

2 그래서 '중생이 바로 부처'라고 말하는 것이다.

있고, 숨이 멎을 만큼 아름다운 일몰을 가만히 서 볼 수 있다는 것, 밤이 되면 예쁘게 미소 짓는 환한 달을 볼 수 있고, 바로 그 곁에서 항상 함께 반짝이는 별을 볼 수 있다는 것, 그렇게 하루를 보내고 나면 또 잠이라는 신비 속으로 빠져들 수 있다는 것, 꿈을 꿀 수 있다는 것, 그리고 아침이 되면 다시 눈을 뜰 수 있다는 것! 이 모든 것이 행복이다.

이렇듯 진정한 행복은 바로 지금 여기 이 순간 속에 언제나 '현존'해 있다. 참된 행복은 어떤 조건이나 상태에 속한 것이 아니며, 그것에 의해 좌우되는 것도 아니다. 참된 행복은 결코 '소유'의 영역이 아니기 때문이다. 그렇기에 우리가 진정으로 행복하기 위해 해야 할 일은 아무것도 없다. 다만 매 순간 있는 그대로 존재하기만 하면 된다. 진정한 행복은 어떤 '행위'와 관련된 것이 아니라 '존재'에 속한 것이기 때문이다. 우리가 지금 여기 이렇게 존재한다는 것 자체가 행복이며, 따라서 삶에는 온통 행복할 것들밖에 없다. 이 얼마나 멋진 인생인가!

그뿐만이 아니다. 살다 보면 때로 외롭기도 하고 슬프기도 하며 우울하기도 해서 그 때문에 몹시 힘든 시간을 보낼 수 있다는 것, 낯선 사람들과 함께 있을 때는 무슨 말을 할까 눈길을 어디에 둘까 하며 괜스레 어색하고 불편할 수 있다는 것, 또 때로 찾아오는 불안에 마음 스산해하며 안절부절못할 수도 있다는 것, 한없이 약해질 수도 있고 이런저런 복잡한 감정에 사로잡힌 채 순간순간 긴장하며 쩔쩔맬 수 있다는 것, 사랑하는 사람과도 얼굴 찌푸리며 싸울 수 있고, 누군가를 미워하기도 하고 화를 내기도 하고 질투하기도 하며 그것 때문에 여러 날 괴로워할 수 있다는 것, 문득 자신의 초라함에 한없이 마음 아파하기도 하고, 한순간 말을 많이 해 버렸음에 몹시도 허허로운 가슴이 되어 쓸쓸해하기도 하며, 일이 잘 풀리지 않아 스트레스를 받기도 하고, 이런 저런 일들을 앞에 두고 무척 두려워하며 경직되기도 한다는 것, 그리고 너무 많은 생각 때문에 잠 못 이룬 채 하얗게 불면의 밤을 보내기도 한다는 것! 이 모든 일 또한 우리가 살아 있기에 경험하는 소중한 순간이요, 우리 마음의 다양한 모습이며, 그 하나하나가 지금 이 순간의 현재 속에서 일어나고 있기에 도 아님이 없는 것이다. 도란 다름 아닌 매 순간 있는 그대로의 '현존'을 뜻하는 말이기 때문이다.

그러니 지극한 도란 얼마나 쉬운가! "우주와 그 가운데 있는 모든 것을 지으신 하나님께서는 천지의 주재시니, 손으로 지은 전殿에 계시지 아니하시고 또 무엇이 부족한 것처럼 사람의 손으로 섬김을 받으시는 것이 아니니, 이는 사람들에게 생명과 호흡과 모든 것을 친히 주시는 자이심이라 …… 그는 우리 각 사람에게서 멀리 떠나 계시지 아니하도다. 우리가 그를 힘입어 살며 움직이며 존재하느니라."(사도행전 17:24~28)는 성경 말씀처럼, 우리가 이미 그 속에서 살고 있고 단 한 순간도 떠난 적이 없을 뿐만 아니라 매 순간 도에 힘입어 살며 움직이고 호흡하며 존재하고 있으니 말이다. 그렇기에 따로 찾거나 얻으려 애쓰고 노력할 필요가 조금도 없는 것이다.

『중용』에서는 이를 이렇게 표현하고 있다.

도야자 불가수유리야

道也者 不可須臾離也

가리 비도야

可離 非道也

도라는 것은 잠시 잠깐이라도 떠날 수 없다.
만약 떠날 수 있는 것이라면 그것은 도가 아니다.

그런데 어찌 된 영문인지 많은 사람이 지금 이 순간 자유롭지도 않고 행복하지도 않다. 모든 사람이 현재를 떠나 있지 않고, 도 자체로서 살고 있으며, 그렇기에 영원한 행복 속에 이미 존재하고 있음에도 불구하고 진정으로 그 진실을 깨닫고 누리며 살아가는 사람은 참 드물다. 왜 그럴까? 이미 그 속에 있으면서도 왜 자신이 가진 그 모든 아름답고 눈부신 보물들을 조금도 누리지 못한 채 가난하고 메마른 영혼으로 살아가는 것일까?

그것은 오직 '가려서 택하는' 마음 때문이다. 매 순간 자신 안에서 올라오는 온갖 다양한 마음을 있는 그대로 받아들이며 경험하고 다만 그 순간의 현재 속에 올올이 존재하기만 하면 되는데, 그러면 우리는 우리 안에 있는 모든 아름답고 영원한 보물을 매 순간 맛보고 누리며 행복하게 살아갈 수 있는데, 우리는 언제나 우리 안을 '둘'로 나누어 놓고는 하나는 택하고 다른 하나는 버리려 하기 때문에 그 모든 것을 잃어버리는 것이다.

살다 보면 우울할 때도 있고 외로울 때도 있으며 마음이 참 슬프고 힘들 때가 있다. 그러면 그 순간을 그냥 있는 그대로 받아들여 좀 우울하고 외롭고 힘들면 될 것을, 그렇게 매 순간 있는 그대로 존재하면 될 것을, 우리는 그것을 못 견뎌 하며 어떻게든 그것으로부터 벗어나고 달아나고 극복하려고만 한다. 그 순간에 일어난 외로움이 바로 도道요, 우울이 바로 불법佛法이며, 한 발 뗄 수조차 없는 마음의 무거움과 힘겨움이 바로 깨달음인 것을, 그래서 '번뇌 그대로가 바로 보리菩提³'라는 말은 일점일획도 틀린 말이 아닌 것을, 우리는 오히려 그런 것들을 끊임없이 싫어하고 거부하고 외면하며 버리려고만 하는 것이다. 그리곤 오직 그 반대편의 마음을 택하여 그 안에서만 살려고 한다. 이를테면 편안함이나 당당함, 기쁨, 즐거움만을 자신 안에 담아 두고 싶어 하는 것이다. 그러나 바로 늘 자신을 '가려서 택하려는' 마음 때문에 오히려 우리의 삶은 무한히 괴롭고 힘들게 된다.

설명할 수 없는 불안이 밀려올 때 바로 그 순간의 불안을 있는 그대로 받아들이고 안절부절못하는 자신을 따뜻이 안아줘 보라. 그런 자신을 싫어하고 못마땅해하며 그 불안으로부터 벗어나고 달아나려고만 할 것이 아니라, 그 순간 자신에게 찾아온 불안을 진실로 받아들여 온전히 그것과 하나가 되고, 안절부절못하는 그 마음을 더욱더 깊이 허용해 줘 보라. TV를 컨다든가 책을 읽는다든가 누군가에게 전화를 한다든가 혹은 다른 일을 함으로써 그 순간의 불안을 잊거나 덮어 버리려 하지 말고, 그 불안과 함께 잠시만이라도 가만히 있어 보라. 불안 이외의 어떤 것도 택하지 말고 그것을 향해 아무것도 하지 말아 보라. 진실로

---

3 **보리** 산스크리트어 'Bodhi'의 한자 음역어로서, 석가모니와 그에게서 가르침을 받은 사람들이 얻었다고 하는 '깨달음'을 일컫는다.

그렇게 할 수 있다면, 바로 그다음 순간 이미 불안하지 않은 자신을, 어느새 편안하게, 설명할 수 없는 깊이로 이완된 자신의 마음을 문득 발견하고는 스스로 놀라게 될 것이다.

누군가가 몹시도 미운가. 그 때문에 마음이 무척 힘들고 괴로운가. 어떻게든 그 마음을 해결하여 더 이상 그 사람을 미워하지 않게 되거나 용서하고 싶은가. 그래서 진정으로 마음의 평화를 다시 얻고 싶은가. 그렇다면 그를 온전히 미워하라. 지금 이 순간 자신의 마음속에서 솟구쳐 오르는 그 미움을 온전히 받아들이고 있는 그대로 허용하라. 그 미움을 사랑으로 바꾸려 하지 말고, 상대방을 용서하려 애쓰지 말고, '지금'을 거부하며 '있는 그대로'에 저항하려는 그 마음을 내려놓고, 먼저 자신 안에서 올라오는 그 미움을 깊이 존중해줘 보라. 미워하지 않으려는 그 마음을 단 한 순간만이라도 가만히 내려놓아 보라. 그리하여 미움과 하나가 되고 미움 자체가 되어 보라. 바로 그 순간 설명할 수 없는 경로를 통하여 마음의 질적인 변화가 일어나 미움은 온데간데없이 사라지고, 아득하게만 여겼던 사랑과 용서가 저절로 자신 안에 가득히 채워짐을 느끼게 될 것이다.

어느 순간 문득 자신이 참 초라하고 보잘것없게 느껴지는가? 그런 자신을 비난하거나 내치지 말고 있는 그대로 껴안아 주라. 자신에게 못났다고 스스로 돌을 던지지 말라.

왜 꼭 잘나야 한다고 생각하는가. 그래야만 사람들의 인정과 사랑을 받을 수 있을 것 같아서? 아니, 오히려 그 반대다. 있는 그대로의 자기 자신을 외면하지 않고 사랑할 수 있을 때 남들도 진실하고 따뜻한 사랑으로 다가온다. 지금 이 순간 자신의 초라함과 보잘것없음을 왜곡하지 않고 있는 그대로 받아들일 때, 그렇게 자신에게 정직할 때, 뜻밖에 조금도 초라하지 않은 자신을 문득 깨닫고는 스스로 안도의 한숨을 내쉬게 될 것이다.

쉽게 무너지는 자신이 싫은가? 사람들을 만날 때마다 긴장하고 경직되며 말꼬리를 흐리는 자신이 한심스러운가? 혹은 남모르는 강박 때문에 부끄럽고, 그것을 들킬까 봐 두려운가? 그런 자신 또한 있는 그대로 받아들여 보라.

삶의 모든 아름다운 문을 여는 열쇠는 언제나 '지금' 속에 있다. 우리 마음의 모든 고통과 괴로움은 그런 것들 때문이 아니라, 오히려 그런 것들을 자신 안에서 거부하고 저항하며 외면하는 바로 그 마음, 곧 '가려서 택하는' 마음 때문에 찾아온다. 그러므로 한순간만이라도 그 마음을 내려놓고, 지금 있는 그대로의 자기 자신으로 존재해 보라.

자신을 온전히 받아들여 보라. 단지 그렇게만 하면 된다. 그 외에 달리 해야 할 일은 아무것도 없다. 매 순간 있는 그대로의 현존만으로 이미 충분하다. 그러면 그토록 목말라하던 마음의 깊은 평화와 자유가 기적처럼 우리 안을 가득 채우게 될 것이다.

지극한 도는 어렵지 않다. 영원한 행복을 얻기란 결코 어렵지 않다. 오직 '가려서 택하는' 마음을 내려놓고 매 순간 있는 그대로 존재하기만 하면 된다. 매 순간 있는 그대로의 현존, 그것이 바로 도요 깨달음이요 진리이기 때문이다. 우리가 찾는 진정한 행복은 '바로 지금 이 순간 있는 그대로의 것' 속에 있다.

그렇기에 승찬 스님도 애틋하게 우리에게 말하고 있는 것이다. "오직 가려서 택하지만 말라. 그리하면 네가 원하는 모든 것을 지금 이 순간 속에서 넉넉히 얻게 될 것이다."라고.

2

다만 미워하거나 사랑하지만 않으면
막힘없이 밝고 분명하리라

단막증애 但莫憎愛 통연명백 洞然明白

무엇을 미워하지도 말고 사랑하지도 말라는 것일까? 승찬 스님의 이 말을 우리 자신 '밖'에 관한 것으로 읽어서는 안 된다. 다시 말해 이 말을 '나와 남과의 관계'에 대한 것으로 오해하고는, '인연 되어 오는 사람들을 너무 미워하지도 말고 너무 사랑하지도 말라.'는 뜻으로 해석하면 안 된다는 것이다. 그렇게 읽으면 우리의 삶이 너무 힘들어진다. 생각해 보라. 어떻게 이 삶 속에서 누구도 미워하지 않고 누구도 사랑하지 않으며 살 수 있다는 말인가? 또한 어떻게 그것을 '막힘없이 밝고 분명한 도'라고 말할 수 있겠는가? 그런데 실제로 그렇게 살아옴으로써 무한히 외로워진 어떤 사람의 가슴 아픈 이야기가 있다.

대구의 어느 공부 모임에서 매주 한 번씩 『금강경』을 강의할 때였는데, 조금 늦게 모임에 합류한 사람이 있었다. 그는 처음 인사를 나눌 때부터 환한 미소로 사람들에게 다가왔는데, 얼마나 그 얼굴이 좋아 보였는지 마치 부처 얼굴을 대하는 듯했다. 몇 주 동안 강의를 계속해 나갈 때도 다른 사람들은 서로 자연스럽게 질문도 하고 얘기도 나누고 했지만, 그는 처음의 그 환한 얼굴로 언제나 미소 지으며 그저 고개만 끄덕일 뿐 아무런 말이 없었다. 그는 마치 인생의 모든 문제를 달관한 듯한 모습을 하고 있었지만, 시간이 지날수록 그 환한 미소 뒤에 남모르게 감추고 있는 어떤 아픔과 삶의 무거움 같은 것이 내게도 조금씩 느껴지기 시작했다. 그러던 어느 날 그와 같은 직장 동료인 분이 강의를 마치고 나올 때 가만히 내게 다가와 이렇게 말하는 것이었다.

"선생님, 저 사람을 좀 건드려 주세요."

"예? 건드려 달라니요? 그게 무슨 말씀입니까?"

그랬더니 하는 얘기가, 자신도 처음에는 그 사람이 얼굴도 좋고 참 푸근해 보여 친하게 지내고 싶어서 다가갔는데, 시간이 지날수록 아니라는 느낌이 자꾸 들었다고 한다. 자기 얘기는 하나도 안 하고 남의 고민이나 말만 들어주면서, 자신은 마치 무슨 인생의 해결사인 양 늘 웃는 얼굴로 온갖 좋은 말만 하더라는 것이다. 처음에는 좋았는데, 시간이 지나갈수록 다가가기가 힘들고 마음마저 점점 답답해지더니, 나중에는 무슨 생명 없는 막膜 같은 것에 갇혀 사는 그가 불쌍해지기 시작했다고 한다. 그래서 그 사람을 어떻게든 끄집어내 주고는 싶은데 방법을 모르겠으니, 이렇게 부탁한다는 것이다. 참 고마운 마음이었다.

시간이 얼마 지나지 않아 그렇게 할 수 있는 기회가 저절로 찾아왔다. 강의 시간에 그 사람이 무심코 자신의 속내를 드러내 보이는 말을 한 것이다. 한창 강의를 하고 있는데 그가 어떤 이야기에 무척 공감이 되었던지 내 말을 끊으며 이렇게 툭 한마디를 내뱉었다.

"선생님, 사람은 서로 적당한 거리를 두고 살아가는 게 좋은 것 같아요. 그러면 나도 안 다치고 남도 다치지 않으니까요. 사실 너무 사랑해도, 너무 미워해도 서로에게 상처만 줄 뿐이잖아요?"

그러면서 자신은 지금껏 그렇게 살아올 수 있어서 무척 다행이라는 듯 더욱 환한 미소를 지어 보였다. 마치 어느 누구도 발견하지 못한 삶의 중요한 원리를 자신은 이미 오래전부터 터득하고 있었다는 사실이 자랑스러운 듯이 말이다. 그러나 다른 한편으로 보면, 그의 말처럼 언제나 사람들과 '적당한 거리'를 두고 살았기 때문에 누구에게도 상처주지 않고 자신도 상처받지 않았는지는 모르지만, 바로 그 때문에 그는 누구보다 외로운 사람이 되어 있었다. 어느 누구와도 진정으로 만난 적이 없고, 아무에게도 마음을 열어 본 적이 없는…….

그래서 어떻게 그런 삶의 원리를 갖게 되었느냐고 물었더니, 그는 다음과 같이 자신의 어릴 적 이야기를 들려주었다. 중학교 1학년 때 하교하던 어느 날, 학교에서 늘 친하게 지내던 한 친구와 이런저런 얘기를 나누면서 걸어가다가 별생각 없이 무슨 말을 했는데, 그 친구가 다음 날 아침 몹시 푸석한 얼굴로 자신에게 다가오더니 정색을 하면서, 너는 왜 남한테 상처주는 말을 그렇게 하느냐, 너 때문에 내가 밤새도록 잠도 못 자고 얼마나 괴로웠는지 아느냐며 울부짖더라는 것이다. 그 순간 그는 어린 마음에 큰 충격을 받았다고 한다. 자기는 아무 생각 없이 그 냥 한 말이 다른 사람에게는 큰 상처를 줄 수도 있구나 하고 생각하고 는, 그때부터 마음 깊이 다짐했다는 것이다. 다른 사람에게 정말 말을 조심해야겠다고, 함부로 말하지도, 너무 가까이 다가가지도 말아야겠다 고……. 그러나 그 다짐은 자신에게도 큰 상처가 되어, 그날 이후 그는 지금까지 '적당한 거리' 속에서 어느 누구와도 진정으로 교통할 줄 모 르는 외로운 가슴이 되어 버리고 말았다.

그의 가슴 아픈 사연을 듣고는 내가 말했다.

"아, 얼마나 외로웠을까! 남에게 조금도 상처주지 않으려는 그 고운 마음 덕분에 어떤 사람에게도 상처주지 않고 또 자신도 상처받지 않았 는지는 모르지만, 바로 그 때문에 그 오랜 세월 동안 누구에게도 진정 으로 다가가지 않고 또 누군가가 다가오는 것도 애써 피하기만 했으니, 얼마나 외로웠을까! 그 환한 미소 뒤로 끝없이 외로움만 키워 왔을 당 신의 아픔이 너무나 가슴 저미게 다가옵니다……."

그랬더니 그는 가만히 내 말을 듣고 있던 그 모습 그대로 미동도 하 지 않은 채 뜨거운 눈물을 주르륵 흘리기 시작했다. 그 흘러내리는 눈 물을 보면서 말했다.

"우세요, 마음껏 우세요……. 얼마나 참았던 눈물입니까, 얼마나 울고 싶었던 눈물입니까……. 마음껏 우세요……."

그의 눈물은 이윽고 통곡으로 변했고, 그날 강의는 그것으로 마칠 수 밖에 없었다.

'단막증애'라는 말이 '다만 미워하거나 사랑하지만 않으면'으로 해석되기는 하지만, 그 말을 '나와 남과의 관계'로 읽으면 안 되는 것은 이러한 연유에서다. 이 경전의 모든 글은 '밖'이 아니라 '안', 곧 우리 '내면'으로 돌려 읽어야 한다. 글 하나하나가 전적으로 지금 이 순간의 우리 자신에 관한 이야기요, 우리의 '마음'에 관한 것이기 때문이다. 그렇게 우리 '내면'으로 돌려 읽어서 먼저 우리 '안'에서 그 참뜻이 밝아지면 '밖'으로도 모든 것을 있는 그대로 보게 되어, 마침내 안과 밖이 하나가 되는 완전한 자유를 누리게 된다.

그렇다면 '다만 미워하거나 사랑하지만 않으면'이라는 말의 참된 뜻은 무엇일까? 우리 '안'의 무엇을 미워하지도 말고 사랑하지도 말라는 것일까?

우리 안을 가만히 들여다보면 온통 생명 가득한 에너지로 언제나 넘실대며 흐르고 있다는 것을 알 수 있다. 아침에 눈을 떠서 밤에 잠들 때까지 심지어 꿈속에서까지 얼마나 다양한 감정, 느낌, 생각이 때마다 인연마다 춤추며 눈부시게 일어나는지! 때로는 기쁨, 때로는 슬픔, 때로는 좌절감, 때로는 감사함, 때로는 미움, 거기에 찰나적 깨달음이 문득문득 찾아오기도 하고, 부정적인 생각, 부끄러움, 울분, 짜증 같은 것도 예기치 않게 찾아와 우리의 마음을 이런저런 모양으로 수놓기도 한다. 가을 햇살처럼 투명한 사랑과 그리움과 즐거움이 우리를 가득히 채우기도 하지만, 한여름의 환한 대낮도 어둡게 만들며 요란하게 쏟아지는 소낙비 같은 두려움과 우울이 마음을 무겁게 짓누르기도 한다. 또 한 번은 우쭐거림, 한 번은 허무함, 한 번은 손가락 하나 까딱하기 싫을 만큼의 무력감으로 인해 남모르게 몸서리치기도 한다. 그러나 그 순간이 지나면 언제 그랬냐는 듯 우리의 마음은 또 다시 봄날의 새순 돋듯 환하게 일어나 삶을 노래하기도 한다.

그렇듯 순간순간 변화하는 '마음'의 세계는 얼마나 다양하고 풍성하며 생동감이 넘치는지! 그 변화무쌍함이 얼마나 놀랍고 신기하기까지 한지! 낮과 밤이 합하여 하루를 이루고, 더위와 추위가 함께함으로써 뭇 생명을 여물게 하듯이, 우리 안에서 때마다 인연마다 일어났다가 사라지고 사라졌다가 다시 일어나는 그 모든 감정, 느낌, 생각도 생명의 씨줄과 날줄이 되어 얼마나 우리의 영혼을 풍요롭게 하고 건강하게 하며 자유롭게 하는지!

그렇기에 그 어느 것 하나 소중하지 않은 것이 없고, 그 어떤 한순간도 기꺼이 받아들여 경험하지 않을 수가 없다. 만약 그 가운데 어느 것 하나라도 소홀히 다루거나 우리 안에서 거부되고 버려진다면 우리의 삶은 대번에 왜소해지고 가난해져 버릴 것이다. 왜냐하면 그 하나하나가 무엇으로도 대신할 수 없는 소중한 생명 에너지이기 때문이며, 그 어떤 것도 빠져 있거나 누락되어 있지 않을 때 우리는 비로소 영혼의 진정한 자유와 충만감을 맛보며 누릴 수 있기 때문이다. 그래서 승찬 스님도 이 『신심명』의 첫머리에서 '가려서 택하는' 마음을 내려놓고 우리 안의 모든 것을 있는 그대로 받아들일 때, 그것을 가리켜 '지극한 도'라고 말하고 있는 것이다.

그런데 안타깝게도 우리는 그렇게 살지 않는다. 매 순간 있는 그대로 자신의 전부를 받아들이고 경험하며 살려 하지 않고, 언제나 우리 '내면'을 좋은 것과 나쁜 것, 만족스러운 것과 불만족스러운 것, 자랑스러운 것과 수치스러운 것, 바람직한 것과 부끄러운 것 등 '둘'로 나누어 놓고는, 그 가운데 하나만을 사랑하고 다른 하나는 끝없이 미워하고 있는 것이다. 그래서 밉고 마음에 들지 않고 보잘것없다고 생각되는 것들은 단 하나도 자신 안에 남겨 두지 않고 경험해 보려고도 하지 않는 반면에, 사랑스럽고 마음에 들고 만족스러운 것들로만 자신 안을 가득히 채움으로써 비로소 자유롭고 행복한 존재가 되려고 한다. 그러나 바로 그러한 노력과 수고 때문에, 늘 그렇게 우리 안을 '가려서 택하는' 마음 때문에 오히려 우리의 삶은 더욱 메마르고 힘들어진다. 왜냐하면 우리가 얻고 싶어 하는 참된 영혼의 자유와 행복은 우리가 기울이는 노력과 수고를 통해 오는 것이 아니기 때문이다.

승찬 스님은 말한다. 우리가 그토록 애를 쓰며 도달하고자 하는 그 길은 참된 길道이 아니라고, 자신의 마음에 드는 것들만을 사랑하고 마음에 들지 않는 것들은 미워하는 속에서는 결코 진정한 자유도 해방도 없다고[4], 영혼의 자유는 그렇게 '가려서 택하는' 가운데 얻을 수 있

---

4 예수도 똑같은 말을 한다.
"너희가 너희를 사랑하는 자를 사랑하면 무슨 상이 있으리오. 세리도 이같이 아니하느냐. 또 너희가 너희 형제에게만 문안하면 남보다 더하는 것이 무엇이냐. 이방인들도 이같이 아니하느냐. 그러므로 하늘에 계신 너희 아버지의 온전하심과 같이 너희도 온전하라."(마태복음 5:46~48)
이 말씀 또한 우리 '안', 곧 우리 '내면'으로 돌려 읽어야 한다. 그랬을 때 이 말씀의 참뜻이 바르게 드러난다. 즉 우리가 우리를 사랑하는 자, 곧 우리를 힘들게 하지도 않고 늘 기분 좋고 행복하게만 해 주는 우리 '안'의 온갖 좋은 것들, 이를테면 편안함과 당당함, 충만감, 기쁨, 성실, 자신감 등만을 사랑하고, 우울이나 불안, 슬픔, 외로움, 게으름, 열등감 등은 싫어하고 미워한다면 무슨 상이 있겠는가 하는 말이다. 또 우리가 우리 '안'의 형제, 늘 친근감을 느끼며 함께하고 싶은 즐거움, 지혜, 겸손, 만족 등에게만 자꾸 찾아가고자 한다면 남보다 더하는 것이 무엇이겠는가 하는 말이다. 그러므로 하나님이 그 해를 악인과 선인 모두에게 비추시며 비를 의로운 자와 불의한 자를 가리지 않고 골고루 내려 주시듯, 우리도 우리 '안'의 밝은 것과 어두운 것, 좋은 것과 나쁜 것, 잘난 것과 못난 것, 아름다운 것과 수치스러운 것 모두를 있는 그대로 받아들이고 사랑함으로써 온전한 존재가 되라는 말씀인 것이다.

는 것이 아니며, 언젠가의 미래 속에서 누리게 되는 것도 아니라고. 오히려 우리가 그렇게 노력하고 수고함으로써 얻고자 하는 모든 것은 바로 지금 여기, 아침에 눈을 떠서 밤에 잠들 때까지 심지어 꿈속에서까지 경험하게 되는 모든 감정, 느낌, 생각 바로 그 속에 있다고. 아니, 그 모든 '현존'이 이미 그것이라고. 번뇌가 바로 깨달음이요 중생이 그대로 부처라고. 그러니 다만 '가려서 택하는' 마음만 내려놓으면, 다만 미워하거나 사랑하지만 않으면, 그래서 매 순간 있는 그대로 존재하기만 하면, 그것이 바로 막힘없이 밝고 분명한 도의 길이어서 비로소 완전한 자유와 영원한 행복을 맛보게 될 것이라고……

지금 여기, 당신으로 충분하다

3~8수

3

털끝만큼이라도 차이가 있으면
하늘과 땅만큼 벌어진다

호리유차毫釐有差 천지현격天地懸隔

몇 해 전 어느 날 지인의 소개를 받았다고 하면서 대구 모 대학 행정실에 근무하는 어떤 분이 내게 전화를 걸어왔다. 몇 명이 따로 모여서 도덕경 강의를 듣고 싶은데, 해 줄 수 있느냐는 것이다. 그래서 서로 인사도 나누고 강의 시간과 장소에 대한 구체적인 얘기도 할 겸 한번 만나기로 했다.

며칠 후 약속한 전통찻집에서 만나 반갑게 인사를 나누고는 막 자리에 앉는데, 그는 자신도 뜻밖이라면서 이렇게 말하는 것이었다.

"선생님, 근데 아까 학교를 나오는데 평소 알고 지내던 여 교수님 한 분이 어딜 가느냐고 묻기에 선생님을 만나러 간다고 했더니, 자기도 가면 안 되느냐고 해서 얼떨결에 그러라고 했어요. 그분이 와도 괜찮으시겠어요? 조금 이따가 여기로 오기로 했거든요."

"그럼요! 괜찮습니다."

그렇게 웃으며 대답하고는, 강의를 듣고 싶어 하는 그 마음에 고마워하며 이런저런 얘기를 나누고 있었다. 이윽고 그 교수가 우리 자리로 다가왔다. 반갑게 일어나서 목례로 인사하고 다시 자리에 앉았을 때, 나는 그 교수에게 잠깐 양해를 구하고는 조금 전까지 하던 얘기를 계속했다. 그런데 앞자리에 앉아 내 말에 가만히 귀 기울이고 있던 그 교수가 느닷없이 울음을 터뜨리면서 절규하듯 이렇게 말하는 것이었다.

"선생님, 그만하세요! 그만하세요……."

갑작스러운 상황에 깜짝 놀라 말을 멈추고 있는데, 그는 마치 봇물 터진 듯 눈물과 함께 오래 쌓였던 자신의 무거운 마음을 마구 쏟아 내기 시작했다.

"사람들은 나보고 젊어서 일찍 교수가 되었다고 부러워들 하지만, 정작 저 자신은 아침에 출근하면서 차 안에서 울고, 퇴근하면서도 차 안에서 혼자 얼마나 우는지 모릅니다. 사는 게 지옥이에요……. 제가 미국에 공부하러 갈 때도 사실은 원해서 간 게 아니었어요. 교수하라고 해서 떼밀리듯 갔고, 돌아와서 교수가 된 뒤에도 저는 모든 일과 모든 순간 속에서 그저 떼밀리듯 살아가고 있어요. 강의에, 논문에, 학과 일에, 이런저런 만남에……. 아, 돌이켜보면 제 인생 전체가 떼밀리듯 산 인생이에요……. 이제는 지쳤어요! 아침에 눈 뜨면 제 마음이 어떤지 아세요? 이 하루를, 이 아득하기만 한 24시간을 어떻게 보내야 하나 하는 생각에 숨이 컥컥 막히고 두려워요. 차라리 눈 뜨지 말았으면 하는 바람으로 잠든 밤이 얼마나 많은지 몰라요! 앞으로의 내 인생도 계속 이럴 것만 같아서 죽고 싶었던 적이 한두 번이 아니에요. 아, 선생님! 정말이지 저는 사는 게 너무 지긋지긋해요……."

그는 말을 마치고서도 한동안 어깨를 들썩이며 울음을 그치지 못했다. 조금 진정되었을 때 내가 말했다.

"교수님도 함께 공부하십시다. 도덕경을 공부한다지만 사실은 우리 자신과 '마음'에 관한 이야기를 많이 할 텐데, 그렇게 공부를 해 나가다 보면 어쩌면 교수님의 마음에 참된 치유와 평화가 올는지도 모릅니다……."

그렇게 해서 멀리 시골에서 오시는 한 분과 함께 세 사람이 그 교수의 연구실에 매주 한 번씩 모여 두 시간에 걸친 나의 도덕경 강의를 듣게 되었다. 석 달쯤 지나 본격적인 무더위가 시작되던 어느 여름날, 고맙게도 그의 마음에 근본적인 치유와 평화가 찾아오는 일이 일어났다.

그날도 여느 때처럼 세 분을 앞에 두고 열심히 도덕경 강의를 하고 있는데, 강의 내용 중 어느 한 부분에서 무척 공감했던지 갑자기 그가 내 말을 자르면서 이렇게 말하는 것이었다.

"근데요, 선생님. 제 삶에서 저를 가장 힘들게 하는 게 하나 있습니다. 그 문제만 해결되면 제 삶은 정말 깃털처럼 가볍고 행복할 것 같아요. 모든 순간 속에서 진정 나답게 살 것 같고요. 아, 이것만 해결되면……!"

내가 물었다.

"그게 뭔데요?"

"게으름이요. 정말 치열하게 열심히 사는가 싶게 살고 싶은데 그게 잘 안 돼요. 아무리 결심하고 다짐해도 한순간 게으름 앞에서 무너지는 저 자신을 보면 정말 한심하고 절망스러워요. 오죽하면 저는 밤에 잘 때 불을 못 꺼요. 왜냐하면 눈이 감기는 마지막 순간까지 책을 보다가 잠들어야 그나마 하루를 의미 있게 살았다는 실낱같은 마음이라도 부여잡을 수 있으니까요."

그의 영혼은 간절함으로 입술이 타는 듯했다. 내가 말했다.

"교수님이 힘들어하시는 그 문제를 완전하고도 영원히 해결할 길이 있는데, 한번 해 보시겠습니까?"

그러자 그는 반색하면서 눈을 동그랗게 뜨고 말했다.

"그게 뭐죠? 정녕 그럴 수 있다면 무엇이든 할 수 있어요!"

"좋습니다. 그럼 이렇게 해 보십시오. 방법은 아주 간단합니다. 단 한 번만 제대로 게을러 보십시오. 그러면 영원히 게으름으로부터 해방될 것입니다. 교수님은 자신을 게으르다고 말씀하셨지만, 제가 보기에 교수님은 단 한 번도 게을러 본 적이 없는 것 같습니다. 그렇기에 교수님은 게으름이 무엇인지도 모르는 것이지요. 왜냐하면 게으름이 교수님의 마음에 찾아올라치면 대번에 그것을 못 견뎌 하면서 언제나 그것으로부터 벗어나고 달아나고 극복하려고만 했지, 단 한 번도 게으름을 있는 그대로 받아들여 그 안으로 들어가 그것을 경험해 본 적이 없기 때문입니다. 한순간도 게으름을 받아들여 본 적이 없고 언제나 그것을 거부하고 저항하면서 늘 그 바깥에서만 살려고 했던 분이 어떻게 게으름을 알겠으며, 어떻게 게으르다 하겠습니까? 그러니 이제 그 마음을 내려놓고, 게으름으로부터 벗어나고 달아나려는 그 모든 노력을 정지하고, 게으름에 대한 마음의 모든 저항을 그치고, 수고와 몸부림을 통하여 해방을 얻으려는 그 마음을 스스로 놓아 버리고, 단 한 번만이라도 게으름을 있는 그대로 받아들여 진정 게을러 보십시오. 그리하면 영원토록 교수님의 삶 속에서 게으름을 보지 않게 될 것입니다."

눈동자 하나 움직이지 않고 뚫어져라 바라보며 내 말에 귀를 기울이던 그는 마른침을 한 번 삼키더니, 이렇게 말하는 것이었다.

"그러나 선생님, 그렇게는 할 수 없을 것 같아요! 사람이 성실해지려 노력한다고 해서 대번에 성실한 사람이 되는 것은 아니지만, 그래도 게으르지 말아야 한다는 그 마음만은 결코 놓아서는 안 되는 거잖아요. 그 마음마저 놓아 버리면……. 그건 사람이기를 포기하는 것이니까요!"

말은 그렇게 했지만 실제로 그는 그 마음을 내려놓는 뜻하지 않은 경험을 며칠 뒤에 하게 된다. 마침 그 주에 나흘간의 공백이 생겼는데, 갑자기 많아진 시간을 감당할 길이 없어 어디 멀리 여행을 떠나기로 마음먹었단다. 그렇게라도 시간을 죽여야 그 지긋지긋한 게으름과의 만남을 피할 수 있으리라 여겼던 것이다.

오랜만에 들뜬 마음으로 작은 배낭을 꺼내 물과 간식거리도 넣고, 책도 한 권 넣고, 여벌의 옷도 챙겨 넣고 잠자리에 들었는데, 아침에 조금 늦게 일어나 준비를 마치고 가방을 챙겨 출발하려고 현관문을 열었더니 오, 이런! 하필 억수 같은 비가 쏟아지는 것이 아닌가. 어떡하나, 이비를 뚫고 어디를 가기도 그렇고……. 그렇다고 여기 이렇게 죽치고 있자니 숨이 멎을 것 같고……. 그렇게 고민하고 있던 순간에 문득 '인생에 단 한 번만이라도 제대로 게을러 보라.'는 말이 생각나더란다. 그래서 '좋다, 기왕에 이렇게 된 것 한번 해 보자!' 하는 마음으로 현관문을 도로 닫고는, 나흘 동안 정말 아무것도 아무 일도 하지 않았단다. 말하자면 그는 인생에 처음으로 제대로 빈둥거려 보고 제대로 게을러 보고 제대로 답답해 본 것이다. 게으르지 말아야 한다는 그 마음을 진실로 내려놓아 본 것은 그때가 처음이었다고 한다.

처음 이틀 동안은 답답해서 미칠 지경이었단다. 조금의 시간도 헛되이 보내서는 안 된다는 신념을 부여잡고서 늘 무언가 의미 있고 가치 있는 일로 하루하루 채우려고 몸부림치며 살아오다가, 아무것도 하지 않은 채 너무나 허무하게 그 많은 시간을 보내고 있으니 오죽했겠는가. 사흘째 되는 날에는 극도로 불안해지기 시작하는데, 온갖 부정적인 생각들이 다 들고, 이러다가 정말 교수 재임용에서 탈락하는 게 아닌가 하는 걱정과 함께 지금까지 쌓아 온 자신의 모든 것이 다 무너질 것 같은 두려움과 공포마저 밀려오더란다. 그런데도 그는 그것들로부터 달아나지 않았다. 예전처럼 쫓기듯 공허한 의미와 가치를 부여잡고 싶은 마음을 모질게 내려놓으면서, 그냥 그 순간들 속에 가만히 있었단다. 참많이 힘들고 고통스러웠을 텐데도, 정말 잘해 주었다.

나흘째 되는 날 저녁에야 비로소 자신이 그 많은 시간 동안 얼마나 후텁지근한 방 안에 죽치고 있었던가 하는 생각이 문득 들더란다. 그 무더움에 한참 짜증을 내다가, 수건을 한두 장 적셔서 냉동실에 잠시 넣어 뒀다가 어깨랑 팔에 덮으면 시원하겠다는 생각이 들어서 그렇게 했더니, 며칠 동안 켜켜이 쌓인 더위와 함께 무겁고 답답했던 마음도 조금씩 사라지면서 가벼워졌다. 그리곤 그날 밤 잠자리에 누웠을 때, 왠지 모르게 기분이 좋고 또 전에 없이 아침 일찍 일어나 학교에 가고 싶은 마음마저 들었다고 한다. (바로 며칠 전까지만 하더라도 아침에 일어나 출근해야 한다는 사실이 끔찍이도 싫었는데 말이다.)

그래서 다음 날 아침 일찍 일어나 서둘러 출근해서는 그동안 귀찮아서 이 핑계 저 핑계 대며 미뤄 놓았던 일들을 자신도 미처 자각하지 못한 사이 완전한 집중 속에서 일사천리로 끝내고는 콧노래를 부르며 오후 4시쯤 학교를 나오는데, 아! 얼마 만에 맛보는 존재의 상쾌함인지! 설명할 수 없는 기쁨과 희열 같은 것이 그의 온 마음을 가득히 채웠다.

얼마 지나지 않아 그의 삶은 완전히 '변화'한다. 하루하루 아름답고 눈부시게 달라져 가는 자신의 마음과 일상의 모습을 도덕경 모임 때마다 스스로도 벅차하면서 우리에게 들려주던 그의 모습을 지금도 잊을 수 없다.

남들에게 먼저 편안한 사람이 되어 주면 다른 사람들도 자신을 편하게 대해 주겠지 생각하고는 늘 편안한 사람이 되려고 노력했건만 마음은 외려 한없이 무겁고 힘들었는데, 어느 날 한 여학생이 쪼르르 달려와서는 예쁘게 팔짱을 끼며 "전 교수님이 너무 편안하고 좋아요!"라고 하는 말을 듣는 순간, 자신이 어느새 참 편안한 사람이 되었구나 하며 스스로 감동하기도 했다. 출근하기 위해 일어나야 한다는 사실이 죽기보다 싫어서 아침마다 차 안에서 울곤 했는데, 어느 순간부터 차창으로 불어오는 바람과 눈부신 햇살, 하늘과 구름과 가로수와 세상의 모든 풍경이 또렷이 눈에 들어온다 싶더니, 그 모든 것에 대한 설명할 수 없는 고마움이 한순간 울컥 솟구쳐 올라 스스로 놀라고 전율하기도 했다. 또 힘든 일과가 끝날 때마다 미국에서 함께 돌아와 서울의 모 대학에 가 있는 동료 교수에게 전화해서는 몇 시간이고 쏟아 놓던 온갖 하소연과 불평불만들이 마음속에서 흔적도 없이 사라졌다. 아침에 출근할 때마다 자기 마음 내키는 대로 하지 못하고 남들을 신경 쓰며 거울 앞에서 오랜 시간 화장하거나 옷매무새를 살펴야 한다는 것이 너무나 싫었는데, 이젠 자신이 여자라는 사실이 기쁘고, 자신의 얼굴을 아름답게 가꾸기 위해 화장하는 것이 더할 수 없는 즐거움과 행복이 되었다고 한다.

그런 얘기들을 들려줄 때 그의 모습은 너무나 고요하고 평화로워 눈부시기까지 했다. 말하자면 그 교수는 자신을 오랫동안 힘들게 했던 바로 그 문제를 단 한 번 진정으로 맞닥뜨리고 깊이 받아들인 것으로 인해 삶의 완전한 해방과 자유를 맛본 것이다.

그의 삶이 '변화'하고 난 뒤에 얼마 지나지 않아 이런저런 상황으로 강의를 계속할 수 없게 되었는데, 그 후 1년이 지났을 무렵 나의 첫 번째 책이 출간되어 그에게 선물로 드리고 싶어 사인한 책을 한 권 들고 오랜만에 연구실을 찾았다. 환한 얼굴로 반갑게 나를 맞아 준 교수와 따뜻한 차 한잔을 마시며 그동안 살아온 얘기들을 즐겁게 나누다가, 문득 그와 처음 만났을 때의 일이 생각나서 이렇게 물었다.

"교수님을 처음 만났을 때 하신 말씀이 기억납니다. 그때 교수님은 제게 '사는 게 너무 지긋지긋하다.'고 말씀하셨는데, 지금은 어떠세요?"

그러자 그분은 의아하다는 듯 눈을 휘둥그레 뜨고는 이렇게 말하는 것이었다.

"제가 그런 말을 했었나요?"

또 이런 이야기도 있다.

3년 동안 심한 불면증에 시달리며 괴로워하던 어떤 사람이 있었다. 그는 아무리 잠을 자려고 해도 잠자리에 들기만 하면 정신이 말똥말똥해져서 도무지 잠을 이룰 수 없었고, 고통스러운 불면증을 고쳐 보려고 백방으로 다니며 온갖 노력을 다 기울여 보았지만 아무런 소용이 없었다. 그러는 동안 몸도 마음도 지치고 쇠약해져서 건강이 몹시 나빠지고 있었다. 이대로 가다가는 죽겠다 싶던 차에 지인의 도움으로 당시 우리나라에서 가장 이름이 높은 큰스님을 찾아가게 되었다. 워낙 유명한 분이기에 쉽게 만날 수는 없었지만, 그래도 그 스님만큼은 자신이 잠을 잘 길을 말씀해 주실 것만 같아 마지막 기대를 품고 먼 길을 찾아간 것이다.

지성이면 감천이라고 했던가, 우여곡절 끝에 큰스님을 만난 그는 절박한 심정으로 엎드리며 이렇게 말했다.

"스님, 제발 잠 좀 잘 수 있게 해 주십시오. 3년 동안이나 잠을 제대로 자지 못해서 거의 죽게 되었습니다……."

유명한 큰스님이라 큰 기대를 하고 갔고, 그래서 무슨 시원한 처방이라도 내려 주실 것이라 믿고 내심 기다리고 있는데, 오히려 그 말을 들은 큰스님은 몹시 퉁명스럽게 호통을 치듯이 이렇게 말하는 것이었다.

"아니, 그렇게도 오지 않는 잠인데 뭐하러 애써 자려고 하느냐! 자지 마라!"

그리곤 휙 돌아앉아서 더 이상 아무런 말도 하지 않았다.

'아니, 3년 동안 불면증에 시달리며 너무나 괴로워서 어떻게든 잠을 잘 방법을 구해 그 먼 길을 찾아왔는데, 자지 말라니, 그럼 나보고 죽으라는 말인가?'

매정하고 무심한 말을 한마디 툭 내뱉고는 나 몰라라 하듯 바위처럼 돌아앉은 큰스님이 너무나 서운하고 섭섭해서 망연자실한 심정으로 우두커니 앉아 있는데, 아직도 가지 않고 뭐하느냐는 듯한 표정으로 그 스님이 자신을 한 번 흘깃 돌아보더니 또 이렇게 말하는 것이었다.

"내가 해 줄 말은 그것밖에 없으니, 이제 그만 돌아가거라!"

기대했던 것과는 너무나 다른 스님의 모습과 말씀에 더할 나위 없이 실망했지만, 스님은 도무지 요지부동이니 그냥 일어날 수밖에. 지인의 부축을 받으며 힘겹게 일어난 그는 다시 그 먼 길을 터벅터벅 돌아오면서 길게 한숨을 내쉬었다.

'이제 어떡하나. 이대로 돌아가서 다시 그 지옥 같은 밤들을 맞아야 한다는 말인가. 이번이 내가 찾아볼 수 있는 마지막 방법이었는데……'

그런데 바로 그날 밤, 또다시 고통스러운 불면의 밤을 보내야 한다는 걱정과 불안 속에서 잠자리에 들어 이리저리 뒤척이던 어느 순간, 문득 아까 낮에 큰스님이 호통치듯 하신 말씀이 떠올랐다.

"그렇게도 오지 않는 잠인데, 뭐하러 애써 자려고 하느냐! 자지 마라!"

그 순간, 그는 자신도 모르게 이렇게 중얼거렸다.

'그래, 맞아. 이렇게도 오지 않는 잠인데, 내가 그동안 뭐하러 그렇게 나 자려고 애를 썼던고!'

그러면서 그는 3년 동안 단 한 순간도 놓지 않았던 '자려는 마음'을 내려놓았다. 말하자면 3년 만에 처음으로 고통스러운 불면에 대한 마음의 저항을 내려놓았던 것이다. 그런데 바로 그다음 순간, 그는 죽음과도 같은 깊은 잠에 곯아떨어지고 만다. 그 이후 일주일 동안이나 내리 자는데, 가족들도 그렇게나 깊이 잠든 모습이 고맙고 다행스러워 깨우지 않고 가만히 내버려 두었다고 한다. 일주일 만에 잠에서 깬 그는 더없이 밝고 환한 얼굴로, 자신도 너무나 신기한 듯이 이렇게 한마디를 내뱉었다.

"하~, 여기에 뭔가가 있구나!"

그리곤 삶의 모든 것이 완전히 '변화'하게 된다.

승찬 스님은 말한다. "(지금 있는 것과) 털끝만큼이라도 차이가 있으면 하늘과 땅만큼 벌어진다."라고. 왜냐하면 지금 이 순간 있는 그대로의 '현존'이 바로 도이기 때문이며, 지금 우리 안에서 올라오는 '이것'이 바로 불법佛法이기 때문이다. '이것'이 게으름이든 불면이든 혹은 다른 무엇, 이를테면 외로움이든 불안이든 슬픔이든 미움이든 우울이든 열등감이든 그 낱낱의 번뇌가 바로 보리요, 그 구속과 매임이 바로 완전한 자유이기 때문이다.

그러므로 지금 이 순간 우리 안에서 일어나는 '이것'에 대한 모든 저항과 거부를 내려놓고, 다만 그 모두를 있는 그대로 받아들이라. 매 순간 있는 그대로의 자기 자신으로 존재하라. '지금'의 이 초라한 모습 그대로가 낱낱이 부처다. 그러니 오직 '지금'을 떠나지 말고 '이것'을 버리지 말라.[5] 그렇게 다만 매 순간 있는 그대로 존재하라.

지극한 도는 어렵지 않다. 다만 지금 '이것'을 버리고 다른 특별한 것을 찾고 구하는 그 마음, 곧 '가려서 택하는' 마음만 내려놓으면 된다. 왜냐하면 '이것'이 바로 우리가 그토록 찾고 구하는 '그것'이기 때문이며, 지금 이 순간이 바로 영원으로 들어가는 문이기 때문이다. 그리하여 우리가 지금 '이것'을 있는 그대로 껴안는다는 것은 곧 도를 껴안는다는 것이며, 지금 이 순간을 받아들인다는 것은 곧 영원을 만나게 된다는 것이다. 우리가 원하는 모든 참된 것은 오직 지금 이 순간 속에서만 만날 수 있기 때문이다. 그 진실을 먼저 안 승찬 스님이 우리에게 애틋하게 말한다.

"지금 '이것'을 버리고 다른 것을 구한다면, 지금 '이것'과 털끝만큼이라도 차이가 있으면 우리가 얻고자 하는 '그것'과는 하늘과 땅만큼 벌어진다. 왜냐하면, 지금 '이것' 안에 우리가 원하는 '그것'이 온전히 들어 있기 때문이다. 아니, 지금 '이것'이 곧 '그것'이기 때문이다."

---

5 지공화상은 그의 『불이송(不二頌)』에서 또 이렇게 노래한다.
"사람들은 도를 닦을 줄 모르니, 곧장 번뇌를 끊어 없애고자 한다. 번뇌는 본래 텅 비고 고요한데, 도를 가지고 다시 도를 찾으려고 하는구나. 한순간의 마음이 바로 이것인데, 어찌하여 다른 곳에서 찾으려고 하는가?"

4

도가 앞에 나타나기를 바란다면
따라가지도 말고 거스르지도 말라

욕득현전欲得現前 막존순역莫存順逆

중국 당나라 때의 선승禪僧인 도오道悟에게 어느 날 한 젊은이가 찾아와 넙죽 절을 하며 제자가 되고 싶다고 했다. 그래서 도오가 물었다.

"무엇을 구하느냐?"

"진리를 알고 싶습니다."

"그래? 그렇다면 이곳에 머물러라. 너에게 불법을 가르쳐 주겠다."

그 젊은이는 뛸 듯이 기뻐하며 몇 년 동안 도오를 지극정성으로 섬겼다. 그런데 아무리 시간이 흘러도 도오는 도무지 그에게 가르침을 줄 생각조차 하지 않는 것 같았다. 그래서 하루는 젊은이가 몹시도 섭섭한 마음이 들어 스승에게 가서 따지듯 물었다.

"스님, 왜 제게 불법을 가르쳐 주지 않습니까?"

그러자 도오는 오히려 황당하다는 표정을 지으며 눈을 휘둥그렇게 뜨고는 이렇게 말했다.

"아니 이놈아, 수년 동안 하루도 빠짐없이 가르쳤더니, 이제 와서 무슨 소리를 하는 게냐!"

젊은이는 어처구니가 없다는 표정으로 스님을 바라보며 말했다.

"뭐라고요? 저를 하루도 빠짐없이 가르쳤다고요? 아니, 도대체 언제 저를 가르쳤습니까? 저는 가르침을 받은 적이 한번도 없습니다!"

'허허, 이놈 봐라!'

도오는 제자의 표정을 살피며 금방이라도 웃음을 터뜨릴 듯한 얼굴을 하고 있었다. 그 때문에 젊은이는 화가 치밀었다.

"스님, 대답해 보십시오! 언제 제게 불법을 가르쳐 주셨습니까? 저는 도무지 가르침을 받은 기억이 없습니다!"

제자의 붉게 상기된 얼굴을 빤히 바라보면서 도오는 달래듯 이렇게 말했다.

"아, 이 녀석아, 네가 차를 가져오면 마셔 주었고, 밥을 가져오면 먹어 주었고, 인사를 하면 머리를 숙여 받아 주지 않았느냐. 네가 말을 걸어 오면 대꾸해 주었고……."

젊은이는 어리둥절해졌다. 스승이 도대체 무슨 말을 하는 것인지 알 수가 없었다. 흡사 자기를 놀리고 있는 듯한 느낌마저 들었다.

'설마 스승님이 제자를 데리고 장난하고 계신 것은 아니겠지?'

젊은이는 잠시 생각에 잠겨 있었다.

그때 도오가 정색하며 무섭게 소리쳤다.

"이놈아, 무슨 생각을 하는 거야! 생각하면 곧 어긋나는 것이야! 있는 그대로 보란 말이다!"

그 말에 젊은이는 퍼뜩 깨쳤다.

또 이런 이야기도 있다.

어린 사미승沙彌僧[6] 하나가 어느 날 슬그머니 승찬 스님의 방으로 찾아와 겁도 없이 물었다.

"스님, 부처님 마음佛心은 어떤 것입니까?"

이제 갓 열네 살 먹은 어린 녀석의 물음에 승찬 스님은 저도 모르게 미소 지었다.

'요놈 봐라, 아직 이마에 피도 안 마른 녀석이……'

승찬 스님은 속으로 이렇게 생각하며 되물었다.

"네 마음은 어떤 거냐?"

사미승은 고개를 갸웃거리다가 말했다.

"모르겠는데요."

그러자 승찬 스님이 껄껄 웃으며 다시 물었다.

"네 마음도 모르면서 부처님 마음은 알아서 뭘 하려고 그러느냐?"

사미승은 뭔가 알아들었다는 듯이 고개를 끄덕였다. 그 모습을 본 승찬 스님이 또다시 물었다.

"무슨 뜻으로 고개를 끄덕이는 것이냐?"

---

6 사미 ① 불도(佛道)를 닦는 스무 살 미만의 어린 중을 이르는 말. ② 불문(佛門)에 든 지 얼마 안 되어 불법에 미숙한 중을 이르는 말. 사미승.

그러나 사미승은 히죽 웃을 뿐 아무 대답도 하지 않았다. 그 바람에 승찬 스님은 자신도 모르게 이렇게 말했다.

"어, 이놈 봐라!"

승찬 스님이 껄껄 웃자 사미승도 따라 웃었다.

그래도 어린 사미승은 할 말이 더 남았던지 좀체 물러갈 생각을 하지 않았다.

"아직 묻고 싶은 것이 더 남은 게냐?"

승찬 스님이 궁금한 듯이 물었다.

"예, 스님."

"그래, 뭐냐?"

"어떻게 하면 해탈할 수 있습니까?"

'허, 이놈 보소!'

승찬 스님은 더욱 크게 웃었다. 해탈이란 마음의 모든 번뇌와 속박을 벗어나 영원한 자유와 행복에 이르는 것을 말한다. 다시 말하면, 이는 모든 인간의 궁극적인 의문과도 같은 것인데, 고작 열네 살밖에 안 된 어린아이가 그렇게 물어 왔으니, 놀랍기도 하고 한편으론 대견스러우니 웃을 수밖에. 한참 만에 웃음을 그친 승찬 스님은 잔잔한 음성으로 그에게 이렇게 되물었다.

"이놈아, 누가 너를 묶었더냐?"

"아뇨."

사미승은 엉겁결에 대답했다.

"그런데 어찌 다시 해탈을 구하느냐?"

"……."

사미승은 한동안 아무 말도 하지 못했다. 그저 멍하니 승찬 스님의 얼굴만 바라볼 뿐이었다.

"이제 됐느냐?"

승찬 스님이 말했다.

"예, 스님."

사미승은 큰절을 하고는 환한 얼굴로 되돌아갔다.

묶여 있지 않은데 어찌 다시 해탈을 구하느냐는 승찬 스님의 한마디에 문득 깨달음을 얻은 이 아이가 바로 훗날 승찬 스님으로부터 사조四祖의 법통을 이어받게 되는 도신道信이다.

중국 당나라 때의 선승인 임제臨濟는 또 이렇게 노래한다.

도류! 불법무용공처 지시평상무사

道流! 佛法無用功處 秖是平常無事

의시송뇨 착의끽반 곤래즉와

倚屎送尿 著衣喫飯 困來卽臥

우인소아 지내지언

愚人笑我 智乃知焉

도 배우는 이들이여! 불법에는 애써 공부할 것이 없다.

다만 평상(平常)하고 일없으면 될 뿐이다.

똥 누고 오줌 누며, 옷 입고 밥 먹으며, 피곤하면 눕는다.

어리석은 사람은 나를 비웃겠지만, 지혜로운 자라면 알 것이다.

"도가 앞에 나타나기를 바란다면……"이라고 승찬 스님은 말하고 있
지만, 사실 도는 지금 이 순간 우리 앞에 이미 온전히 나타나 있다. 차
마시고, 길을 걷고, 머리 숙여 인사하고, 말하거나 대꾸하고 또한 똥 누
고 오줌 누고 옷 입고 밥 먹으며 피곤하면 눕는 일, 이 모든 것이 도 아
님이 없기 때문이다.

비단 이런 '밖'의 일들뿐이겠는가. 우리 '안', 곧 우리 '내면'의 일도 마
찬가지여서 지금 이 순간 우리 '안'에서 일어나는 모든 일이 도 아님이
없다. 그것이 게으름이든 불면이든 미움이든 질투든 슬픔이든 불안이든
잡생각이든 망상이든 그 밖의 무엇이든, 그 번뇌 그대로가 깨달음이며
그 낱낱 중생의 마음이 곧 부처의 마음이다. 도란 바로 매 순간 있는 그
대로의 '현존' 이외의 다른 것이 아니기 때문이다. 그렇기에 따로 무언
가를 찾아 두리번거릴 필요가 조금도 없다. 지금 이대로 이미 묶여 있
지 않은데 왜 다시 해탈을 구해야 하는가? 다만 매 순간 있는 그대로
존재하기만 하면 된다. 지금 있는 그대로 우리 자신이 바로 도요, 진리
요, 깨달음이요, 자유요, 해탈이다.

그런데도 우리는 이 실상을 알지 못한 채 매 순간 있는 그대로의 자
신을 스스로 못 견뎌 하고 괴로워하면서 어떻게든 그것으로부터 벗어
나려고만 한다. 우리가 얻고 싶어 하고 누리고 싶어 하는 완전한 자유
나 깨달음, 참된 마음의 평화는 지금 내 안에는 없고 어딘가 다른 곳

혹은 다른 모습으로 있을 것같이 생각되는 것이다. 이것을 착각 혹은 무명無明[7]이라고도 하는데, 우리는 그 착각을 따라 끊임없이 지금 있는 그대로의 자신을 거부하고 부정하며 자꾸만 다른 존재가 되려 함으로써, 스스로 도를 버리고 도를 찾으며 진리를 버리고 진리를 구하는 어리석음을 되풀이하고 있다. 그러면서도 언젠가는 그런 노력과 몸부림의 끝 어디쯤에선가 마침내 자신이 원하는 목표에 도달할 수 있다고 철석같이 믿고서 말이다.

옛적에 연야달다演若達多라는 사람이 있었다. 이 사람은 얼굴이 빼어나게 잘생긴 사람이었는데, 자신이 생각하기에도 그 얼굴이 너무나 아름다워서 잠시라도 보지 않고서는 견딜 수가 없었다. 그래서 언제나 거울 앞에 앉아 자신의 얼굴을 끊임없이 바라보며 행복해했는데, 어느 날 갑자기 거울이 사라져 보이지 않자 거울 속에 자신의 얼굴이 있다고 착각한 연야달다는 그 순간 '내 머리가 없어졌다!'는 생각에 사로잡히고 만다. 그때부터 그는 비탄에 잠긴 채 자신의 머리를 찾아 온 거리를 헤매고 돌아다닌다. 그 잘생기고 눈부신 얼굴을 다시는 볼 수 없게 되었다고 생각하니, 그 괴로움이 얼마나 컸겠는가. 그는 만나는 사람마다 절박하게 붙들고는 자신의 머리를 못 봤느냐며 울부짖었고, 마주치는 사람마다 자신의 얼굴 좀 찾아 달라고 절규하며 다녔다. 그러다가 어떤 사람이 "당신 머리는 당신 몸에 그대로 잘 붙어 있소."라고 하는 말을

---

7 **무명** 불교에서 번뇌로 말미암아 진리에 어둡고 불법을 이해하지 못하는 마음의 상태를 뜻하는 말.

듣는 순간 문득 연야달다 안에서 '찾는 마음'이 사라져 버렸다. 그러자 본래 아무 일도 없었음을 깨닫고는 마음이 고요해져서 더 이상 자신의 머리를 찾아다니지 않게 되었다고 한다.

『능엄경』에 나오는 이 이야기는 "찾고 구하는 마음이 쉬어지니 아무 일도 없어졌다."라는 유명한 말로 회자되지만, 사실은 본래 아무 일도 없었던 것이다. 그렇지 않은가? 그런데 '내 머리가 없어졌다!'는 생각 하나가 자신을 사로잡으니 그만 미친 듯이 '없는 머리'를 찾아 그토록 괴로워하며 떠돌아다니게 된 것이다.

이 이야기 속의 주인공은 지금 우리의 모습과 닮아 있지 않은가? '지금 있는 그대로의 내 안에는 자유도, 깨달음도, 도도 없다.'는 생각 하나가 자신을 사로잡자 끊임없이 목말라하고 못 견뎌 하면서 '없는 자유'를 찾아다니고 '없는 깨달음'을 구하고 있는 점에서 말이다. 그러니 이제 그만하라. 모두가 꿈속의 일일 뿐이다. '찾고 구하는 마음'만 내려놓으면 본래 아무 일도 없는 것이다. 우리는 지금 이대로 완전하다.

어떻게 하면 그 마음을 내려놓을 수 있을까? 승찬 스님은 말한다. "도가 앞에 나타나기를 바란다면 따라가지도 말고 거스르지도 마라." 라고.

무엇을 따라가지 말라는 것일까? 지금 이 순간 우리 안에서 올라오는 '이것'이 아닌 다른 것을 구하고자 하는 그 마음을 따라가지 말라는 것이다. 거스르지 말라는 말은 무슨 뜻일까? 지금 이 순간 우리 안에서 올라오는 '이것'을 피하거나 저항하지 말고 있는 그대로 받아들이라는 말이다. 한마디로 매 순간 있는 그대로 존재하라는 말이다. 그때 우리 눈앞에 훤히 나타나 있었으나 보지 못하고 깨닫지 못했던 도가 비로소 우리 마음에 확연히 드러나게 되어 모든 목마름과 방황이 영원히 끝나게 되는 것이다.

5

거스름과 따라감이 서로 다투는 것,
이것이 마음의 병이다

위 순 상 쟁 違順相爭 시 위 심 병 是爲心病

우리의 마음 안에는 하나의 병이 있다. 이것은 마음의 근본 속성 같은 것이기도 해서 누구도 그것이 '병'이라는 것을 눈치채지 못한다. 하지만 이로 인해 온갖 마음의 괴로움과 고통이 초래되고, 상상할 수도 없을 만큼 생명 에너지를 빼앗기기에 그것은 분명 치명적인 병임이 틀림없다. 자기 자신과 삶을 '있는 그대로' 보지 못하게 하고 항상 '둘'로 보이게 한 다음 하나는 버리고 다른 하나는 취하게 하는 마음의 병, 그것은 바로 이원성二元性이라는 병이다. 우리의 마음은 언제나 이 병에 걸려 있다. 그렇다면 이 이원성이란 무엇일까?

예를 들어 여기에 커다란 칠판이 있다고 하자. 그 칠판에 내가 세로로 직선을 하나 그었다면 그것은 짧은 것인가, 긴 것인가? 판단해 보라.

또 점을 하나 찍었다면 그것은 높은 위치에 있는 점인가, 낮은 위치에 있는 점인가? 혹은 동그라미를 하나 그렸을 때 그것은 큰 원인가, 작은 원인가?

어느 것이든 '하나'만 있기에 그것은 긴 것도 아니고 짧은 것도 아니며, 높은 위치에 있는 것도 아니고 낮은 위치에 있는 것도 아니며, 큰 원도 아니고 작은 원도 아니다. 그렇지 않은가? 그 각각의 것은 '무엇'이라고 판단할 수 없기에 그냥 '그것' 혹은 '있는 그대로'라는 말 외에 달리 표현할 길이 없다.

이번엔 조금 전에 그린 그 직선 옆에 길이가 같지 않은 직선을 하나 그어 보고, 높이가 같지 않은 다른 점을 하나 찍어 보며, 크기가 다른 원을 하나 그려 보자. 그냥 '그것' 혹은 '있는 그대로'라고밖에 말할 수 없었던 처음의 직선은 대번에 '긴' 직선이 되거나 '짧은' 직선이 된다. 마찬가지로 처음의 점은 '높은' 위치의 점이 되거나 '낮은' 위치의 점이 되며, 어떻게 표현할 길이 없던 하나의 원은 '크다'거나 '작다'라고 말할 수 있는 상대성 속으로 들어가 버린다. 즉 없던 상대성이 갑자기 생겨난 것이다.

비록 그렇게 처음의 '그것' 혹은 '있는 그대로' 옆에 다른 직선과 점과 원을 그림으로써 길다-짧다, 높다-낮다, 크다-작다는 상대성이 생겼지만, 처음의 '그것'은 여전히 길지도 짧지도, 높지도 낮지도, 크지도 작지도 않은 것이 분명하다. 왜냐하면 처음 하나를 그렸을 때 '그것' 혹은 '있는 그대로'의 속성이 변한 것은 아니기 때문이다. 다만 다른 것과의 비교 속에서 그렇게 '보일' 뿐인 것이다.

이와 같이 모든 것은 다만 무엇이라고 판단할 수 없는 '그것' 혹은 '있는 그대로'일 뿐이건만, 그 실상을 가리운 채 상대적인 비교와 분별 속에서 바라보게 할 뿐만 아니라, 그 분별 속에서 보이는 것들이 마치 실재實在인 것처럼 여기게 하는 우리 마음의 병이 바로 이원성인 것이다.

좀 더 구체적인 예를 하나 들어 보자. '일체유심조一切唯心造'라는 말로 유명한, 원효 대사가 깨달음을 얻는 과정을 통하여 이 진실을 보다 분명하게 드러내 보자.

원효가 그의 나이 마흔다섯 살 때 의상과 함께 신라를 떠나 당나라로 불법을 구하러 갈 때의 일이다. 이때는 그의 나이 서른네 살 때 의상과 함께 불교를 공부하기 위해 요동까지 갔다가 그곳 사람들에게 잡혀 첩자로 몰린 채 여러 날 갇혀 있다가 돌아온 뒤의 두 번째 길로, 처음의 실패를 거울삼아 이번에는 바닷길로 가기 위해 백제 땅의 어느 항구를 향해 걸어가던 길이었다. 두 사람은 또다시 첩자로 오인받지 않기 위해 더욱 주의를 기울이며 몇 날 며칠을 쉬지 않고 걸어 충청도 어느 산골에 이르렀는데 날이 많이 어두워져 어떻게든 하룻밤 묵고 갈 곳을 찾게 되었다. 그런데 칠흑 같은 어둠 속에서 어렴풋이 감실龕室[8] 같은 것이 눈에 들어와 그곳에 들어가서 하룻밤을 유숙하게 되었다. 몹시 지친 나머지 몸을 눕히자마자 두 사람은 이내 깊은 잠에 곯아떨어지고 만다.

---

8 감실 불교의 불상이나 유교의 신주, 영정 등을 봉안하기 위하여 만든 건축 공간.

새벽녘, 타는 듯한 갈증을 느껴 문득 잠이 깬 원효는 손을 더듬으며 어둠 속에서 물을 찾는다. 곧 바가지 하나가 손에 들어오자 거기에 담긴 물을 단숨에 벌컥벌컥 다 마셔 버린다. 아, 얼마나 시원한지! 비록 잠결이었지만, 몇 날 며칠 제대로 쉬지도 못하고 먹지도 못한 채 걸어온 길이어서 몹시도 피곤하고 힘들었는데, 그 모든 피로와 배고픔과 갈증을 단번에 씻어 주니 얼마나 고맙고 감사한지! 그 물은 마치 하늘에서 내린 감로수 같았다.

다시 편안한 마음으로 잠든 원효는 그러나 아침이 되어 날이 밝았을 때, 눈을 뜨자마자 소스라치게 놀란다. 자신이 몸을 누인 곳은 감실이 아니라 사람의 뼈가 굴러다니는 오래된 무덤이었던 것이다. 잠결에 마셨던 한 바가지의 물이 생각나 황급히 주위를 둘러보니, 그것은 바로 해골바가지에 고인 더러운 물이 아닌가! 그 순간 원효는 몸을 가눌 수 없을 만큼 격심한 구토를 하게 되는데, 그렇게 데굴데굴 구르며 고통스러워하던 그는 어느 한순간 갑자기, 삶의 완전한 비약을 가져다주는 깨달음을 얻는다.

"해골에 담긴 물은 어젯밤이나 오늘이나 똑같은데 어찌하여 어제는 그토록 달디달던 물이 오늘은 이토록 구역질 나게 하는가? 그렇구나! 어제와 오늘 사이에 달라진 것은 오직 내 마음뿐이다. 진리는 결코 밖에 있는 것이 아니라 내 안에 있구나!"

그리곤 그 깨달음의 순간을 이렇게 노래한다.

심생고종종법생 심멸고감분불이

心生故種種法生 心滅故龕墳不二

우삼계유심 만법유식

又三界唯心 萬法唯識

심외무법 호용별구

心外無法 胡用別求

아불입당

我不入唐

마음이 일어나니 온갖 법(法)이 일어나고

마음이 사라지니 감실과 무덤이 둘이 아니구나!

또한 삼계(三界)[9]가 오직 마음이며 만법이 오직 식(識)이로다.

마음 밖에 법이 없으니, 어찌 따로 구하겠는가?

나는 당나라로 들어가지 않겠노라.

　그 순간 이후 원효의 삶은 완전히 '변화'한다. 바로 그 자리에서 의상과 헤어져 신라로 되돌아온 원효는 그 무엇에도 걸림 없는 자유로운 삶을 살게 된다. 요석 공주와 동침하여 설총을 낳고, 귀족적이며 단아하던 그가 자신을 소성거사小性居士라고 칭하며 민중 속으로 들어가 광대들이 가지고 노는 큰 박으로 '무애無碍[10]'박을 만들어 각지를 떠돌며 불교의 교리를 쉬운 노래로 만들어 전하는가 하면, 200권이 넘는 책을 저

---

9 **삼계** 우리가 경험하는 모든 의식 세계를 가리킨다.

10 **무애** '모든 것에 걸림 없는 사람이 한 길로 삶과 죽음을 넘어섰다.'는 『화엄경』의 구절에서 비롯되었다.

술하기도 한다. 그야말로 종횡무진이다. 해골바가지의 물을 마신 그 순간 도대체 원효에게 무슨 일이 일어났던 것일까?

오직 하나, 그의 마음 안에서 이원의 분별심이 사라진 것뿐이다. 새벽녘 짙은 어둠 속에서 그토록 시원하게 마신 물이나 오늘 아침 환한 햇살 속에서 눈 뜨고 바라본 물은 똑같은 물이었는데도, 원효의 마음이 한 번은 그것을 '깨끗하다' 하고 다른 한 번은 '더럽다'고 분별함으로써 스스로 고통받았던 것이다. 즉 '깨끗하다' 혹은 '더럽다'라는 것은 사물에 실재하는 것이 아니라 오직 원효의 마음이 만들어 낸 이원적인 분별일 뿐이었는데, 바로 그 허구적인 분별로 인해 극심한 고통이 생겨났다는 사실을 깨닫게 되면서[11] 원효는 문득 깨어난 것이다. 말하자면 바로 그 순간 원효는 마음의 오랜 병인 이원성으로부터 벗어나게 되었고, 동시에 모든 것을 있는 그대로 보게 되면서 참되고 영원한 자유를 얻게 되었다.

이원의 분별은 해골바가지의 물과 같은 우리 '밖'의 대상에 대해서뿐만 아니라 우리 '안', 곧 우리 '내면'의 것들에 대해서도 똑같이 일어난다. 아침에 눈을 떠서 밤에 잠들 때까지 우리가 매 순간 우리 '안'에서 경험하는 온갖 감정, 느낌, 생각은 칠판에 그린 하나의 직선, 점, 원과도 같이 길지도 않고 짧지도 않고, 높지도 않고 낮지도 않으며, 크지도 않고 작지도 않은 그냥 '있는 그대로'일 뿐이요, 해골에 담긴 물과도 같이

---

11 그래서 '일체유심조(一切唯心造)'인 것이다.

더럽지도 않고 깨끗하지도 않은 그냥 '그것'일 뿐인데, 원효가 그랬듯이 지금 이 순간 우리 자신도 우리 '안'의 그 모든 것을 언제나 이원의 분별로써 바라본다는 것이다.

이를테면 기쁨, 슬픔, 미움, 사랑, 분노, 자애로움, 우울, 즐거움, 불안, 당당함, 경직, 편안함, 게으름, 성실, 지혜, 어리석음, 열등감, 자신감 등은 우리가 살아가면서 그때그때 경험하게 되는 지극히 자연스러운 감정들이요, 모양과 빛깔만 다를 뿐 모두가 소중한 마음이며, 그 하나하나가 생명 에너지인 것을, 그래서 그 모두를 다만 매 순간 있는 그대로 받아들이며 경험하면 될 것을, 우리는 언제나 그것들을 '둘'로 나눈다. 즉 기쁨·사랑·자애로움·즐거움·당당함·편안함·성실·지혜·자신감 등은 좋은 것, 바람직한 것, 완전한 것으로 생각하는 반면에, 슬픔·미움·분노·우울·불안·경직·게으름·어리석음·열등감 등은 나쁜 것, 못난 것, 결핍된 것으로 여기는 것이다.

그런데 그렇게 '둘'로 나누어 놓으면 우리의 마음은 필연적으로 좋은 것, 바람직한 것, 완전한 것으로 여겨지는 것들은 끊임없이 얻으려 하고 잡으려 하며 쌓아 두려고 하는 반면에 나쁜 것, 못난 것, 결핍된 것은 싫어하고 미워하며 언제나 버리려 하고 극복하려고만 한다.

그러나 좋다-나쁘다, 바람직하다-못났다, 완전하다-결핍됐다는 이원의 분별 자체가 원효의 '깨끗하다-더럽다'라는 분별과 마찬가지로 우리 마음이 만들어 낸 허구인데, 그것을 깨닫지 못하고 그 분별이 가리키는 대로 '가려서 택하는' 가운데 오직 한 방향으로만 우리 자신을 끊임없이 닦달하며 몰아가니, 그 수고로움과 괴로움이 얼마나 크겠는가. 버리고 싶은 것은 얼른 버려지지 않아서 괴롭고, 얻고 싶은 것은 얼른 우리 마음 안에 들어와 주지 않아서 고통스러우니 말이다. 그래서 "거스름과 따라감이 서로 다투는 것, 이것이 마음의 병이다."라고 승찬 스님은 말하고 있다.

지금 이 순간 우리 안에서 경험하는 모든 것은 다만 '있는 그대로'일 뿐 그와 같은 이원의 범주 안에 들어가지 않는다.[12] 그런데도 이원성이라는 우리 마음의 병은 눈앞을 가로막아 '있는 그대로'의 실상을 보지 못하게 하고, 우리 자신을 매 순간 '가려서 택하게' 함으로써 언제나 우리를 힘들게 하고 메마르게 하기에, 우리 안에서 반드시 치유되고 사라져야 한다.

승찬 스님은 처음부터 끝까지 오직 그 '치유의 길'만을 이 『신심명』속에서 거듭거듭 가리켜 보여주고 있다. 그렇기에 우리는 다만 승찬 스님이 가리키는 그 '길'을 따라가기만 하면 된다.

그 '길'을 맨 처음 중국에 전해준 선종의 제1대 조사인 달마 대사도 그의 『어록』에서 이렇게 말하고 있다.

"지혜로운 사람은 자신에게 맡기지 않고 사물 — 이때의 사물은 우리 '안'의 사물, 곧 매 순간 있는 그대로의 감정, 느낌, 생각 들을 가리킨다 — 에 맡기기 때문에 취함과 버림이 없으며, 거스름과 순응함도 없다. 어리석은 사람은 사물에 맡기지 않고 자신에게 맡기기 때문에 취함과 버림이 있으며, 거스름과 순응함이 있다. 만약 마음을 열고 사물에 맡

---

12 『금강경』에서는 이렇게 말하고 있다.
"여래(부처, 도, 깨달음)라는 것은 곧 모든 것이 '있는 그대로'라는 뜻이니라."

길 수만 있다면 이것이 이행易行이며, 저항하여 사물을 변화시키려 하는 것이 난행難行이다. 사물이 오면 오는 대로 맡겨 거스르지 말며, 떠나가면 가는 대로 좇지 마라. 이를 두고 도를 행한다 한다."

6

현묘한 뜻은 알지 못하고
헛되이 생각만 고요히 하려 애쓴다

불식현지不識玄旨 도로염정徒勞念靜

이렇듯 지금 이 순간 우리 안에서 올라오는 '이것'이 바로 도요 깨달음이요 자유요 해탈인 줄은 알지 못하고, 그 현묘한 뜻은 알지 못하고 어떻게든 '이것'을 바꾸거나 고치거나 버리거나 부여잡으려고 함으로써 헛되이 '없는 도'를 찾고 '없는 깨달음'을 구하려고 애쓴다는 말이다. 다만 찾고 구하는 그 마음만 내려놓으면 지금 이대로 아무 일이 없는 것을……

몇 해 전 어느 가을날 늦은 시간에 처음 듣는 목소리의 전화가 걸려왔다. 사는 곳은 부산이지만 지금은 전라도 광주에 있으며, 몸이 아파서 어느 절에 잠시 의탁하고 있다고 자신을 소개하고는, 내 홈페이지에서 노자의 『도덕경』을 풀이한 글을 읽었는데 이해되지 않는 부분이 있어서 질문도 드리고 싶고 강의도 한번 듣고 싶어서 전화했다는 것이다. 나도 반갑게 인사하면서, 마침 부산에서 매주 한 번씩 정기적으로 강의하고 있으니 편한 시간에 어느 때든 오시라고 했다.

그날 이후 몇 번 더 통화하면서 알게 된 일이지만, 이 사람은 고등학교를 졸업하면서부터 별다른 이유도 없이 허리가 아파 약을 먹기 시작한 이래로 서른아홉 살이 될 때까지 무려 15년이 넘는 세월 동안 척추 디스크, 목디스크, 축농증, 어지럼증, 방광염, 피부염, 폐결핵 등 온갖 모양으로 찾아온 병마에 시달리고 있었다. 그 때문에 결혼도 못 했고, 제대로 된 직장 생활도 할 수 없었을 뿐만 아니라 이제는 꿈도, 삶에 대한 의욕도 다 잃어버렸다는 것이다. 그동안 병원이란 병원은 다 다녔고, 좋다는 약은 다 써 봤으며, 심지어 용하다는 어느 무속인의 말을 듣고 천년 된 무덤의 흙을 파서 밤 12시에 촛불을 켜 놓고 붉은 천 위에 참기름을 개서 부적도 붙여 보았지만, 그 모든 노력과 몸부림도 결국 아무런 소용이 없었다고 한다. 그렇게 몸도 마음도 더할 나위 없이 지쳐갈 무렵 광주에 있는 어떤 스님과 인연이 되어 지금은 그곳에 잠시 의탁하고 있다는 것이다.

그의 힘들었던 삶의 이야기를 들으면서 내 마음도 참 아프고 애틋해져서, 이렇게 전화를 주셨으니 꼭 한번 시간과 마음을 내어 부산 강의에 오셨으면 좋겠다고 말했다.

바로 그다음 모임 때였다. 막 강의를 시작하려고 하는데 깡마르고 푸석한 얼굴로 무척 힘들어 보이는 발걸음을 떼며 그가 강의실로 들어섰다. 아픈 몸에도 불구하고 먼 길을 마다하지 않고 찾아와 준 그가 얼마나 고맙고 반갑던지! 잠시 인사를 나눈 후 뒤쪽 자리에 앉아 가만히 귀 기울이며 듣고 있는 그를 바라보며, 오래 괴로웠을 그의 마음을 진심으로 위로해 주고 싶은 마음이 목구멍을 타고 올라왔지만, 그런 마음과는 달리 강의를 하는 내 입에서는 자꾸만 모진 말들이 쏟아져 나왔다.

"당신은 오랫동안 몸이 아팠다고 하셨지만, 제가 보기에는 사실은 단 한 순간도 아파 본 적이 없는 것 같습니다. 한순간도 아파 본 적이 없기에 당신은 아픔이 뭔지도, 고통이 뭔지도 모르는 사람입니다."

그렇게 말하는 나를 바라보는 그의 얼굴은 일순간 설명할 길 없는 섭섭함과 분노와 억울함으로 깊게 일그러졌다. 나는 그런 그의 모습을 놓치지 않으면서 말을 계속했다.

"왜냐하면 당신은 어떻게든 병이 낫고 싶고 건강해지고만 싶어서 당신에게 찾아온 그 병과 고통을 언제나 원망하고 저주하면서 그것으로부터 벗어나고 달아나려고만 했지, 그것을 받아들여 본 적이 없기 때문입니다. 단 한 순간도 받아들여 본 적 없고, 단 한 번도 그 안으로 들어가 본 적 없는 사람이, 그래서 언제나 그 바깥에서만 살고자 했던 사람이 어떻게 아픔이란 것을 알며 고통을 알겠습니까. 그렇지 않나요? 그런데 병은 그렇게 낫는 것이 아닙니다. 지금까지 당신이 가진 그런 마음으로는 결코 병이 낫지 않아요. 원망하고 저항하는 그 마음을 내려놓고 한순간만이라도 지금 있는 그대로의 자신을 받아들여 보십시오. 병에 대한 모든 저항을 그치고 '지금'을 받아들여 보라는 말이지요. 진실로 그렇게 할 수 있다면, 그 '무저항'과 '받아들임' 속에서 어떤 질적인 변화를 경험하게 될 것이며, 동시에 건강과 자유도 함께 선물로 받게 될 것입니다."

강의가 진행될수록 그는 조금씩 나의 진심을 이해하기 시작했고, 표정도 이완되어 갔으며, 강의를 마쳤을 땐 자리에서 일어나 악수를 청하며 고맙다는 말을 남기고 돌아갔다. 그리곤 몇 번의 강의를 더 듣고 집으로 돌아가던 어느 날, 지하철역에 내려서 인도를 걸어가던 도중에 그는 갑자기 커다란 전율을 느끼며 자신도 모르게 다음과 같은 탄성을 내지르게 된다.

"아니, 이럴 수가! 나는 지난 39년 동안 단 한 번도 나를 받아들여 본 적이 없구나! 한번도 나를 진정으로 사랑해 본 적이 없구나! 어떻게 이런 일이 가능했을까? 아, 나는 나 자신과 함께 살아본 적이 없다……. 내 삶은 온통 자학의 삶이었구나! 내 기준에 못 미치는 이 육신을 닦달하고 정신적으로 고문하면서 한없이 학대하며 살았구나! 내가 만든 허구의 기준 때문에 병든 이 몸은, 진정 사랑받았어야 할 이 몸은 도리어 멸시를 당하고 오랜 자학 속에서 시달려 왔구나!"

그는 길가에 선 채 오랫동안 굵은 눈물을 흘리며 울고 또 운다. 처음으로 자기 자신을 위해 깊이 울었던 것이다. 그리곤 그때부터 자신의 삶 전부를, 그 오랜 고통을 있는 그대로 받아들이게 된다. 놀랍게도 그날 이후 그의 병은 조금씩 낫기 시작했다. 그 치유의 속도가 얼마나 빨랐냐 하면, 대문 밖을 나서서 10분을 채 걷기도 전에 땅바닥에 주저앉던 그가 어느 날에는 축구를 하다가 다쳤다며 엄지발가락을 붕대로 감은 채 환한 얼굴로 강의를 들으러 오기도 했다.

대구의 한 대학에서 하던 공부 모임에 찾아온 어떤 여학생에 관한 이야기도 하고 싶다. 그날따라 강의 시간에 조금 늦어서 헐레벌떡 뛰어갔더니 처음 보는 여학생이 앉아 있기에 반갑게 인사를 하고 자리에 앉으며 이곳에 오게 된 연유를 물었다. 그 여학생은 어떤 교수의 소개로 나를 알게 되었다면서, 마음이 너무 괴롭고 힘들어서 어떻게든 그 힘겨움을 해결하고 싶어서 찾아왔다는 것이다. 이런저런 이야기 끝에 내가 말했다.

"마음이 힘들면 그냥 좀 힘들어 보세요. 그 힘듦에 저항하지 말고요. '지금' 학생을 찾아온 그 힘듦을 있는 그대로 받아들이고 진실로 한번 힘들어 보면 오히려 힘들지 않게 되는데, 오직 힘들지 않으려고만 하니 더욱 힘들기만 할 뿐이랍니다. 학생이 찾는 마음의 평화는 바로 '지금' 학생에게 찾아온 그 힘듦 속에 있어요. 그것에 저항하지 않는 마음속에요."

마음이 너무 힘들어서 어떻게든 힘들지 않을 방법과 힘을 얻고 싶어 찾아왔는데, 오히려 그 마음을 내려놓고 진정으로 한번 힘들어 보라니, 그 여학생은 이게 무슨 말인가 하는 표정을 지었다. 강의 시간 내내 눈을 동그랗게 뜨고는 진지하게 귀 기울여 듣더니, 무언가를 이해한 듯 자신 안에서 새로운 시도를 해보고 싶은 얼굴이 되어 총총히 돌아갔다.

그 다음 주 공부 모임 때 다시 왔기에 한 주 동안 어떻게 지냈느냐고 물었더니, 쌩긋 웃으며 이렇게 말하는 것이었다.

"힘들 줄 알게 해 주셔서 감사합니다."

승찬 스님은 말한다.

"현묘한 뜻은 알지 못하고 헛되이 생각만 고요히 하려 애쓴다."라고.

지금 이 순간 우리 안에서 올라오는 힘겨움이나 육체적인 아픔, 슬픔, 미움, 불안, 무력감 등은 우리를 괴롭게 하고 힘들게 하기 위해서 찾아오는 것이 아니다. 그렇기는커녕 오히려 우리로 하여금 그 모든 것으로부터 진정으로 자유로운 존재가 되게 해 주고 싶어서, 어릴 적 받았던 마음의 모든 상처를 깨끗이 치유해 주고 싶어서, 그리하여 더 이상 주눅 들지 않고 당당하게 살아가는 가운데 삶이 우리에게 주는 모든 아름답고 영원한 것들을 마음껏 누리게 해 주고 싶어서 찾아오는 하늘의 선물이요, 메시지 같은 것이다. 이런 현묘한 뜻을 간직한 것이 바로 지금 이 순간 우리 안에서 올라오는 '이것'의 실상이다. 겉은 그렇게 초라하고 보잘것없기 짝이 없지만 속에는 그와 같은 놀라운 비밀들로 가득한 것이다.

그런데도 우리는 우리 안에서 올라오는 '이것'의 깊은 뜻은 알지 못한 채 그 겉모습만을 보고서 끊임없이 '이것'에 저항하며 얼른 그로부터 벗어나고 달아나려고만 한다. 우리 눈에는 아무리 봐도 '이것'은 오직 버려야 하고 극복해야 할 대상으로만 보이는 것이다. 그러나 그렇지 않다. 지금 이 순간 우리 안에서 올라오는 '이것'은 극복의 대상이 아니라, 있는 그대로 받아들이고 경험해야 할 소중한 '나'다.

'나'를 스스로 둘로 나누어 하나만을 사랑하고 다른 하나는 미워할 것이 아니라 '나'의 전부를 통째로 받아들여 매 순간 있는 그대로 존재할 때, 우리 안에 '가려서 택하는' 마음이 사라진 데서 비롯된 한없는 평화와 고요와 이완이 가득히 차오르게 된다. 그리하여 마침내 우리 영혼의 모든 목마름과 방황이 끝이 나고, 모든 의문이 사라지며, 참된 마음의 자유가 영원히 우리를 떠나지 않게 된다. 지금 이 순간 우리 안에서 올라오는 '이것'과의 단 한 번 온전한 맞닥뜨림과 받아들임으로 말미암아 우리는 넉넉히 기적과 비약을 맛볼 수 있게 되는 것이다. 지극한 도는 언제나 지금, 여기에 있다.

13세기 페르시아 신비주의 시인인 루미도 「여인숙」이라는 시로써 이러한 진실을 우리에게 잘 말해 주고 있다. 그 한마디 한마디가 간곡하여 여기에 옮겨 본다.

여인숙

인간이란 존재는 여인숙과 같아서
아침마다 새로운 손님이 도착한다.

기쁨, 우울, 야비함,
그리고 어떤 찰나의 깨달음이
예기치 않은 손님처럼 찾아온다.

그 모두를 환영하고 잘 대접하라.
설령 그들이 그대의 집 안을
가구 하나 남김없이 난폭하게 휩쓸어가 버리는

한 무리의 아픔일지라도.

그럴지라도 손님 한 분 한 분을 정성껏 모셔라.
그는 어떤 새로운 기쁨을 위해
그대의 내면을 깨끗이 비우는 중일지도 모르니.

어두운 생각, 부끄러움, 미움,
그 모두를 문 앞에서 웃음으로 맞아
안으로 모셔 들여라.

어떤 손님이 찾아오든 늘 감사하라.
그 모두는 그대를 인도하러
저 너머에서 보낸 분들이니.

7

원만하기가 큰 허공과 같아서
모자람도 없고 남음도 없건만

원동태허圓同太虛 무흠무여無欠無餘

지금 이 순간 우리 안에서 올라오는 '이것'이 사실은 원만하기가 큰 허공과 같아서 모자라는 것도 아니요 남음이 있는 것도 아니며, 보잘것 없는 것도 아니요 대단한 것도 아니며, 나쁜 것도 아니요 좋은 것도 아니며, 큰 것도 아니요 작은 것도 아닌 다만 '있는 그대로'일 뿐이건만.

8

오직 취하고 버림으로 말미암아
본래 그대로 한결같지 못하다

양유취사良由取捨 소이불여所以不如

어떤 것은 좋다, 마음에 든다, 흡족하다는 생각을 따라 끊임없이 취하려 하고, 어떤 것은 나쁘다, 보잘것없다, 초라하다는 분별을 따라 끝없이 버리려고 함으로써 우리 안에 본래 가지고 있던 참된 자기다움을 비롯한 모든 아름다운 보물을 다 잃어버린다는 것이다. 그리곤 다시 채워지지 않는 내면을 괴로워하며 '없는 보물'을 찾아다니고…….

그러나 우리의 영혼을 진실로 자유롭게 해 줄 보물은 따로 있지 않다. 지금 이 순간 우리 안에서 올라오는 '이것'이 바로 보물이다. 우리 자신이 지금 이대로 이미 더할 나위 없이 귀하고 완전한 보물인 것이다. 그렇기에 이 소중한 보물들을 우리 스스로 버리지만 않으면 된다.

젊은 날 나는 나의 모든 것이 싫고 마음에 들지 않았다. 내성적인 성격도 그렇고, 모든 일에 자신감 없이 늘 쭈뼛거리는 모습도 그랬으며, 다른 한편으로는 턱없는 우월감에 사로잡힌 채 사람들만 만나면 겉으로는 겸손을 가장하면서도 속으로는 거의 본능적으로 잘난 체하며 우쭐거리는 나 자신이 참 싫었다. 언제나 남들을 의식하며 살아가는 삶이 너무나 힘들었고, 어느 자리 어떤 순간에서도 부초처럼 떠돌 수밖에 없는 내면의 불안도 늘 나를 지치게 했다. 또 혼자 있을 땐 더할 나위 없이 게을러지면서, 모든 것을 미루고 귀찮아하고 변명하고 합리화하는 나 자신이 한심스럽기 그지없었고, 언제나 작심삼일을 넘어 작심삼초에 그쳐 버리는 마음의 무력감도 스스로 비웃게 만들었다. 더욱이 이런저런 감정들을 그저 생색내거나 과장하기에 급급할 뿐 사실은 아무것도 진정으로 느낄 줄 모르는 냉혈한의 가슴은 때마다 나를 절망케 했다. 나는 그런 나에게 끊임없는 원망과 저주를 퍼붓고 다녔다.

나는 겉과 속이 같은 사람이 되고 싶었다. 이렇듯 초라하고 보잘것없고 볼품없는 내가 한없이 부끄럽고 수치스러웠으며, 그런 모습으로는 도저히 이 세상을 제대로 살아갈 수 없을 것 같았다. 언제 어디서 무엇을 하든 마른 먼지만 푸석 일어날 뿐인 내 영혼의 메마름을 나는 견딜 수가 없었다. 나는 무언가를 해야만 했고, 그 무엇으로든 나를 채워야만 했다. 나는 마침내 '진정한 나'를 찾아 길을 떠났다.

내가 꿈꾼 '진정한 나'는 이런 모습이었다. 무어라 딱 꼬집어 설명할 순 없지만 온갖 충만한 것들로 가득 찬 아름다운 영혼에, 겸손하고, 지혜로우며, 성실하고, 무엇보다 사랑이 넘치고, 자유로우며, 당당하고, 그러면서도 한없이 자애롭고 따뜻하며 무한히 남을 위해 사는 삶…….

나는 내가 너무 초라하다고 느꼈기에 충만하기를 구했고, 내가 너무 부족하고 못났다고 여겼기에 완전하기를 바랐으며, 이기적인 모습이 싫어 이타利他를 추구했고, 끊임없이 남들을 의식하는 가운데 겉과 속이 다른 내가 너무나 괴로워 하늘을 우러러 한 점 부끄러움 없는 삶을 살고 싶었다. 그런 사람이 되는 길이라고 생각되면 나는 망설이지 않고 그 길을 따라 떠나곤 했다.

대학을 졸업하고 나서 대학원 진학과 취직의 갈림길에 서 있을 때도 그 모두를 버리고 대관령 목장으로 떠나 1년여를 목부牧夫로서 살았고, 대구로 돌아와 잠시 고등학교 윤리 교사를 하는가 싶더니 2년을 채우지 못하고 지리산 깊은 골짜기 토굴 속으로 떠났으며, 이어 경기도 포천에 있는 수도원으로, 경산에서의 칩거 생활로, 또 어떤 극단적인 상황 속에 나를 집어 던지고 싶은 울컥하는 마음에 연근해 어업을 주로 하는 배를 타서는 갑판원으로 선원 생활도 했다. 그 후에도 빵 공장 직공, 때마다 나가서 닥치는 대로 일했던 공사판의 막노동, 신문사 계약직 사원, 그리고 나중에는 상주에 있는 극락암이라는 자그마한 암자에서의 50일 단식에 이르기까지 '진정한 나'를 찾기 위한 몸부림은 마른 낙엽 타들어 가듯 그칠 줄 몰랐다.

그러다 서른네 살 6월의 어느 날 나는 갑자기 삶에서 깨어났고, 나를 힘들게 하던 그 무거운 모든 문제가 거짓말처럼 내 눈앞에서 완전히 사라졌다. 아, 나는 마침내 삶의 모든 방황에 종지부를 찍고, 완전한 자유와 행복과 영원한 평화를 얻게 된 것이다.

그런데 너무나 뜻밖의 일이 바로 그 순간 내 앞에 펼쳐져 있었다. 나는 부족하고 초라하고 못난 내가, 단 한 순간도 허허롭지 않은 때가 없어 늘 설명할 길 없는 불안 속에서 숨 막혀 하던 내가 완전히 극복되고 나면 마침내 자유로운 존재가 될 줄 알았다. 텅 빈 가슴이 무언가 소중하고 아름다운 것들로 가득히 채워지고, 물기 하나 없이 메마르던 영혼에 사랑과 자비와 진리가 넘쳐흐르게 되면 그때 비로소 완전한 충만감을 맛보게 될 줄 알았다. 그런데 뜻밖에도 그때 눈 앞에 펼쳐진 진실은 내가 생각했던 것과는 오히려 정반대였다. 그 오랜 세월 한시도 잊지 않으며 끊임없이 찾고자 했던 '진정한 나'라는 것이 갑자기 사라졌다. 그토록 도달하고 싶어 했던 내 삶의 목표가, 애타게 찾아다녔던 인생의 근본적인 답이, 진리가, 깨달음이 갑자기 내 앞에서 온데간데없이 사라진 것이다!

그리곤 있는 그대로의 나만 남았는데, 그때 비로소 나는 모든 진실을 분명하게 보게 되었다. 나는 그냥 나였을 뿐인데, 있는 그대로의 내가 싫고 마음에 들지 않는다며 끊임없이 거부하고 저항했기에, 나 자신을 도저히 받아들일 수 없다며 끝없이 부정하고 외면했기에 무한히 괴롭고 고통스러웠다는 것을! 나는 그냥 나였을 뿐인데, 그 나를 버리고 다른 나 속에서 영혼의 자유와 해방을 찾으려 했기에, 바로 그런 이원의 분별로 인해 내 삶은 그토록 메마르고 힘들었다는 것을! 그 이원성 하나가 마음에서 사라지고 나니, 나는 그냥 나였을 뿐 이미 처음부터 부족하지도, 초라하지도, 불행하지도 않은 존재였다.

그 진실에 눈뜨고 나니, 온갖 결핍과 열등감으로 힘들어하던 마음의 구속 그대로가 완전한 자유였고, 채우려고 아무리 발버둥 쳐도 채워지지 않아 늘 괴로워하던 텅 빈 가슴 그대로가 바로 충만이었으며, 언제나 마른 먼지만 일으키던 메마른 내 영혼 그대로가 더할 나위 없는 사랑이었다. 아, 행복은 멀리 있지 않았다. 모든 참되고 영원한 것들은 단 한 순간도 나를 떠나 있지 않았다. 매 순간 있는 그대로의 내가 이미 그 모든 것이었다. 그렇듯 나는 이미 처음부터 '진정한 나'로서 존재하며 살고 있었건만, 그 사실을 알지 못한 채 그토록 오랜 세월 동안 괴로워하며 '진정한 나'를 찾고 또 찾아 다녔으니, 이 얼마나 아이러니한 일인가! 노자는 이렇게 말한다.

화막대어부지족

禍莫大於不知足

구막대어욕득

咎莫大於欲得

고지족지족상족의

故知足之足常足矣

족한 줄을 알지 못하는 것보다 더 큰 재앙이 없고
얻고자 하는 것보다 더 큰 허물은 없다.
그러므로 족한 줄을 알면 언제나 만족하게 된다.

이 얼마나 기가 막힌 말인가!

또 임제 선사는 이런 노래로써 우리를 일깨워주고 있다.

시시비비도불관

是是非非都不關

산산수수임자한

山山水水任自閑

막문서천안양국

莫問西天安養國

백운단처유청산

白雲斷處有靑山

옳거니 그르거니 상관하지 말고

(자신 안을 둘로 나누어 옳거니 그르니 스스로 다투지 말고)

산은 산, 물은 물 그대로 두라.

(매 순간 그것들을 있는 그대로 받아들이라.)

서쪽 하늘에 극락이 있느냐고 묻지 말지니

('지금' 이외의 다른 곳에서 답을 찾지 말지니)

흰 구름 걷히면 청산인 것을!

(그 한 마음 내려지면 '여기'가 바로 진리의 자리인 것을!)

2부

그저 자기 편이 되어 주면

자신을 믿는다는 것

9~14수

9

인연을 좇아가지도 말고
빈 곳에 머물러 있지도 말라

막축유연莫逐有緣 물주공인勿住空忍

매주 정기적으로 『도덕경』을 강의하는 대구 모임에 어느 날 새로운 사람이 왔다. 마음공부를 하는 이라고 자신을 소개한 그는 강의를 마쳤을 때 내게 이렇게 말했다.

"선생님, 요즘의 저의 결론은 '지금 이 순간에 존재하라.'는 것입니다. 지금 이 순간에 존재할 때 마음의 평화랄까, 자유랄까, 진리랄까 하는 것을 얻을 수 있다고 많은 스승이 책을 통해 말하고 있었습니다. 그래서 저는 요즘 늘 현재에 존재하려 노력하고 있습니다."

"어떤 노력을 하고 있습니까?"

내가 물었다.

"밥을 먹을 때는 오직 밥을 먹는 데에만 집중하고, 길을 걸을 때는 걷는 동작에만 마음을 모으며, 심지어 오줌을 눌 때도 딴생각을 하지 않고 오직 오줌만 누려고 합니다."

그래서 내가 말했다.

"당신은 '현재란 이런 것이다.'라는 상相을 갖고 있습니다. 즉 의식적으로 알아차리거나 놓치지 않은 순간만을 '현재'라고 생각하고 있다는 것이지요. 그런데 바로 그런 분별 때문에 오히려 '현재'라는 것에 갇히게 되고, 그럼으로써 매 순간 있는 그대로의 '현재'를 놓치게 됩니다. 예를 들어 밥을 먹거나 길을 걸을 때 혹은 오줌을 눌 때 당신의 마음이 그 순간에 있지 못하고 딴생각을 하거나 과거나 미래로 가 버렸다고 합시다. 이때 생각의 '내용'을 보면 과거나 미래 혹은 여기가 아닌 다른 곳이 나타나지만, 그런 생각들을 하고 있는 '시점'을 보면 언제나 현재입니다.

다시 말해 알아차리고 있거나 놓치고 있거나 혹은 잡생각을 하고 있거나 망상에 빠져 있거나에 상관없이 당신은 언제나 '현재'에 존재하고 있다는 것입니다. 결코 단 한 순간도 현재를 떠날 수가 없습니다. 따라서 '지금 이 순간에 존재하라.'는 것은 어떤 노력이나 수행을 통하여 도달하거나 이루어 내야 하는 목표가 아니라, 이미 이루어져 있는 존재의 실상을 가리키는 말입니다. 그렇기에 오히려 당신이 기울이고 있는 그런 노력과 수고를 내려놓기만 하면, 매 순간의 이 자리가 바로 도달하려는 '그 자리'인 것입니다. 당신은 이미 도달해 있습니다."

승찬 스님은 말한다. "인연을 좇아가지도 말고, 빈 곳에 머물러 있지도 말라."고. 이때 인연이란 우리 내면의 인연, 곧 분별심을 가리킨다. 모든 것은 다만 있는 그대로일 뿐이건만 우리는 언제나 '여기'와 도달해야 할 '저기'를 나누고, '지금'과 '미래'를 나누며, 됐다-안 됐다, 이다-아니다, 좋다-나쁘다, 구속과 자유, 중생과 부처 등으로 나누고 분별하면서, 그중 하나를 택하고 다른 하나는 버리려고 애쓰는데, 바로 그런 모양으로 마음이 지어내는 인연을 좇아가지 말라는 것이다. 다만 그 분별심 하나만 내려놓으면 우리는 본래 아무런 일 없는 평화로운 존재인 것을, 오히려 그 허망한 마음을 좇아서 지금 있는 그대로의 자기 자신을 부정하고 외면하는 가운데 보다 충만하고 완전한 존재가 되려고만 하니, 마음의 고통과 괴로움이 그치지 않는 것이다. 그것은 곧 물속에서 물을 찾는 격이요, 자기 집 안에 있으면서 자기 집을 찾는 것과 같은 어리석음 이외의 아무것도 아닐 뿐이니, 이제 그만하라는 말이다.

그런데 그렇게 분별심을 내려놓고 완전한 무분별無分別의 세계에 들어가 보면, 즉 매 순간의 '지금'으로 돌아와 보면, 여기서 또 한 번의 비약이 일어나는데, 무분별은 온데간데없고 다시 온갖 상대적인 분별의 세계가 펼쳐진다. 그래서 다시 일체를 분별하며 살아가지만, 또한 분명히 분별심을 내려놓았기에 그 모든 분별에도 매이지 않고 물들지 않는 자유로운 삶을 살아가게 되는 것이다.

이를 불가에서는 '불이비일不二非一, 둘이 아니지만 그렇다고 하나도 아니다.'이라고도 한다. 승찬 스님도 "빈 곳에 머물러 있지 마라."고 말씀하심으로써, 온갖 것을 분별하면서도 분별하지 않고 또한 분별하지 않으면서도 일체를 분별하는 이 이치는 알지 못한 채, 단지 분별이 없는 빈 곳에 머물러 있지 말라는 것이다.

10

한결같이 평등하게 지니면
사라져 저절로 끝날 것이다

일종평회一種平懷 민연자진泯然自盡

바다와 파도의 관계를 생각해 보자. 바다는 늘 고요하지만, 파도는 한순간도 가만히 있지 못하고 항상 시끄러운 소리를 내며 이런저런 모양으로 출렁인다. 바다는 한없이 넓고 깊지만, 파도는 그저 표면에 머물며 얕고 작고 보잘것없다. 바다는 언제나 그 자리에 있으면서 한결같고 충만하고 흔들림이 없지만, 파도는 늘 이리저리 흔들리며 떠다닐 뿐만 아니라, 어느 순간 힘차게 솟구치는가 싶어도 곧 부서지고 사라져 버려 허망하기 그지없다.

나도 오랫동안 한낱 파도처럼 작고 보잘것없게만 느껴지는 자신이 너무나 싫고 괴로웠다. 바다처럼 넓고 깊고 충만하며 흔들림 없는 존재가 되고 싶은데, 일상 속에서 목격하는 자신은 얕고 볼품없고 언제나 이리저리 흔들리는 초라한 모습일 뿐이었다. 그래서 파도와 같이 늘 허망하기만 할 뿐인 자신을 못 견뎌 하며 바다 같은 변함없는 존재가 되려고 끊임없이 몸부림쳤다. 바다가 되기만 하면 얕은 곳에서 소란스럽게 요동치며 그저 포말로 부서지는 파도와 같은 존재가 가진 모든 목마름과 불안과 괴로움은 영원히 끝나고, 진정 자유롭고 행복한 존재가 될 것으로 여겼던 것이다.

그런데 어느 순간 문득 보니, 파도 그 자체가 곧 바다였다. 너무나 당연한 것인데도, 나는 몰랐다. 아, 초라하고 볼품없는 파도 한 알 한 알 그대로가 바다였다! 어떤 모양으로 부서지든, 고요하든 출렁이든, 크든 작든, 아름답든 추하든, 강하든 약하든, 여기 있든 저기 있든, 일어나든 사라지든 그 모든 파도가 남김없이 바다였다. 난 내가 늘 중심 없이 떠다니는 파도와 같은 존재라고 생각했기에 괴롭고 고통스러웠는데, 그 모습 그대로 나는 완전한 바다였다. 나는 단 한 순간도 바다가 아니었던 적이 없었다. 그동안 바다가 되려고 몸부림쳤던 모든 노력과 수고는 이미 처음부터 헛된 것이었다. 이미 완전한 바다이면서 바다가 되려고 그렇게도 애를 썼으니 말이다.[13]

이 진실에 눈뜨게 되면서 마침내 내 마음은 고요해졌고, 깊고 깊은 평화가 찾아왔다. 영혼의 모든 목마름이 사라졌고, 바다가 되고 싶어 늘 어디론가 떠나야 했던 추구의 여정이 영원히 끝났다. 아, 얼마나 감

---

13 당나라 때의 선승인 황벽(黃檗)은 그의 어록인 『전심법요(傳心法要)』에서 이렇게 말한다.
"한순간 깨달을 때 이르러서는 다만 원래의 자기 부처를 깨달을 뿐, 그 위에 다시 한 물건도 더할 수 없다. 깨달았을 때 오랫동안 행해 온 노력을 돌이켜 보면 모두가 꿈속의 허망한 짓일 뿐이다."

사한지! '나'라는 파도는 지금도 여전히 온갖 모양으로 이리저리 출렁이며 흔들리고 있는데도 말이다.

우리 안에서 올라오는 그 어떤 감정, 느낌, 생각도 거부하거나 외면하거나 다른 무엇으로 바꾸거나 덮어 버리려 하지 말고, 다만 그 순간 있는 그대로 받아들이고 경험해 보라. 어떤 것도 더하거나 빼려고 하지 말고, 그 모두를 한결같이 평등하게 지녀 보라. 그리하면 오래지 않아 그것은 사라져 저절로 끝날 것이며, 그와 동시에 본래 우리 안에 온전히 들어 있던 참된 평화와 사랑과 깊고 깊은 이완이 우리를 따뜻이 감쌀 것이다. 믿기지 않겠지만, 파도 한 방울 한 방울이 그대로 바다이듯, 지금 이 순간 우리 안에서 올라오는 감정, 느낌, 생각 하나하나에도 우주 전체가 가진 무한의 에너지와 사랑의 메시지가 고스란히 담겨 있다.[14]

어느 순간 문득 부정적인 생각들이 꼬리에 꼬리를 물고 올라와서 힘들 때, 가까운 사람이나 혹은 미운 누군가에게 안 좋은 일이 일어났으면 좋겠다는 생각이 자꾸 들어서 마음이 괴로울 때, 무언가 잘못될 것 같은 불안한 마음으로 안절부절못할 때, 바로 그 순간 그 부정적인 생각과 마음을 더욱더 허용해 줘 보라. 잠시만이라도 그 자리에 가만히 있으면서 일어나는 생각들이 더 마음껏 일어날 수 있도록 길을 시원하게 터줘 보라. "오냐, 부정적이고 안 좋은 생각들아, 어서 오너라! 어떤 방해도 간섭도 하지 않을 테니 마음껏 일어나 내 안에서 춤을 추거라!"

---

14 의상 대사는 『화엄일승법계도(華嚴一乘法界圖)』 속에서 이렇게 말하고 있다.
"하나의 티끌 속에 온 우주가 들어 있으며, 모든 티끌 속도 또한 이와 같다."

라고 그 순간 스스로에게 말해 보라. 지금 이 순간 우리 안에서 올라오는 온갖 부정적인 생각과 안절부절못하는 마음을 억압하거나 숨기려고 하지 말고, 다른 생각이나 감정으로 돌리려고도 하지 말고, 다만 있는 그대로 받아들이고 실컷 경험해 보라.

그것들은 원래 아무런 이유 없이 혹은 어떤 상황 속에서 갑자기 생겨난 것일 뿐 실체가 없는 것이기에, 저항하지 않고 가만히 내버려 두면 저절로 사라져 없어진다. 그러므로 그것들이 스스로 사라질 때까지 잠시만 아무것도 하지 말고 기다려 보라. 단지 그것만으로도 충분하다. 일상의 삶 속에서 이런 경험을 단 한 번만이라도 해 본다면 바로 그 순간, 온갖 부정적인 생각과 마음들로부터 어느새 넉넉히 놓여나 있는 자신을 발견하고는 스스로 신기해할 것이다.

화가 나고 질투가 일어나는가? 우리 안의 무수히 많은 감정 가운데 가장 순수한 에너지가 '지금' 우리 안에서 솟구친 것이다. 화를 억압하지도 말고, 쉽게 상대방에게 표출하지도 말고, 다스리려 하지도 말고, 덮으려고도 하지 말고, 한순간만이라도 그 화를 있는 그대로 내버려 뒤 보라. 우리 안에서 일어난 화의 존재를 그저 인정하고 존중할 뿐 아무것도 하지 말아 보라. 그리고 잠시만이라도 그 화와 함께 있어 보라. 그렇게 지금 이 순간 우리 안에서 일어난 화에 대해 깨어 있는 것, 그것이 바로 '현존'이다. 바로 그때 화는 상대방을 향하지 않고 방향성을 잃은 채 잠시 그 순간 속에 머물러 있다가 곧 사라져 버린다. 정확히 말하면, 화는 바로 그 순간 존재의 전체성과 조화 속으로 녹아 들어간 것이다. 그렇게 우리는 지금 이 순간의 화를 통하여 완전히 새로운 에너지의 각성을 경험할 수 있으며, 화를 통하여 화 너머 근원의 자리에 닿을 수 있다. 이 얼마나 놀라운 일인가!

질투도 마찬가지다. 질투할 수 있다는 것은 아름다운 것이다. 그러므로 그 감정을 너무 홀대하지 말라. 질투하는 자신을 부끄럽게 여기지 말고 억누르지 말라. 오히려 그 감정을 더욱 허용해 주며 마음껏 질투해 보라. 그것도 삶의 소중하고 신선한 경험이다. 질투를 가로막지 않고, 그 감정에 저항하지 않으며, 우리 안에서 마음껏 그 날을 세울 수 있도록 허용해 줄 때, 자신의 존재를 있는 그대로 인정받은 질투는 오래지 않아 스스로 편안해지고 사라지면서 우리에게 어떤 희열 같은 것을 선물로 주고 간다. 질투라는 파도 안에도 바다가 품은 무한의 에너지와 고요가 고스란히 담겨 있었던 것이다.

슬픈가? 그렇다면 마음껏 슬퍼하라. 지금 이 순간 우리 안에서 올라오는 그 어떤 감정, 느낌, 생각도 소중하지 않은 것이 없다. 그러므로 그 슬픔을 온전히 받아들이라. 더할 나위 없이 소중한 순간이 '지금' 우리의 마음에 찾아온 것이다. 그 슬픔을 다른 무엇으로 달래거나 누군가로부터 위로받으려 하지 말고, 다만 있는 그대로를 올올이 받아들여 보라. 그것을 향해 원망이나 비난의 돌을 던지지 말고 오히려 살포시 껴안아 보라. 그렇게 지금 이 순간 '나'를 찾아온 그 슬픔과 하나가 되어 온전히 슬퍼할 수 있을 때, 뜻밖에도 바로 그 속에서 어느 누구도 채워 줄 수 없는 깊고 따뜻한 위로를 발견하게 될 것이다. 슬픔 바로 그 안에 가장 깊고 완전한 위로가 담겨 있었던 것이다.

무료하고 심심한가? 그 순간 또한 우리 안에 있는 '완전한 힘'을 만날 수 있는 좋은 기회다. 많은 사람들은 무료하고 심심한 것을 못 견뎌 한다. 그래서 어떻게든 그 순간을 피하기 위해 TV를 보거나 컴퓨터를 켜고, 하릴없이 밖으로 나가 여기저기 돌아다니거나 이것저것 먹을 것을 찾는다. 또 재미있는 놀이나 게임으로 그 마음을 채우기도 하고, 시간을 보다 의미 있고 가치 있게 보내기 위해 책을 읽기도 한다. 그렇듯 우리는 늘 무언가를 '함'으로써 지금 이 순간의 무료함과 심심함을 벗어나려고 하는 것이다.

그것은 분명 현존에 대한 '저항'이요 '거부'다. 단순히 무료함이나 심심함에 대한 것이 아니라, 사실은 우리 자신의 완전성에 대한 거부요 저항으로 이어진다. 왜냐하면 '완전하다'는 것은 곧 어떤 것도 누락되거나 빠져 있지 않음을 의미하는데, 지금 이 순간 우리에게 찾아온 무료함과 심심함을 벗어나고자 한다는 것은 곧 자신의 완전성을 스스로 해치는 것과 같기 때문이다. 무료함과 심심함도 본래 부처인 우리 자신의 완전성을 이루는 데 없어서는 안 될 소중한 에너지다.

그러므로 모든 저항과 거부를 내려놓고 단 한 번만이라도 온전히 무료하고 심심해 보라. TV나 컴퓨터를 켠다든가 책을 읽는다든가 하릴없이 밖으로 나간다든가 잠을 청한다든가 하는 등으로 그것을 달래거나 벗어나려고 하는 일체의 행위를 중지하고, 다만 '지금'을 있는 그대로 받아들여 그저 무료하고 심심해 보라. 지금 이 순간의 '현존'은 그 어떤 것도 소중하지 않은 것이 없다. 그렇게 매 순간 '지금'을 온전히 받아들여 그 속에 있게 될 때 비로소 그것의 실상을 분명하게 보게 되면서, 오래지 않아 영원히 무료하지 않고 심심하지 않은 새로운 에너지를 바로 그 무료함과 심심함 속에서 넘치도록 얻게 될 것이다.

공허한가? 돈을 주고도 살 수 없는 귀한 순간이 우리를 찾아온 것이다. 선택할 수 있다면 어느 누구도 공허를 택하지 않을 것이다. 그런데 삶에 관한 많은 소중하고도 중요한 메시지를 가득 안고서 그것이 스스로 우리를 찾아와 준 것이다. 얼마나 고마운가! 그러므로 공허감을 거부하거나 저항하는 마음을 내려놓고 한순간만이라도 그것을 있는 그대로 받아들여 보라. 그리곤 잠시 그 공허감 속에 가만히 있어 보라. 우리가 그것을 향해 아무것도 하지 않을 때 그것 또한 우리를 향해 아무것도 할 수 없다. 바로 그 순간 '나'는 영원히 공허할 수 없는 존재라는 것을 깨닫게 될 것이다.

우울한가? 아직도 그것이 우리 마음 안에서 힘을 발휘하고 있는 것은 우리가 그것을 있는 그대로 받아들이거나 경험하지 않고 건너뛰려 하기 때문이다. 우울한 기분이 싫고 우울하게 살아가는 자신을 용납할 수 없기 때문에, 바로 그런 모양으로 끊임없이 지금 이 순간 우리를 찾아온 우울에 저항하고 거부하고 있기 때문에, 오히려 우울은 우리를 떠나지 않고 끈질기게 따라다니며 괴롭히는 것이다. 다시 말하면 싫다 싫다 하면서도 사실은 우울을 스스로 키우고 있었던 것이다. 우울은 바로 우리 자신의 저항을 먹고 살기 때문이다.

그러므로 그 고리를 끊으려면 오직 저항을 그치는 길밖에 없다. 마음을 돌이켜 '지금' 우리를 찾아온 우울을 있는 그대로 받아들여 보라. 그리고 그냥 우울해 보라. 온전히 받아들일 때 완전히 놓여날 수 있다. 우리가 저항하는 꼭 그만큼의 힘으로 우울은 우리에게 힘을 발휘하기 때문이다. 그렇게 우울에 대한 모든 저항을 내려놓을 때, 힘을 잃은 그것은 우리 안에 잠시 머물다가 간다는 말도 없이 영원히 우리 곁을 떠나간다. 우울을 끝낼 수 있는 유일한 길은 오직 우울 안에서만 열린다.

기쁘고 즐거운가? 그렇다면 백 퍼센트 그 순간을 즐겨라. 그 기쁨이 바로 우리의 본질이다. 사실 우리는 그렇게 기쁘고 즐겁게, 행복하게 살기 위해 이 땅에 태어났다. 그런데도 많은 사람들이 행복하지 않은 이유는 오직 지금 이 순간을 '가려서 택하는' 마음 때문이다. 기쁨과 즐거움은 더 많이 가지고 쌓아 두려고 하는 반면에 슬픔이나 불안, 우울, 공허, 부정적인 생각, 무료함 등은 어떻게든 멀리하려고 하면서 끊임없이 저항하는 바로 그 마음 때문에 우리는 오히려 지금 이 순간 여기에 백 퍼센트 주어진 진정한 기쁨과 행복을 맛보지 못하는 것이다.

지극한 도는 어렵지 않다. 오직 '가려서 택하는' 그 한 마음을 내려놓고 다만 매 순간 있는 그대로 존재하기만 하면 된다. 기쁠 땐 기뻐하고 슬플 땐 슬퍼하며 우울할 땐 우울해하고 무료할 땐 무료해하며 즐거울 땐 즐거워하고 배고프면 밥 먹고 자고 싶으면 자고 똥 누고 오줌 누며 피곤하면 눕는 것, 이것이 바로 불법이며 완전한 도다. 도란 매 순간의 '현존' 이외의 아무것도 아니기 때문이다.

그러니 도를 깨닫기란 얼마나 쉬운가!

야야포불면

夜夜抱佛眠

조조환공기

朝朝還共起

욕지불거처

欲知佛去處

어묵동정지

語默動靜止

밤이면 밤마다 부처를 껴안고 자고

아침이면 아침마다 다시 함께 일어나나니

부처가 어디에 있는가를 알고자 하거든

말하고 침묵하고 움직이고 고요히 있는 지금 이 순간에 존재하라.[15]

---

15 이는 중국 양나라 때의 승려인 부대사(傅大士)가 읊은 노래이다. 그는 거침없는 수행으로 출가자와 재가자들로부터 존경을 받았으며, 특히 양무제(梁武帝)를 귀의시켜 중국의 불교 발전에 크게 기여했다.

16 성경에서도 이와 똑같은 '길(道)'을 우리에게 가리켜 보여주고 있다.
"너는 나 외에는 다른 신들을 네게 두지 말라."(출애굽기 20:3)
이 말씀은 하나님이 시내 산에 내려오셔서 모세와 온 이스라엘 백성에게 말씀하신 '십계명' 중의 첫 번째 계명이다. 이때 '하나님'은 결코 특정 종교만의 하나님이 아니다. "태초에 하나님이 천지를 창조하시니라."(창세기 1:1)라고 말씀하고 있듯이, 천지와 만물을 창조하신 하나님은 그 창조하신 만물 가운데 하나인 인간이 만든 종교 안에만 있는 분이 아니며, 더구나 그 가운데 어느 한 종교에만 속한 분은 더더욱 아니다. 그런 믿음은 전적으로 그렇게 믿는 사람들의 몫일 뿐 '하나님'과는 거리가 멀다. 즉 이 말씀은 결코 여호와 이외의 다른 신들, 곧 불교나 이슬람이나 힌두교나 그밖에 다른 종교에서 믿는 신들을 섬기지 말라는 말씀이 아니다. 하나님은 결코 그렇게 작고 편벽된 분이 아니다.
하나님은 어떤 형상이 없어서 볼 수도 들을 수도 잡을 수도 없지만, 계시지 않는 곳이 없고, 있지 않는 순간이 없다. 하나님은 언제나 지금, 여기에 계신다. 매 순간의 현존, 그것이 바로 하나님이라는 말이다. 그렇기에 "너는 나 외에는 다른 신들을 네게 두지 말라."는 이 말씀은 곧 "지금 이 순간에 존재하라."는 말씀이다. 매 순간의 지금 여기가 바로 하나님이 계신 곳이니, 지금을 있는 그대로 받아들이고, 지금 속에 존재하며, 오직 지금 이 순간을 살라는 말씀이다. 그리하여 지금 우리 안에서 일어나는 이것─부정적인 생각, 슬픔, 분노, 질투, 무료함, 심심함, 공허, 우울 등─이외에 다른 무엇, 이를테면 고요함이나 기쁨, 평화, 넉넉함, 즐거움, 충만, 깨달음 등을 찾거나 구하지 말라는 말씀이다. 매 순간 지금 속에 있는 그대로 존재하지 못하고 자꾸만 다른 무언가를 찾아다닐수록 우리가 얻고자 하는 것과는 점점 더 멀어질 뿐, 모든 참되고 영원한 것들은 바로 지금 이 순간 속에 있기 때문이다. 우리는 오직 지금 이 순간 속에서만 영원한 진리를 만날 수 있다. 그렇기에 진리이신 하나님은 애틋하게 우리에게 말씀하고 있는 것이다. "너는 나 외에는 다른 신을 네게 두지 말라."고.

그렇게 우리 안에서 올라오는 모든 것을 한결같이 평등하게 지니면 우리의 모든 번뇌와 괴로움과 목마름은 저절로 사라져 끝난다. 매 순간 있는 그대로 존재함으로 말미암아 우리는 '영원'을 만날 수 있는 것이다.[16]

11

움직임을 그쳐 멈춤으로 돌아가면
멈춤은 다시 더욱 큰 움직임이 된다

지동귀지止動歸止 지갱미동止更彌動

내가 삶의 모든 방황에 종지부를 찍고 비로소 현실에 두 발로 서게 되었을 때, 문득 모든 것이 감사해진 마음속에서 제일 먼저 떠오른 한 사람이 있었다. 잠시 고등학교 윤리 교사로 근무할 때 언제나 나를 믿어 주며 가슴 따뜻한 형님처럼 대해 주던 선배 교사였다. 그는 내가 교직을 그만두려고 할 때도 기꺼이 나를 지지해 주었고, 지리산 깊은 산속 토굴에 들어가 홀로 수행할 때도 영양가 많은 반찬을 만들어 그 먼 길을 마다하지 않고 한걸음에 달려와 주었으며, 상주 극락암에서 50일 단식을 하며 가부좌를 틀고 앉아 있을 때는 쏟아지는 소낙비를 아랑곳하지 않고 큼지막한 우산을 쓴 채 달려와 나의 건강을 염려해 주었다.

그랬기에 내 마음에 참 평화가 임하고 영혼의 모든 갈증이 사라졌을 때 맨 먼저 그에게 연락해 이 기쁜 소식을 전하고 싶었다. 벅찬 마음으로 전화했더니 갑작스러운 연락에 놀라워하면서도 무척 반가운 목소리로 이렇게 말했다.

"어, 김 선생! 웬일이야? 볼일 있어서 내려왔어? 공부는 잘되고 있고?"

내가 대답했다.

"아닙니다. 공부가 다 끝나서 전화 드렸습니다. 이제 다시는 어딘가로 떠날 필요가 없게 되었습니다. 그래서 형님께 감사 인사를 드리고 싶어서요."

"아니, 그래? 공부가 다 끝났다고? 그럼, 당장 만나야지!"

그는 교외의 어느 조용한 식당으로 나를 데리고 가서 그동안 정말 고생 많았다는 위로의 말씀과 함께 상다리가 부러질 만큼 잘 차려진 상을 내 앞에 내놓았다. 식사와 함께 동동주 몇 잔을 기울이며 분위기가 무르익어 갈 무렵 그는 갑자기 빈 잔을 상 위에 탁 하고 내려놓더니, 더 이상은 못 참겠다는 듯 이렇게 물었다.

"그래, 김 선생! 이제 말해 봐. 무얼 깨달았지? 깨달음이 뭐던가? 그것은 곧 진리를 깨닫는다는 것인데, 그렇다면 진리가 뭐지? 김 선생이 깨달은 게 무언지 정말 궁금해! 어서 말해 봐."

그래서 내가 말했다.

"진리라는 것이 별다른 게 아니었습니다. 특별한 무엇도 아니었고요. 아주 단순했습니다. 그냥 주어진 하루하루를 열심히 사는 것, 그것이 바로 진리였습니다."

순간 그의 얼굴에는 실망하는 빛이 역력했다. 어이가 없다는 표정이었다. 그 마음은 목소리에도 그대로 담겨 있었다.

"아니, 그건 누구나 다 아는 얘기잖아! 그런 것 말고 다른 걸 얘기해 보게. 뭔가 다른 게 있을 것 같은데……?"

"아뇨, 그것 말고 다른 깨달음은 존재하지 않았습니다. 그냥 주어진 하루하루를 열심히 사는 것, 그게 바로 진리였습니다. 그 이상도 그 이하도 아니었습니다."

그는 힘이 쭉 빠진 듯했다. 그저 멍한 눈으로 나를 바라볼 뿐이었다. 아마 그는 나의 오랜 방황을 가까이서 지켜보면서 무슨 대단하고 특별한 깨달음을 기대했던 것 같다. 그러나 내게서 더 이상 별다른 대답이 나올 것 같지 않자 그는 자신 안에서 올라오는 실망감과 허탈감을 감추지 않고 이렇게 말했다.

"아니, 김 선생! 누구나 다 아는 걸 깨닫기 위해서 그렇게 오랜 세월 동안 모든 걸 다 내팽개치고 돌아다녔다는 말이야?"

"예, 누구나 다 아는 그 단순한 사실을 깨닫는 데 저는 34년이 걸렸습니다……."[17]

그렇게 진리를 찾아, 마음의 참된 평화를 찾아 끊임없이 돌아다니던 움직임을 그쳐 멈춤으로 돌아오니, 그렇게 매 순간 있는 그대로의 '나'로 돌아오니, 놀랍게도 나는 이전과 다름없는 '나'인데 내 안에는 강 같

---

17 노자도 이렇게 말한다.
"아름다운 음악과 맛있는 음식은 지나가는 나그네의 발걸음을 멈추게 하지만, 도라는 것은 담박하여 아무런 맛이 없다. 보아도 족히 볼 만한 것이 없고, 들어도 족히 들을 만한 것이 없다. 그러나 도는 아무리 써도 다하지 않는다."

은 평화가, 사랑이, 자유가, 지혜가 가득히 흐르고 있었다. 보잘것없고 볼품없는 한 방울의 파도에 불과하던 내가 그대로 무한히 깊고 넓은 바다였고, 잠시 있다가 곧 스러져 버리는 이슬과도 같은 존재인 내가 그대로 우주의 역동적인 질서와 조화 그 자체였으며, 모든 것과 분리되어 이 세상에 홀로 있는 것같이만 느껴지던 내가 분리란 존재하지 않는 완전한 '전체'요 '하나'였다. 아, 이 얼마나 놀라운 비약인가!

끊임없이 무언가를 찾고 구하던 움직임을 그쳐 '지금'으로 돌아오니, 나 하나조차 감당할 길이 없어 언제나 힘들어하던 내가 다른 이의 마음속 고통과 상처를 어루만져 주며 함께 치유의 기쁨과 감사를 나누는 사람이 되었고, 늘 '혼자'임을 한없이 괴로워하고 고통스럽게 여기던 내가 어느새 많은 사람을 편안히 만나며 그들 안에 있는 참된 자유를 발견하게 해 주는 '쓰임받는' 존재가 되었으며, 어릴 적 아버지의 부재로 사랑을 받지 못해 아무것도 진정으로 느낄 줄 모르는 냉혈한의 가슴이 되었는데, 놀랍게도 그 차가운 가슴 속에서 너무나도 깊고 따뜻한 사랑이 나왔다. 삶이 언제나 허무하고 헛되어 견딜 수가 없었는데, 무엇을 하든 어디에 있든 산다는 것이 조금도 허무하거나 헛되지 않았다. 아무리 애를 쓰고 노력하며 열심히 살겠다고 다짐하고 결심을 해도 곧 다시 게을러지고 무기력해져서 하루하루 산다는 것이 그저 아득하기만 했는데, 아무리 많은 강의를 하고 또 많은 사람들을 만나면서 상담을 해도 에너지의 소모를 조금도 느낄 수 없는 충만과 충일감이 언제나 내 안을 가득히 흘렀다.

"움직임을 그쳐 멈춤으로 돌아가면, 멈춤은 다시 더욱 큰 움직임이 된다."는 승찬 스님의 말씀처럼, 나는 단지 있는 그대로의 나 자신이 된 것밖에 없는데, 그렇게 추구가 끝난 것밖에 없는데, 머리에서 발끝까지 달라지지 않은 것이 없고, 삶은 언제나 처음처럼 새롭지 않은 순간이 없었다.

12

오직 양쪽에만 머물러 있어서야
어찌 한결같음을 알겠는가

유체양변唯滯兩邊 영지일종寧知一種

바다와 파도가 하나이듯이, 지금 여기 있는 그대로의 '나'와 내가 바라고 원하는 미래의 완전한 '나'는 둘이 아니다. 지금의 '나'가 이미 그것이다. 그런데도 이원의 분별심 안에 갇혀 있는 우리의 눈에는 그것이 명백히 '둘'로 보일 뿐만 아니라 하늘과 땅만큼 차이가 나는 것으로 여겨지는 것이다.

'지금'은 아무리 봐도 부족하고 못났고 불완전하고, 그래서 무언가로 더 채워야만 할 것 같고, 그냥 이대로 가만히 있어서는 안 될 것 같고, 어딘가로 열심히 달려가야만 할 것 같은 불안한 자리인 반면에, 우리의 노력과 수고로써 마침내 도달하게 될 '미래'는 아무리 생각해 봐도 지금보다는 더 낫고 완전하고 충만하며 자유롭고 행복하고 만족스러울

것같이 여겨지는 것이다. 그래서 지금의 '나'는 언제나 극복의 대상으로만 보이고, 미래의 '나'는 어떻게든 도달하고 싶고 이루고 싶고 또한 영원히 거기에만 머물고 싶은 아름다운 존재로 보인다.

이렇듯 우리는 언제나 지금과 미래를 나누고, 이것과 저것을 구분 지으며, 부족과 완전을 나누고, 중생과 부처를 분별한 다음에 하나는 버리고 다른 하나는 끊임없이 얻으려고 한다. 바로 그런 우리의 마음을 가리켜 승찬 스님은 이렇게 말하고 있다. "오직 그렇게 양쪽에만 머물러 있어서야 어찌 한결같음을 알겠는가."라고.

유난히도 햇살이 눈 부신 어느 화창한 봄날 『나는 누구인가』라는 책으로 유명한 인도의 성자 라마나 마하리쉬는 참된 마음의 행복을 찾아 먼 길을 찾아온 어떤 외국인 젊은이와 차 한잔을 앞에 두고 조용히 마주앉았다. 마음을 진정시키려는 듯 잠시 침묵 속에 있던 젊은이는 이윽고 입을 열어 애틋하게 물었다.

"저는 어떻게 하면 깨달음을 얻을 수 있습니까?"

그러자 라마나 마하리쉬도 따뜻한 침묵을 거두며 이렇게 말했다.

"자네가 그렇게 묻는 것은 마치 자네가 지금 내 앞에 앉아 있으면서 '어떻게 하면 선생님 앞에 앉을 수 있습니까?'라고 묻는 것과 같네. 깨달음이란 새롭게 얻어지는 어떤 것이 아닐세. 깨달음은 항상 존재하고 있으며, 다만 '나는 아직 깨닫지 못했다.'라는 생각을 버리기만 하면 되는 것일세."

뜻밖의 대답에 잠시 생각에 잠겨 있던 젊은이는 다시 이렇게 물었다.

"선생님은 늘 '진정한 나眞我'를 알게 되면·완전한 행복에 들어갈 수 있다고 말씀하십니다. 그렇다면, 어떻게 하면 '진아'에 도달할 수 있습니까?"

"진아에 도달한다는 그런 것은 없네. 만약 진아에 도달해야 한다면 진아는 지금 여기에 존재하고 있지 않다는 의미이며, 획득해야 할 대상이라는 의미일세. 새롭게 획득한 것은 결국 잃어버리게 되는 것일세. 따라서 그것은 영원하지 않으며, 영원하지 않은 것은 추구할 만한 가치가 없네. 진아는 획득하거나 도달하는 것이 아니네. 자네가 진아일세. 자네가 이미 그것이네."

13

한결같음에 통하지 못하면
양쪽에서 모두 공덕을 잃으리라

일종불통一種不通 양처실공兩處失功

여기, 방금 뚜껑을 연 조금 큰 통의 노란색 페인트가 있다고 생각해 보자. 그것으로 길가 쪽으로 난 담벼락에 페인트칠을 하기 위해 큼지막한 붓을 집어넣었다가 들어 올리면 그 붓에는 분명히 노란색 페인트가 가득 묻어 있을 것이다. 또 가끔 페인트 통을 젓기 위해 막대기를 넣었다가 빼도 거기에는 노란색 페인트가 묻어 있을 것이며, 작업을 하다가 잘못해서 장갑을 빠뜨렸다가 급히 건져 올려도 거기에는 분명 노란색 페인트가 묻어 있을 것이다. 심지어 벽돌이나 돌멩이를 집어넣었다가 빼든 혹은 신문지나 다른 무엇을 넣었다가 빼도 결과는 마찬가지일 것이다. 노란색 페인트 통에서는 오직 노란색 페인트만 나온다. 그렇지 않은가? 두말 할 필요가 없는 너무나 당연한 얘기다.

이런저런 삶의 상황과 경험 속에서 매 순간 우리 안에서 올라오는 모든 감정, 느낌, 생각은 그것이 어떤 모양이나 빛깔을 하고 있든 모두가 다 '나의 마음'이다. 그렇지 않은가? 내 안에서 나왔으니 모두가 다 '나의 마음'인 것이다.

아침에 눈을 떴을 때 비가 오는구나 하고 아는 것도 내 마음이요, 오랜 봄 가뭄 끝에 대지를 촉촉이 적시며 내리는 고마운 비를 바라보며 괜스레 기분이 좋아지는 것도 내 마음이며, 반대로 친구들과 모처럼 산행을 가려고 약속했는데 하필 비가 온다며 짜증을 내는 것도 내 마음이다. 길을 걸으며 새소리를 듣는 것도 내 마음이요, 이런저런 생각에 잠기거나 가끔 쓸데없는 망상에 젖는 것도 내 마음이며, 사람들을 만나 더없이 반가워하거나 혹은 어색해하기도 하고 불편해하는 것도 내 마음이다. 밥을 먹을 때 맛있게 먹는 것도 내 마음이요, 이것을 할까 저것을 할까 망설이며 우왕좌왕하는 것도 내 마음이며, 문득 어떤 상황 속에서 긴장하거나 경직되는 것도 내 마음이다. 기쁘거나 슬픈 것도 내 마음이요, 아파하거나 평안하거나 힘든 것도 내 마음이며, 게으르거나 우울하거나 불안하거나 즐겁거나 그리워하거나 사랑하거나 화를 내거나 피곤을 느끼거나 잠을 자거나 꿈을 꾸거나 등등 우리가 지금 이 순간의 삶 속에서 경험하는 그 어떤 감정, 느낌, 생각도 다 '나의 마음'이 아닌 것이 없다. 그렇지 않은가? 노란색 페인트 통에서는 오직 노란색 페인트만 나오듯이 말이다. 그렇기에 그 모든 마음을 다 '나의 마음'으로 한결같이 받아들이며 매 순간 있는 그대로 경험하면, 어떤 것은 좋다 하며 받아들이고 어떤 것은 싫다 하며 거부하지만 않는다면, 그렇게 가려서 택하지만 않는다면, 그것이 바로 완전한 깨달음이요 해탈이며 '지극한 도'이다. 그 밖의 다른 깨달음은 없다. 매 순간 있는 그대로의 현존, 그것이 바로 도이기 때문이다.[18]

이 한결같음에 통하지 못하면, 그래서 매 순간 있는 그대로의 '나'로서 존재하지 못하면 우리는 필연적으로 양쪽에서 모두 공덕을 잃어버리게 된다. 이때 '양쪽'이란 우리 안에서 경험하는 것들 가운데 우리가 버리고 싶어 하는 쪽과 얻고 싶어 하는 쪽 모두를 가리키는데, 버리고 싶어 하는 것들은 얼른 버려지지 않아서 힘들고 얻고 싶어 하는 것들은 얼른 내 것이 되어 주지 않아서 괴로우니, 양쪽에서 모두 공덕을 잃는 것이다.

두어 해 전 어느 날, 대구 도덕경 모임에 나와서 매주 강의를 듣던 어떤 사람에게서 전화가 왔다. 반가워하며 전화를 받았는데, 몇 마디 안부 인사를 하다가 말고는 갑자기 울음을 터뜨리면서 이렇게 말하는 것이었다.

"선생님, 저는 지금 마음이 너무나 괴로워요! 석 달 전에 직장 상사가 사소한 일로 저를 너무 심하게 야단치며 부당하게 대하는 일이 있었

---

18 당나라 때의 선사로서 중국 선종의 황금기를 열었던 마조(馬祖) 스님은 이렇게 말한다.
"그대들은 각자 자기의 마음이 곧 부처임을 믿어라. 이 마음이 바로 부처다."
또 이렇게도 말한다.
"무릇 진리(法)를 찾는 자는 찾는 것이 없어야 하니, 마음 밖에 따로 부처가 없고 부처 밖에 따로 마음이 없기 때문이다. 그러므로 (지금 이 순간 우리 안에서 올라오는 온갖 마음들 가운데) 좋은 것이라고 하여 취하지도 말고 나쁜 것이라고 하여 버리지도 말며, 깨끗함과 더러움의 어느 쪽에도 기대거나 믿지 말아야 한다."
"도는 닦을 필요가 없다. 다만 더럽히지만 말라. 어떤 것이 더럽히는 것인가? 분별하는 마음으로써 (지금 이 순간 내 안에서 올라오는 미움을 사랑으로, 게으름을 성실로, 무료함을 재미로, 분노를 용서로 고치거나 변화시키려고) 조작하고 추구하는 것들이 바로 더럽히는 것이다."

어요. 그때는 억울하고 분해도 이런저런 상황 때문에 아무런 말도 하지 못한 채 그저 입을 다물고 있었지만, 시간이 지날수록 그 상사가 미워지기 시작하는 거예요. 그런데 하루가 지나고 이틀이 지나고 그렇게 날이 거듭될수록 미움이 점점 더 커져서 이제는 저 자신도 감당할 수 없을 만큼이 되어 버렸어요! 아침에 눈을 뜨면 그 사람이 너무나 보기 싫어서 직장에 가기가 싫고……. 그래도 먹고살아야 하니까 어쩔 수 없이 가기는 가지만 일도 하기 싫고 밥도 먹기 싫고 삶의 의욕도 점점 잃어가는 것 같고……. 이런 자신이 너무 싫고 힘들어서 그 사람을 미워하지 않으려고 다짐하며 애를 쓰고 온갖 모양으로 노력해 보았지만, 모든 것이 수포로 돌아갔어요. 선생님, 너무 괴로워요! 저는 어떡하면 좋아요? 요즘은 제가 어떻게 하는지 아세요? 매일 밤마다 자그마한 인형을 만들어 거기에다가 그 사람의 이름을 적어 벽에 걸어 놓고는 미친 듯이 송곳으로 찌르며 그 사람에게 저주를 퍼붓고 있답니다. 아, 선생님! 이게 사람이 할 짓인가요? 저 자신이 너무 무서워요! 제 가슴 속에서 끊임없이 솟구쳐 오르는 이 미움을 어떻게 하면 좋아요?"

그래서 내가 애틋하게 말했다.

"당신이 괴로운 것은 미움 때문이 아닙니다. 오히려 그 미움을 있는 그대로 받아들이지 못하고 거부하고 저항하는 가운데 사랑과 용서로 바꾸려는 바로 그 마음 때문입니다. 다시 말해 미워하지 않으려는 마음 때문에 오히려 무한히 힘들어진 것입니다. 그 마음을 걷어치우고, 단 한 순간만이라도 마음껏 미워해 보세요. 괜찮습니다. 자신 안에서 끊임없이 솟구쳐 오르는 그 미움을 한 번만이라도 온전히 허용해줘 보세요.

백 퍼센트 미움 덩어리가 되어 보라는 말입니다. 그래서 인생에 단 한 순간만이라도 정말 시원하게 마음껏 미워해 보세요. 그렇게 '지금' 당신의 마음 안에서 솟구치는 그 미움을 온전히 받아들여서 미움 이외의 다른 어떤 것도 구하지 않을 때, 바로 그 순간 미움은 온데간데없이 사라지고 설명할 수 없는 평화가, 이완이, 삶의 입체성을 갑자기 알아버린 듯한 미소가 당신의 가슴 속에 가득히 흐르게 될 것입니다. 우리가 바라고 원하는 사랑과 용서는 우리가 그토록 버리려고 애쓰는 미움 속에 온전히 들어 있다는 사실을, 그리하여 백 퍼센트 미워할 수 있을 때 진정으로 용서할 수 있고 또 온전히 사랑할 수 있다는 진실을 사람들은 조금도 몰라요. 그러므로 '지금' 당신에게 찾아온 그 미움을 있는 그대로 받아들여 보세요. 그때 당신의 괴로움도 깨끗이 사라질 것입니다."[19]

석 달이나 계속된 미움이 그에게 얼마나 큰 고통과 괴로움을 줬던지 "미워해도 괜찮다, 마음껏 미워하라."는 말에 그의 눈물은 어느새 깊은 통곡과 함께 안도의 한숨으로 변해가고 있었다.

"선생님, 고마워요! 사람을 미워해서는 안 된다고 생각했기에 제 안에서 끊임없이 솟구쳐 오르는 미움 때문에 너무나 괴로웠는데, 미워해도 괜찮다고 말씀해 주셔서 정말 고마워요! 제 마음을 있는 그대로 긍정해 주셔서 고맙습니다. 이젠 숨을 쉴 수 있을 것 같아요……."

나중에 들은 얘기지만, 그날 이후부터는 희한하게도 그 사람이 그다

---

19 마조 스님도 이렇게 말한다.

"즉시 도를 깨닫고자 하는가? 평상심이 바로 도이다. 무엇을 평상심이라고 하는가? 조작하지 않고, 옳다 그르다 하지 않으며, 취하거나 버리지도 않고, 끊어짐이 있다거나 끊어짐이 없다고 헤아리지 않으며, 범부도 아니고 성인도 아닌 것이 바로 평상심이다."

지 믿지 않았고, 미움에 온전히 사로잡혀 있을 동안에 자신이 한 이런 저런 못된 생각과 행동에 대해서도 가만히 미소가 지어질 즈음엔, 그 사람을 미워했던 이유도 까마득히 잊은 채 자신의 일에 온전히 집중할 수 있었다고 한다.[20]

---

20 이를 두고 성경에서는 이렇게 말하고 있다.
"보라, 내가 새 하늘과 새 땅을 창조하나니, 이전 것은 기억되거나 마음에 생각나지 아니할 것이라. 너희는 내가 창조하는 것으로 말미암아 영원히 기뻐하며 즐거워할지니라."(이사야 65:17~18)

14

있음을 버리면 오히려 있음에 빠지고
공(空)을 따르면 도리어 공을 등지게 된다

견유몰유遣有沒有 종공배공從空背空

지금 이 순간 우리 안에서 올라오는 미움—혹은 불면, 아픔, 힘겨움, 게으름, 우울, 불안, 슬픔, 초라함이든 그 밖의 다른 무엇이든—을 버리려고 하면 할수록 오히려 점점 더 깊이 그 속에 빠져들게 되어 괴로움만 더하게 될 뿐이며, 그런 것들이 사라지고 없는 데空에서 마음의 고요와 평화를 찾는다면 도리어 그럴수록 영혼의 진정한 해방과는 더욱더 멀어지게 될 것이라는 말이다. 우리의 마음은 결코 취하거나 버릴 수 있는 것이 아니다. 오히려 그런 노력과 수고를 통하여 무언가를 얻으려고 하는 바로 그 마음을 내려놓을 때, 본래 조금도 부족하지 않은 자신을 문득 발견하게 되는 것이다.

서울 도덕경 모임에 나오는 어떤 이가 보내온 편지 한 통을 여기에 소개하고 싶다. 내게 편지를 보내 준 그도 남편에 대한 미움 때문에 괴로워하다가 어느 순간 미움 그 자체를 있는 그대로 받아들이게 되면서, 미움은 온데간데없이 사라지고 기쁨과 사랑이 자신을 가득 채우는 삶의 놀라운 '비약'을 경험하게 된 아름다운 사연이다.

(전략)

가만히 생각해 보니 저는 소중한 사람들을 아주 유치할 정도로 무지무지 미워하다가 깨닫곤(?) 했어요. 알고 보니 제가 가장 고통스러워하는 것이 미움이더라고요. 이건 다시 말하면 제가 가장 소중히 여기고 그리워하는 것이 사랑이라는 것일 겝니다.

누군가 사랑의 반대는 미움이 아니라 무관심이라 했지요. 동의합니다. 사랑과 미움은 한줄기인 것을. 그렇다면 제가 사랑을 제1의 가치로 여긴다는 말은 금방 거짓으로 들통 나네요. 무관심을 가장 고통스러워해야만 진정으로 사랑할 줄 아는 사람일 텐데, 미움에서 가장 고통을 느꼈던 걸 보면 참으로 유치하고 편협한 사랑에 빠진 여자일 뿐이라는 걸 지금 이 글을 쓰면서 깨닫게 되다니……. 하려던 이야기는 계속해야겠지요.

15년 전쯤일까. 사랑으로 선택한 남편이 걷잡을 수 없이 미워지기 시작했어요. 어느 일부가 그의 전부가 아닌 줄 뻔히 알면서도 사랑에 푹 빠졌던 것처럼, 어느 일부가 그의 전부가 아닌 줄 뻔히 알면서도 온통 미움으로만 잦아드는 거예요. 그 미워하는 마음이 너무도 고통스러워 어느 날 그냥 미움 자체를 받아들이기로 했어요. 생존 전략의 차원이었던 거겠죠?

미워하지 말아야 한다는 죄의식이 더욱 미움을 부채질한다는 누군가의 가르침을 떠올리면서 처음엔 '맘껏 미워해 보자, 어디까지 가나.' 하는 오기로 맘껏 미워했지요. 그러다 보니 지쳤는가, 그냥 미움 자체를 받아들이게 되더라고요. 그러던 중 어느 날 알 수 없는 기쁨의 에너지가 솟구치는데, 세상이 어찌 그리도 아름답던지요. 잿빛 하늘도, 먹구름도, 썩은 나무도 너무 아름다워 반찬거리를 사러 가면서 줄곧 눈물을 흘렸습니다. 남편이 밉다니요, 그저 사랑스럽게만 보이더란 말입니다.

그러면서 깨달은 게 있었습니다. 남편이 밉고 사랑스럽고는 남편 탓이 아니라 나의 내부에 있다는 것을. 자연은 그대로인데 이토록 아름답게 보이는 것은 분명 내 안의 변화 때문일 테니까요. 그러니 남편이 나를 행복하게 해 주는 것이 아니라, 나의 행복은 나에게 있다는 것을.

물론 단 한 번에 그렇게 정리되었겠어요? 지금도 종종 상대방을 원망하면서 헤매다 돌아오고 하기를 나뭇가지가 꽃피울 때마다 저지르고 있는 걸요. 어쨌든 그처럼 걷잡을 수 없는 눈물로 다가올 때도 있고, 따스한 물에 꿀이 번지듯 달콤하게 젖어들면서 세상을 다시 읽게 된 때도 있었지요. 이런 경험이 가능했던 것은, 진정으로 행복한 삶을 내가 원하고, 진짜 나를 알고 싶어 했기 때문이라고 믿어요.

(후략)

진정한 충만이란 무엇일까? 우리는 언제 완전히 만족하게 될까? 그것은 분명 '소유' 속에는 있지 않다. 아무리 많은 것을 소유하고 있다 하더라도 그것이 우리의 영혼을 진정으로 채워줄 수는 없기 때문이다. 그것은 오직 '존재' 속에 있다. 매 순간 있는 그대로 존재할 때, 다시 말해 우리 안에서 올라오는 어떤 감정, 느낌, 생각도 거부하거나 저항하지 않고 있는 그대로 받아들이고 경험할 때, 우리는 우리 자신에 대해 완전히 만족하게 된다. 왜냐하면 '가려서 택하는' 마음이 사라진 그 자리에는 자신과의 모든 싸움이 끝난 데에서 비롯된 참된 평화가, 감사가, 사랑이 가득히 흐르기 때문이다.[21]

---

21 예수도 이렇게 말한다.

"수고하고 무거운 짐 진 자들아, 다 내게로 오라. 내가 너희를 쉬게 하리라."(마태복음 11:28)

예수의 실상은 2000년 전에 이 땅에 와서 33년 동안 있다가 사라진 그의 유한한 육체에 있지 않다. 그의 실상은 바로 '영원한 진리'다. 그런데 영원한 진리는 언제나 지금 이 순간 속에 '현존'해 있기에, 예수의 이 말씀은 곧 "수고하고 무거운 짐 진 자들아, 다 '지금'으로 돌아오라. 오직 '지금' 속에 존재할 때만 너희의 영혼은 안식하게 될 것이다."는 뜻이다. 이때 '수고하고 무거운 짐 진 자들'이란 마음의 이원성 안에 갇힌 채 버릴 수 없는 것들을 버리려고 애쓰고 얻을 수 없는 것들을 얻으려고 헛되이 수고하고 노력하는 가운데 '지금'이 아닌 '미래' 속에서 영혼의 자유와 깨달음을 찾는 사람들을 가리킨다. 그것은 마치 편안하고 안락한 자기 집 안에 있으면서도 스스로 헐벗고 굶주린다고 생각하고는 끊임없이 안락한 자기 집을 찾아다니는 것과 같으니, 그 마음의 무거움과 수고로움이 얼마나 크겠는가. 다만 '지금'으로 돌아오면 된다. 그리하여 자신의 전부를 받아들이며 매 순간 있는 그대로 존재할 때, 우리는 비로소 영원한 존재로서의 우리 자신의 실상을 만나게 되는 것이다. 우리는 지금 이 순간 우리의 안락하고도 영원한 집을 떠나 있지 않다.

진실은 단순하다

15~20수

15

말이 많고 생각이 많으면
더욱더 통하지 못한다

다언다려多言多慮 **전불상응**轉不相應

진리는 참 단순하다. '진리'라고 할 무엇이 따로 있는 것이 아니라, 단지 있는 것을 있다 하고 없는 것을 없다 하며, 아는 것을 안다 하고 모르는 것을 모른다 하는 것, 그리고 그런 것을 그렇다 하고 아닌 것을 아니다 하는 것 속에 진리랄까 영혼의 참된 자유랄까 영원이랄까 하는 것이 온전히 들어 있기 때문이다.

공자도 『논어』에서 다음과 같이 말하고 있다.

> 지지위지지 부지위부지 시지야
>
> 知之爲知之 不知爲不知 是知也

아는 것을 안다고 하고 모르는 것을 모른다고 하는 것,

이것이 진정으로 아는 것이다.

예수도 이렇게 말한다.

오직 너희 말은 옳다 옳다, 아니라 아니라 하라.

이에서 지나는 것은 악으로부터 나느니라. (마태복음 5:37)

그런데 안타깝게도 우리는 그렇게 살지 않는다. 있는 것도 없다 하고 없는 것도 있다 하며, 아는 것도 모른다 하고 모르는 것도 안다 하며, 그런 것도 아니다 하고 아닌 것도 그렇다 하면서 스스로 고통과 괴로움을 부르며 살아간다. 그리곤 또 그 괴로움을 못 견뎌 하며 따로 마음의 자유를 찾고 도를 구하고 있는 것이다.

도는 지금 여기 우리 눈앞에 훤히 드러나 있다. 매 순간 우리 안에서 경험하고 있는 '이것'이 바로 그것이다. 우리는 지금 이 순간 있는 그대로 영원한 진리와 자유로부터 조금도 분리되어 있지 않다. 우리가 이미 그것이다. 그렇기에 중국 송나라 때의 선사인 불인료원佛印了圓도 일찍이 이렇게 노래했던 것이다.

도재당인안첩리

道在當人眼睫裡

서래면목지여금

西來面目只如今

갈음기손상현로

渴飮饑飱常顯露

하용구구향외심

何用區區向外尋

도가 그대 눈썹 안에 있거늘

달마가 동쪽으로 온 까닭을 지금도 묻고 있는가?

목마르면 물 마시고 배고프면 밥 먹는 데서 한결같이 환하게 드러나는데

어찌하여 구구히 밖을 향해 찾을꼬?

　그런데도 우리는 마음의 이원성이 만들어 내는 많은 말과 생각들, 이를테면 있다-없다, 안다-모른다, 이다-아니다, 좋다-나쁘다, 됐다-안 됐다, 부족하다-완전하다, 번뇌-보리, 중생-부처 등의 이름과 분별에 매여 지금 이 순간 여기에 완전하게 주어진 도에는 더욱더 통하지 못하게 되는 것이다. 다만 그렇게 모든 것을 둘로 나누어 보는 그 분별심 하나만 내려놓으면 우리는 즉시 영원한 자유를 만날 수 있는데도 말이다.[22]

16

말이 끊어지고 생각이 끊어지면
통하지 않는 곳이 없다

절언절려絶言絶慮 무처불통無處不通

'말이 끊어지고 생각이 끊어진다.'는 것은 말을 하지 않고 생각을 하지 않는다는 뜻이 아니다. 마음의 이원성이 우리 안에서 사라져서, 모든 헤아림이 멈추고 '가려서 택하는' 분별과 몸짓이 정지함을 가리킨다. 그때 우리는 비로소 매 순간의 '지금' 속에 존재하게 됨으로 말미암아 자신의 마음 길과 삶의 길 어디에서든 통하지 않는 곳이 없게 되는 것이다.

옛날 중국 당나라 때 구지 스님이 산속 조그만 암자에서 시자 하나를 데리고 공부하고 있을 때의 일이다. 어느 해 여름 해 질 무렵 저녁 공양을 기다리며 잠시 마당에 있는 평상에 앉아 쉬고 있는데, 웬 비구니 스님이 삿갓을 쓰고 암자 마당으로 들어서서는 삿갓도 벗지 않고 인사도 하지 않은 채 구지 스님이 앉아 있는 평상을 아무 말 없이 한 바퀴 빙 돌더니, 구지 스님 앞에 지팡이를 턱 짚고 서서 말했다.

"저는 천룡天龍 선사의 문하에서 온 실제實際라는 비구니입니다. 스님께서 한 말씀 해 주시면 제가 삿갓을 벗고 인사도 올리고 여기에 앉을 것이지만, 그러지 않으시면 그냥 가겠습니다."

말하자면, 불법이 무엇인지, 진리가 무엇인지에 대하여 한 말씀 해 달라는 것이다.

그 순간 구지는 아무 말도 하지 못한다. 마치 꿀 먹은 벙어리처럼 복잡한 얼굴이 되어 그저 눈만 껌벅거릴 뿐이었다. 그러자 그 비구니는 인사도 하지 않고 홱 돌아서서 가 버리는 게 아닌. 그 뒷모습을 보며 구지는 기어들어 가는 목소리로 겨우 한마디를 한다.

"날도 저물었는데……. 하룻밤 묵고 가시지요."

그 말을 들은 비구니는 다시 돌아와서 조금 전과 같이 구지 앞에 떡 버티고 서서 말했다.

"한 말씀 해 주시면 제가 여기서 묵고 갈 것이고, 그러지 않으면 그냥 가겠습니다."

구지는 또 아무런 말도 못했다. 그저 어둠이 조금씩 쌓이고 있는 땅바닥만 내려다볼 뿐이었다. 그러자 비구니는 뒤도 돌아보지 않고 가 버렸다. 이렇게 되자 구지는 그때부터 가슴에 심한 병이 들었다. 부끄럽기도 하고, 한심스럽기도 하고, 공부한답시고 앉아 있는 자신에 대해 화가 치밀어 오르기도 하고, 답답하기도 하고……. 그렇게 참담한 심정이 되어 암자로 들어간 구지는 밤새도록 한숨도 자지 못했다. 뿐만 아니라, 몇 날 며칠 먹지도 않고 말도 하지 않고 방에서 나가지도 않고 아예 끙끙 앓으며 드러누워 버렸다. 누가 찾아와도 아프다며 만나지 않았다.

마침내 구지가 비구니의 말에 대답을 하지 못해 병이 들었다는 소문이 퍼지게 되었다. 그 소문을 들은 실제 비구니의 스승인 천룡 선사는 구지를 한번 찾아가 보기로 마음먹었다. 그리하여 구지의 암자를 찾아가니, 시자가 말했다.

"우리 스님은 지금 몸이 아파 누워 계시는데, 아무도 만나지 않습니다."

이에 천룡 선사가 말했다.

"안에 들어가 천룡이라는 중이 찾아왔다고 말씀드려라."

시자가 구지에게 그렇게 말하자, 구지는 황급히 일어나 신을 신는 둥 마는 둥 하며 뛰쳐나와서는 삼배를 올리고 말했다.

"천룡 선사께서 어찌하여 이렇게 오셨습니까?"

천룡이 말했다.

"내 제자인 실제 비구니가 무슨 짓을 했기에 스님이 지금 이렇게 병이 들어 누워 계십니까?"

구지는 지금까지의 일을 말씀드리고는 이렇게 말했다.

"제 가슴에 대못이 박혀서 죽을 지경입니다……."

그 말을 들은 천룡 선사가 말했다.

"그렇다면 나에게 물으시오. 내가 대답해 주겠소이다."

그리하여 두 사람은 법당에 들어가 천룡 선사는 법상에 앉고, 구지는 그 앞에서 삼배를 올리고 물었다.

"한 말씀 해 주십시오."

그러자 천룡 선사는 아무런 말없이 다만 손가락 하나를 세웠다. 그런데 바로 그 순간 구지는 마음이 확 밝아지면서, 막혔던 모든 것이 뚫렸다. 가슴에 박혔던 대못이 흔적도 없이 사라졌으며, 병이 씻은 듯이 다나았다. 마침내 깨달음을 얻은 것이다!

그때 이후 구지 스님은 누가 찾아와 도를 묻기만 하면 다만 말없이 손가락 하나를 세울 뿐이었다. "석가모니 부처님께서 45년간 설법하신 뜻이 무엇입니까?" 하고 물어도 손가락을 하나 세워 보였고, "달마가 동쪽으로 온 까닭이 무엇입니까?" 하고 물어도 손가락만 하나 세워 보였으며, "불법의 가장 높고 깊은 이치가 무엇입니까?" 해도 아무런 말없이 다만 손가락 하나를 세워 보일 뿐이었다. 마침내 죽음이 임박했을 때, 그는 이렇게 말하며 고요히 눈을 감는다.

"내가 천룡 선사로부터 이것(손가락을 세우며) 하나를 얻어서 일생 사용하였지만 아직도 다 쓰지 못했다."

구지 스님은 깨달음이라는 것이 따로 있다고 믿었다. 그래서 '지금'은 아니지만 열심히 닦고 수행하다 보면 '언젠가'는 깨달음을 얻을 것이라고 생각했던 것이다. 즉 그의 마음 안에는 지금의 번뇌와 미래의 깨달음이 둘로 나뉘어 있었고, 중생과 부처가 따로 있었다. 그런데 바로 그렇게 '둘'로 나누어 보는 마음 때문에 실제 비구니의 느닷없는 물음에 아무런 대답도 하지 못했던 것이고, 바로 그런 분별 때문에 자신은 '깨닫지 못한 자'가 되어 스스로 고통받고 괴로워했던 것이다.

그러다가 천룡 선사가 아무런 말없이 손가락 하나를 세우는 순간 그의 마음에서는 어떤 질적인 '변화'가 일어나, 바로 그 이원의 분별심이 문득 사라진 것이다. 단지 그뿐이었다. '둘'이라는 망상이 구지 안에서 사라지자 '깨닫지 못한 자'도 없고 '깨달음'도 없으며, 번뇌도 없고 보리도 없고, 앎도 없고 모름도 없고, 구할 것도 없고 찾을 것도 없는 실상을 분명하게 보게 된 것이다. 그와 동시에 그의 가슴 속에 깊이 박혔던 대못이 온데간데없이 사라져 버린 것이고……. 그리곤 힘 있게 손가락 하나를 세움을 통하여 삶의 모든 의문과 질문에 대해 얼마나 명쾌하게 대답해 주는 존재가 되었는지!

17

근본으로 돌아가면 뜻을 얻고
비춤을 따라가면 근본을 잃는다

귀근득지歸根得旨 수조실종隨照失宗

"근본으로 돌아가면······."이라고 승찬 스님은 말했지만, 돌아가야 할 근본이란 본래 없다. '지금'이 바로 근본이요, 우리 안에서 매 순간 다양하게 올라오는 온갖 번뇌가 바로 근본이다. 그렇기에 우리는 단 한 순간도 근본으로부터 분리된 적이 없으며, 언제나 근본으로서 살며 존재하고 있다. 우리 자신이 이미 근본이다. 마치 포말로 부서지는 파도 한 알 한 알 그대로가 바다이듯 말이다.

그런데도 우리는 늘 근본으로부터 분리되어 있다고 생각한다. 자신은 바다와는 아무런 상관도 없는 보잘것없고 초라한 한 방울의 파도에 불과하다고 생각하는 것이다. 그래서 마음 깊은 곳에서는 늘 불안해하고 목말라하면서, 돌아가 평안하고 자유로울 수 있는 어떤 근본의 자리를 찾고 또 구한다. 안타깝게도, 찾고 구하는 바로 그 순간에도 자신이 찾고 구하는 '그것'과는 조금도 분리되어 있지 않다는 사실은 까마득히 모른 채 말이다.

이런 마음 상태를 '착각'이라고 하는데, 이 착각이 너무나 오래고도 깊어서 우리는 분리를 실재라고 믿게 된 것이다. 그리고 바로 이 착각 때문에 우리는 지금 이 순간에도 미움이나 슬픔, 불안, 우울, 불면, 외로움, 게으름, 공허감, 열등감 등의 형태로 우리에게 찾아오고 있는 '근본'을 그토록 쉽게 외면해 버리거나 거부하고 저항하면서, 얼른 그것으로부터 벗어나려고만 하고 있다. '번뇌 그대로가 바로 보리'라는 말처럼, 매 순간 우리 안에서 올라오는 온갖 감정, 느낌, 생각이 낱낱이 근본 아님이 없음에도 불구하고 그것들은 근본으로부터 분리되었기에 나타나는 것들이라고 생각하기 때문이다. 아, 이 착각이 얼마나 깊은지! 그런데 깨달음이란 다름 아닌 바로 그 착각으로부터 깨어나는 것을 뜻한다.

그래서 승찬 스님은 우리에게 말하고 있는 것이다. "근본으로 돌아오라."고. 즉 '지금'으로 돌아오고, 매 순간 있는 그대로의 자기 자신으로 돌아오라고. 오직 지금, 여기, 있는 그대로의 '나'를 통해서만 우리는 참되고 영원한 것을 만날 수 있기 때문이다.[23] 그렇지 않고 만약 우리의

---

23 석가모니는 이렇게 말했다.
"자기 자신을 등불 삼아 가라. 자기 자신 이외의 그 어떤 것도 의지하지 마라."
예수도 말한다.
"내가 곧 길이요 진리요 생명이니, 나로 말미암지 않고는 아버지께로 올 자가 없느니라."(요한복음 14:6)
이 말씀 속에서의 '나'는 2000년 전에 이 땅에 잠시 왔다가 간 '그분'을 가리키는 것이 아니다. '그분'의 실상은 그와 같은 형상이나 모양에 있지 않다. 그는 '영원한 현재'다. 따라서 이 말씀은 곧 "지금 이 순간 있는 그대로의 우리 각자 자신이 곧 길이요, 우리 안에서 현존하는 '이것'이 바로 진리요 생명이니, '지금' 그리고 '이것'을 통하지 않고서는 결코 영원하고 완전한 자유를 얻을 수 없다."는 말씀이다.

분별심의 비춤을 따라 지금과 미래를 나누고, 부족과 완전을 따로 두며, 중생과 부처를 구분한 다음 하나는 버리고 다른 하나는 취하려는 우리의 간단없는 노력과 수고를 통하여 미래의 어느 한순간 속에서 깨달음과 완전을 구한다면, 그것이야말로 스스로 근본을 떠나는 일이라는 것이다.

　매 순간 있는 그대로의 자신이 이미 근본이요 자유다. 눈이 눈을 찾을 수 없듯이 근본이 근본을 다시 찾을 수 없고, 자유가 자유를 다시 구하여 얻을 수 없다. 그러므로 찾고 구하는 그 마음을 내려놓기만 하면, 지금 있는 그대로의 자신이 아닌 남이 되려는 노력을 그치기만 하면 진리와 자유는 스스로 우리를 찾아온다. 아니, 우리 자신이 본래 '그것'이었음을 그때 비로소 깨닫게 되는 것이다. 그와 동시에 지금까지 자신을 억누르고 있던 마음의 모든 고통으로부터 영원히 놓여나게 되는 것이다.

18

잠깐이라도 돌이켜 비추면
공(空)을 앞세우는 것보다 훨씬 낫다

수유반조須臾返照 승각전공勝脚前空

일 때문에 대전에 석 달 정도 머물 때의 일이다. 나중에 대구 도덕경 모임에 나오게 된 어떤 교사가 어느 날 내게 전화를 했다. 오랫동안 마음에 몹시 힘들어하는 문제가 하나 있는데, 만나서 그것에 관해 얘기를 좀 나누고 싶다는 것이다. 그래서 언제든 편안히 오시라고 했더니, 먼 길을 마다하지 않고 달려온 그는 나와 마주 앉자마자 대뜸 이렇게 말했다.

"선생님, 제 마음에는 불안이 가득합니다. 어떻게 하면 이 마음이 편안해질 수 있겠습니까?"

그래서 내가 다시 물었다.

"어떻게 불안한지를 조금 설명해 주실 수 있겠습니까?"

잠시 생각에 잠긴 듯 침묵하고 있던 그는 이윽고 이렇게 말했다.

"저는 한 사람의 교사로서 제 나름대로 최선을 다하고 있습니다만, 아무리 애를 써도 제가 진정 교사다운지 확신이 서지 않습니다. 일할 때도 이게 정말 잘하고 있는 것인지 의문이 들 때가 많고요. 또 두 아이의 아버지로서 아이들에게 떳떳한 아버지가 되려고 노력하고 있지만, 이 또한 늘 불안합니다. 내가 진정 아버지답다고 말할 수 있는지 의심스럽기도 하고……. 그뿐만 아니라 한 사람의 가장으로서, 남편으로서, 자식으로서도 부끄럽지 않은 사람이 되려고 언제나 마음을 씁니다만, 그저 입술만 탈 뿐 어떤 순간에도 온전히 뿌리 내리지 못하는 저 자신이 참 괴롭고 고통스럽습니다. 어떻게 하면 이런 불안한 마음으로부터 벗어나 편안하게 삶의 모든 순간 속에서 진정 주인 된 모습으로 살아갈 수 있을까요?"

그래서 애틋한 마음으로 내가 말했다.

"다시는 불안하지 않고 편안하고 당당하게 삶의 모든 순간을 맞이할 길이 있는데, 한번 해 보시겠습니까?"

그러자 그는 눈을 동그랗게 뜨면서 반색하는 얼굴로, 어떻게 하면 그럴 수 있느냐고 물었다.

"불안을 극복하고 해결하고 싶어 하는 그 마음을 한번 내려놓아 보십시오. 불안으로부터 벗어나 편안해지려는 그 마음을 단 한 순간만이라도 버려 보라는 말입니다. 그리곤 '지금' 선생님을 찾아와 있는 그 불안을 있는 그대로 받아들이고 그것과 하나가 되어, 그냥 그 불안 속에 있어 보십시오. 불안에 대한 모든 저항을 멈추라는 말이지요. 그러면 됩니다. '지금'의 불안을 거부하고, 그것이 아닌 다른 마음을 갖고 싶어 하는 바로 그 마음을 내려놓을 때, 그 순간 우리 안에서는 어떤 질적인 '변화'가 일어나 놀랍게도 이미 편안해져 있는 자신을, 불안에 물들지 않은 자신을 문득 발견하게 될 것입니다. 선생님이 구하는 마음의 평화는 선생님이 그토록 극복하려고 애쓰는 그 불안 속에 온전히 들어 있기 때문입니다."

"아니, 선생님. 삶의 어느 순간에서도 늘 불안하고 안절부절못하는 저 자신을 견딜 수가 없어서 어떻게든 그것으로부터 벗어나고 싶어 애타는 마음으로 찾아와 말씀 드린 건데, 오히려 그 마음을 버리라니요! 그러면 나보고 죽으라는 겁니까?"

어느새 그의 얼굴에는 실망과 걱정의 빛이 역력했다.

나는 더욱 간절한 마음으로 말했다.

"예, 죽으십시오. 살려는 마음을 내려놓을 때 진정으로 살게 됩니다. 선생님이 찾는 마음의 평안은 선생님을 힘들게 하는 그 불안이 사라지거나 극복된 자리에서 얻게 될 것이라고 생각하실지 모르지만, 아니요. 오히려 정반대입니다. 불안한 '지금'을 거부하며 그것으로부터 벗어나려는 노력은 결코 우리를 평안과 자유로 인도해 줄 수 없습니다. 왜냐하면 자유란 '미래'에 있지 않고 바로 '지금' 속에 있기 때문입니다. 그러므로 마음을 돌이켜 단 한 번만이라도 지금 이 순간 선생님을 찾아온 그 불안을 있는 그대로 받아들여 보십시오. 그래서 그냥 불안할 뿐 아무것도 하지 말아 보십시오. 불안을 벗어나려는 어떠한 몸짓도 노력도 진정으로 멈춰 보십시오. 그러면 어느새 이미 불안하지 않은 자신을, 이미 자유로운 자신을 아득히 만나게 될 것입니다."

승찬 스님은 말한다. "잠깐이라도 돌이켜 비추면 공空을 앞세우는 것보다 훨씬 낫다."라고. 즉 불안한 '지금'의 마음을 버리고 평화로운 '미래'로 달려가려는 그 발걸음을 잠깐이라도 멈추면, 그래서 잠시만이라도 돌이켜 지금 여기 있는 그대로의 것을 온전히 받아들이며 그 속에 머물러 보면, 그 '멈춤'이 우리가 도달하고 싶어 하는 어떤 목표를 앞세우는 것보다 훨씬 낫다는 것이다.[24] 왜냐하면 "묶여 있지 않은데 어찌 다시 해탈을 구하느냐?"는 승찬 스님의 한마디에 문득 깨달음을 얻은 도신처럼, 지금 이 순간 우리 안에서 올라오는 '이것'은 본래 묶여 있지 않은 것이어서 다시 풀어야 할 무엇이 아니기 때문이다. 다만 그것을 피하고 달아나고 극복하려고 함으로 말미암아 우리 스스로가 묶일 뿐인 것이다.[25]

---

24 예수도 말한다.
"회개하라. 천국이 가까이 왔느니라."(마태복음 4:17)
회개란 이전의 잘못과 허물을 뉘우치고 고치는 것을 뜻하는 말이지만, 그 진정한 의미는 "가던 길을 돌이키는 것"이다. 즉 우리는 언제나 '지금' 있는 그대로의 것을 떠나 '미래' 속에서 참되고 완전한 것들을 얻으려고 애를 쓰지만, 그것은 우리 마음의 이원성이 만들어 낸 허구요 착각에 기인한 몸짓일 뿐이기에, 그 허망한 마음의 길을 돌이켜 '지금'으로 돌아오라는 것이다. 그리하면 그때 비로소 있는 그대로의 실상을 보게 되면서, 천국은 따로 있는 것이 아니라 바로 지금 이 순간의 '현존'임을 깨닫게 되어, 삶의 모든 순간 속에서 진정으로 기뻐하며 감사하며 행복하게 될 것이라는 말씀이다. 그렇듯 천국이란 어떤 시간적·공간적인 개념이 아니라, 다만 우리 마음 안에서 이원의 분별심이 내려짐으로 말미암아 지금 이 순간 속에서 불이(不二)의 실상을 깨달아 지복(至福)을 누리게 되는 것을 가리킨다.
25 이를 두고 자업자득(自業自得) 혹은 자승자박(自繩自縛, 자기가 꼰 새끼줄로 자신을 스스로 묶는다는 뜻)이라고 한다.

19

공을 앞에 두고도 경계를 따라 흘러감은
모두가 허망한 견해 때문이다

전공전변前空轉變 개유망견皆由妄見

『반야심경』에 보면 '색즉시공色卽是空 공즉시색空卽是色'이라는 말이 나온다. 이는 색이 곧 공이요 공이 곧 색이어서, 색과 공은 둘이 아니라는 말이다. 이때 색色이란 우리에게 감각되는 모든 것 — 우리 안에서 일어나는 모든 감정, 느낌, 생각을 포함하여 — 을 가리키는 말이고, 공空이란 그 하나하나의 것들이 사실은 그때그때의 인연에 따라 잠시 생겼다가 사라질 뿐인, 고정불변의 실체가 없는 것이라는 말이다.

예를 들어 '짧다'는 것도 그것보다 '긴' 인연을 만남으로써 잠시 있게되지만, 그러나 그것 옆에 더 짧은 것이 와 버리면 이번에는 '길다'가 된다. 그렇다면 처음의 그것은 짧은 것인가, 긴 것인가? 사실은 짧은 것도아니요 긴 것도 아닌, 그냥 '있는 그대로'일 뿐인 것이다. 잠시 그때그때의 인연에 따라 짧은 것이 되기도 하고 긴 것이 되기도 할 뿐이지, '짧다' 혹은 '길다'라는 고정불변의 실체가 있는 것은 아니라는 말이다.

그렇듯 존재하는 모든 것은 다만 '있는 그대로'일 뿐 아무것도 아닌—큰 것도 아니요 작은 것도 아니며, 넓은 것도 아니요 좁은 것도 아니며, 깨끗한 것도 아니요 더러운 것도 아닌 — 것이다. 이를 달리 표현해서 '공하다'고도 하는데, 지금 이 순간 우리 눈앞에 있는 그 어떤 것이든 사실은 모두가 공인 것이다.

모든 것이 공하다는 이 진실에 눈뜨게 되면 우리의 마음은 상대적인 모든 것에 대한 분별과 집착을 내려놓게 되고, 동시에 어떤 것은 취하고 어떤 것은 버리려고 하는 헛된 몸짓도 멈추게 된다. 취하고 버릴 것이 본래 없다는 것을 비로소 알게 되었기 때문이다. 그리하여 다만 매 순간 있는 그대로 존재할 뿐이다.

앞에서 얘기한 이는 (그리고 우리도 마찬가지이지만) '불안'은 나쁜 것, 힘든 것, 괴로운 것인 반면에 '평화'는 좋은 것, 편안한 것, 행복한 것이라는 분별과 집착을 자신도 모르게 갖고 있었다. 그래서 불안은 어떻게든 버리거나 극복하려고 애를 쓰면서 어딘가 따로 있을 것 같은 평화를 찾고 또 구했던 것이다. 그러나 사실 불안이라는 색은 실체가 없는 공이어서 버릴 수도 없고 극복할 수도 없는 것이며, 평화라는 색 또한 실체가 없는 공한 것이어서 구할 수도 없고 얻을 수도 없다.

불안 그것이 바로 공이기 때문에 다만 그 순간 있는 그대로 받아들이기만 하면 오래지 않아 본래 공한 그 실상이 드러나면서, 불안은 저절로 사라지고 마음의 평화는 바로 그 자리에서 힘 있게 생기게 된다. 즉 우리가 찾고 구하는 마음의 평화는 뜻밖에도 우리가 그토록 버리려고 애를 쓰는 불안 속에 고스란히 들어 있기에, 아니 불안 그것이 바로 평화이기에, 다만 지금 이 순간 있는 그대로 불안을 온전히 껴안기만 하면 평화는 저절로 선물처럼 우리에게 주어지는 것이다. 그리고 그렇게 찾아온 평화는 영원히 우리 곁을 떠나지 않는다. 그래서 승찬 스님도 애틋하게 말하고 있는 것이다. "공을 앞에 두고도 경계를 따라 흘러감은 모두가 허망한 견해 때문이다."라고.

20

참됨을 구할 필요는 없으니
오직 허망한 견해만 쉬면 된다

불용구진不用求眞 유수식견唯須息見

참眞은 따로 있는 것이 아니다. 지금 이 순간 우리 안에서 올라오는 이 마음이 바로 참이다.[26] 우리가 매일 매 순간 경험하고 있는 희로애락애오욕喜怒哀樂愛惡欲 그 하나하나가 참 아님이 없다. 우리는 지금 이대로 이미 부처다. 우리는 이미 깨달아 있다. 그렇기에 참됨을 구할 필요는 조금도 없는 것이다. 오직 지금 이 마음을 있는 그대로 받아들이지 못하고 좋다-나쁘다, 됐다-안 됐다, 이다-아니다 등의 '둘'로 나누고 분별하면서 하나는 버리고 다른 하나는 택하려고 하는 그 허망한 견해만

---

26 황벽 선사도 이렇게 말한다.
"이 마음이 곧 부처이니, 결코 다른 부처가 없고 또한 다른 마음도 없다. 단지 한 개 마음을 깨달을 뿐 얻을 수 있는 법은 전혀 없다."

쉬면 된다.[27]

무겁고 답답한 마음으로 찾아왔던 그는, 처음엔 몹시도 혼란스러워하며 돌아갔으나, 세 번을 더 찾아와 오랜 시간 대화를 나눈 끝에 실제로 자신의 삶 속에서 어느 순간 문득 불안에 대한 모든 저항을 그치고 있는 그대로 받아들이게 되면서 삶에 근본적인 '변화'를 맞이하게 된다. 마침내 그에게도 오랜 목마름과 메마름으로부터 벗어나는 영혼의 참된 자유와 쉼이 찾아온 것이다. 다시 태어난 듯 밝게 웃고 기뻐하며 삶의 모든 순간 속에서 행복해하던 그의 모습을 지금도 잊을 수 없다.

---

27 황벽 선사는 계속해서 말한다.
"만약 부처를 보고서 깨끗하고 밝고 해탈했다는 모습을 만들고, 중생을 보고서 탁하고 어둡고 삶과 죽음에 매여 있다는 모습을 만든다면, 이러한 견해를 짓는 자는 강바닥의 모래알같이 많은 세월을 지나더라도 끝내 깨달음을 얻지 못할 것이니, 모습을 붙잡고 있기 때문이다."

3부

분별에서 무분별로

나를 온전히 받아들이는 용기

21~25수

21

둘로 보는 견해에 머물지 말고
삼가 좇아가 찾지 말라

이견부주二見不住 신막추심愼莫追尋

경남 거창에서 잠시 기간제 교사로 근무할 때의 일이다. 대구에서 거창까지 매일 출퇴근할 수가 없어 학교 가까운 곳에 자그마한 방을 하나 얻어 자취를 하고 있었다. 학교는 시내에서 조금 떨어진 한적한 곳에 있었는데, 주말이 되면 아내가 두 아이를 데리고 와서 함께 시골 논두렁길을 걸으며 즐거운 시간을 보내곤 했다.

그 날도 조금 늦은 저녁을 먹고 시골 내음 가득한 밤바람을 쐬러 가자며 밖에 나왔는데, 이제 막 걷기 시작한 딸아이는 밖으로 나오자마자 기분이 좋았는지 자그마한 발걸음을 떼며 냅다 뛰기 시작했다. 골목길은 제법 어두웠지만 가로등이 환하게 켜져 있어서 그저 정겹기만 했다. 그런데 조금 앞서 뛰어가던 딸아이가 갑자기 멈칫하며 멈춰 서는 것이 아닌가. 녀석의 발밑으로 뭔가 시커먼 것이 따라붙었기 때문이었다. 그것은 가로등 불빛에 비친 자신의 그림자였다. 그림자라는 걸 처음 본 녀석은 흠칫하며 순간 무섭다는 생각이 들었는지, 그것을 떼어 내려고 얼른 몇 발짝 옮겨 보았다. 그 시커먼 것이 조금도 흔들림 없이 자신의 움직임을 따라오자 이번에는 약간 두려운 얼굴이 되어 빠른 걸음으로 내달렸다. 그러면서 흘깃흘깃 발아래를 내려다보는데, 아무리 빨리 달려도 그만큼 더 집요하게 달라붙는 그것이 점점 더 무서워졌는지 딸아이는 그만 으앙 하고 울어 버렸다. 내가 얼른 달려가서 녀석을 따뜻하게 안고 어르며 가만가만히 달래 줬는데, 그제야 녀석은 조금 안심이 되는 듯 울음을 그치면서도 여전히 눈을 동그랗게 뜨고는 그 무서운 것이 또다시 자신을 따라오지 않을까 하며 연신 주위를 두리번거렸다.

딸아이는 자신의 그림자와의 첫 만남에서 두려움에 혼비백산이 된 듯했지만, 나와 아내에게는 그 모습이 그저 귀엽고 사랑스럽기만 해 내내 얼굴 가득 웃었다. 자기 그림자에 놀라 달아나던 그 예쁜 모습이란! 그런데 잠시 아빠 품에 안겨 있던 녀석은 언제 그런 일이 있었느냐는 듯 금세 환한 얼굴이 되어 다시 내려 달라고 보챘다. 그래서 살포시 내려 줬더니, 발이 땅에 닿자마자 녀석은 또다시 냅다 뛰는데, 이번에는 그림자가 자신에게 달려들듯 따라붙어도 조금도 아랑곳하지 않았다. 무엇이 그렇게 신이 나는지, 뛰어가는 딸아이의 까르르하고 웃는 소리가 고요한 골목길에 환한 음악처럼 울려 퍼졌다.

그런데 한낱 자기 그림자를 보고서도 무서워 달아나는 것과 같은 일이 비단 이제 막 걷기 시작한 어린아이에게서만 볼 수 있는 일은 아닌

듯하다. 오랫동안 『도덕경』을 강의하면서 무수히 많은 사람을 만나 왔는데, 나이가 많든 적든 남자든 여자든 간에 그들 속에도 미처 자라지 못한 어린아이가 있었다. 이것을 심리학 용어로는 '상처받은 내면아이'라고 한다. 육체적으로는 이미 성인이 된 사람들 속에도 어릴 적 부모나 환경으로부터 받은 억압과 상처로 인해 성장이 멈춘 이 어린아이가 있어서, 마치 내 딸아이가 자신의 그림자를 보고 무서워서 달아나는 것과 똑같은 일을 자신들의 삶 속에서 여전히 반복하고 있었다.

대인관계가 힘들다며 괴로워하던 어떤 여성은 다섯 살 난 자신의 아이를 어린이집에 맡기고 데려오는 일조차 무한히 힘들어했다. 왜냐하면 아이의 손을 잡고 집 밖을 나서는 순간부터 마주치는 이웃 사람들을 어떻게 대해야 하며 어떻게 인사를 해야 하는지, 또 어린이집에서 만나게 되는 또래 아줌마들과 어떻게 눈길을 주고받으며 무슨 말을 해야 할지 몰라 몹시도 두려웠기 때문이다. 그래서 어떻게든 그 힘겨운 순간들로부터 피하고 달아나고만 싶어 하면서, 그런 자신을 몹시도 초라하고 못났다고 여기며 수치스러워하곤 했다. 심지어 어떤 이는 길 가다가 우연히 마주친 행인의 눈길 하나에도 너무나 어색하고 긴장한 나머지 그만 걸음걸이마저 엇갈려 버려, 손과 발이 동시에 올라갔다 내려갔다 했다며 울먹였다. 도대체 다른 사람의 무심한 눈길 하나에도 이렇게 경직되고 쩔쩔매고서야 어떻게 인생을 제대로 살아가겠느냐고, 나는 왜 이것밖에 안 되느냐고 한탄하면서 말이다. 자신 안에서 문득문득 일어나는 경직과 긴장과 어색함 하나에도 그렇게 못 견뎌 하고 힘들어하면서, 그런 자신으로부터 끊임없이 달아나고 싶어 하는 그 모습들은 자신의 그림자가 무서워 달아나던 우리 딸아이의 모습과 너무나 닮아 있었다.

점심 식사 후의 휴식 시간이 너무 길다며 괴로워하다가 일을 그만둔 청년(왜냐하면 아무것도 하지 않는 휴식 시간 동안 함께 둘러앉은 동료 직원들 사이에서 눈길을 어디에 둬야 할지, 무슨 말을 해야 할지, 어떤 모습으로 앉아 있어야 할지 몰랐기 때문이다.)도 있었고, 낯선 사람을 만나기만 하면 그 어색함에 대번에 얼굴이 붉어지고 손에 땀이 나서 마음이 너무나 힘들다고 호소하던 젊은이의 얘기도 들었으며, 나이 많은 직장 상사가 지나가면서 반갑게 던진 "점심 식사 하셨습니까?"라는 평범한 한마디 말에도 안절부절못하며 한없이 말꼬리를 흐리던 40대 중년 남자의 깊은 상처도 보았다. 자신의 옷이나 손에 조금이라도 오물이 묻기만 하면 아무것도 하지 못한 채 끊임없이 씻으러 가야 하는 오염 공포 때문에 자신의 인생이 엉망이 되어 버렸다며 울부짖던 어느 대학원생, 겨드랑이 냄새 때문에 사람들에게 가까이 다가가지 못함을 힘들어하다가 급기야 심한 대인 기피증에 빠진 채 우울해하던 건장한 체격의 청년, 남들이 어떻게 볼까 두려워 바로 앞에 놓인 물컵조차 손으로 잡지 못했다며 스스로를 비참해하던 예쁘장한 얼굴의 아가씨도 만났다. 아, 얼마나 많은 가슴 아픈 사연들이 있는지!

그러나 내가 애틋하게 말하고 싶은 것은, 어린아이가 한낱 자기 그림자를 보고 무서워 달아나는 일이 결코 부끄러운 일도 수치스러운 일도 창피한 일도 아니듯이, 끊임없이 남을 의식하며 아주 사소한 일에도 긴장하고 경직되며, 말꼬리를 흐리고, 손에 땀이 나며, 얼굴이 붉어지고, 사람들과의 만남을 힘들어하며, 선택을 잘하지 못해 우왕좌왕하고, 시도 때도 없이 강박이 나타나며, 다른 사람의 말 한마디 눈빛 하나에도 벌벌 떨며 안절부절못하는 그런 모습들이 결코 부끄러운 일도 수치스러운 일도 창피한 일도 아니라는 것이다. 그냥 그럴 뿐이요, 그냥 순간순간 그런 것들이 우리 마음 안에서 일어날 뿐인 것이다.

삶이 괴롭고 힘들고 불행하게 여겨지는 까닭은 그런 것들이 우리 안에서 자주 일어나고 또 사라지지 않기 때문이 아니다. 오히려 그것들을 있는 그대로 받아들이지 못하고 끊임없이 저항하고 거부하며 외면하려고 하기 때문이다. 그렇게 늘 '둘'로 보는 견해에 머물면서, 우리 안에서 일어나는 것들 가운데 초라하고 못났다고 생각되는 것들은 끊임없이 버리려고 하는 반면에 우리를 만족스럽게 하고 흡족하게 하는 것들만을 좇아가 잡으려고 하기 때문이다.

"둘로 보는 견해에 머물지 말고 삼가 좇아가 찾지 말라."는 승찬 스님의 말씀처럼, 단 한 순간만이라도 마음을 돌이켜 우리 안을 있는 그대로 받아들이고 껴안아 주며 다만 그 순간을 경험해 보면, 그것들은 우리를 괴롭히고 힘들게 하는 원수가 아니라, 오히려 우리의 영혼을 진정으로 치유해 주고 자유롭게 해 주고 싶어서 찾아온 벗이요 선물이며 하늘의 전령사라는 것을 깨닫게 된다. 이것이 바로 '지금' 우리 안에서 올라오는 모든 것의 진정한 실상이다. 그러니 그 하나하나가 얼마나 소중한가. 단 하나라도 놓쳐버리기에 너무나 아까운 귀한 보물들이 아닌가. 그런 온갖 다양한 보물들로 가득한 우리 안은 얼마나 풍요롭고 넉넉하며 든든하기까지 한가![28]

이번에는 이런 이야기를 하고 싶다. 어느 한적한 시골 마을에서 있었던 일이다. 종일 밭에 나가 일하고 돌아온 중년의 사내가 저녁을 맛있게 먹고는 괜스레 기분이 좋아 낮에 자신이 일했던 밭으로 나가 보고 싶어졌다. 이제 막 돋아나기 시작한 생명의 새싹들이 너무나 예쁘고 또 기적처럼 여겨져서 그 모습을 다시 보고 싶었던 것이다. 날은 이미 어둑어둑하고 몸도 피곤했지만, 그래도 사내는 그 모든 것을 사랑 가득한 눈으로 다시 한 번 보고 싶은 마음을 억제할 길이 없었다.

그래서 설레는 마음으로 동네를 빠져나와 자신의 밭이 있는 언덕길로 막 접어들려고 하는데, 발밑에서 무슨 부스럭거리는 소리가 들리는 것 같아 무심히 내려다보니 어둠 속에서 제법 굵은 뱀 한 마리가 자신에게 달려드는 것이 아닌가! 소스라치게 놀란 사내는 기겁을 하며 황급히 그 자리를 벗어나 저만큼 달아났다. 그리곤 놀란 가슴을 쓸어내리며 뒤를 돌아다보니, 어찌 된 영문인지 뱀은 어둠 속 그 자리에 가만히 있는 것이 아닌가. 자신의 후다닥 달아나는 몸짓과 소리에 놀라 뱀도 잽싸게 풀숲으로 사라졌을 법한데 말이다.

---

28 『돈오입도요문론(頓悟入道要門論)』을 쓴 대주혜해(大珠慧海) 스님이 마조 스님을 찾아갔을 때의 일이다. 마조 스님이 물었다.
"어디서 오는가?"
"월주 대운사에서 왔습니다."
"여기 와서 무엇을 구하려고 하는가?"
"불법을 구하러 왔습니다."
그러자 마조 스님이 호통을 치듯 말했다.
"자기 집의 보배창고는 돌아보지 않고 집을 떠나 사방으로 돌아다니면서 무엇을 구하려고 하는가? 나에게는 한 물건도 없는데, 무슨 불법을 구하려 하는가?"
이에 혜해 스님이 절을 하고 물었다.
"어떤 것이 혜해 자신의 보배창고입니까?"
"지금 나에게 묻고 있는 것이 너의 보배창고다. 일체가 구족(具足)하여 조금도 모자람이 없고 사용이 자재한데, 어찌하여 밖에서 구하려고 하는가?"
이 말 끝에 혜해 스님은 크게 깨쳤다.

이상하다 생각하며 사내는 멀찍이 서서 뱀을 향해 자그마한 돌멩이를 하나 던져 보았다. 그래도 꿈쩍 않자 이번엔 몇 발짝 다가가 흙 한 줌을 집어 던져 보았다. 여전히 미동하지 않자 그제야 자신이 뭔가를 잘못 봤구나 싶어 가까이 가서 자세히 살펴보니, 그것은 뱀이 아니라 제법 굵은 밧줄이었다. 어둠 속이라 밧줄을 뱀으로 착각했던 것이다. 사내는 허탈한 웃음을 지으며, 조금 전까지 뱀이라고 생각하고는 무서워서 달아났던 밧줄을 손으로 잡아 멀리 풀숲으로 던져 버렸다. 다른 누군가도 자신처럼 놀라는 일이 있어서는 안 되겠다 싶었던 것이다.

우리 안에서 부스럭거리기만 하면 소스라치게 놀라며 멀리 달아나곤 하는 경직, 긴장, 우울, 불안, 수치심, 미움, 게으름, 열등감 등도 사실은 뱀이 아니라 밧줄이다. 우리 안에 있는 상처가 눈앞을 가려, 아무것도 아닌 밧줄을 뱀으로 착각하게 만든 것이다. 아니, 그것들은 우리에게 상처를 주고 고통을 주는 뱀이 아니라 그냥 밧줄일 뿐이다. '지금' 우리 안에서 일어나는 그 어떤 것도 우리를 다치게 하거나 상처줄 수 없다. 그 모든 것은 낱낱이 우리 자신이기 때문이다. 그러므로 매 순간 있는 그대로의 자기 자신으로부터 달아나거나 도망가지 말라. 그렇게 해서는 삶에 있어서 진실로 소중한 것들을 아무것도 누릴 수 없다.

'둘'이라는 것은 전적으로 우리 마음이 만들어 낸 허구다. 모든 것은 다만 있는 그대로일 뿐 아무것도 아니다. 그러니 그 허망한 마음을 따라 하나는 버리고 다른 하나는 구하려고 하지 말라. 그렇게 둘로 보는 견해에 머물지 말고 삼가 좇아가 찾지 말라. 다만 매 순간 있는 그대로 존재하기만 하면 그것이 바로 영원한 자유요 해탈이다.

22

옳으니 그르니 따지기만 하면
어지러이 마음을 잃게 된다

재유시비 纏有是非 분연실심 紛然失心

꿈속에서 아무리 옳으니 그르니 하며 취하고 버린들 무슨 소용이 있는가. 마찬가지로 '둘'이라는 허구적인 분별 속에서 아무리 애쓰고 몸부림친들 헛되이 힘만 소진되고 어지러이 마음을 잃을 뿐이다. 다만 꿈에서 깨어나기만 하면 된다. 그리하면 마치 캄캄한 방 안에서 아무것도 보이지 않아 제대로 걷지도 못하고 서지도 못한 채 더듬거리다가, 갑자기 전깃불이 들어와서 환하게 밝아지면 비로소 방 안의 모든 사물을 또렷이 보게 됨과 동시에 헤매고 더듬던 모든 몸짓을 멈추게 되듯이, 우리가 꿈에서 깨어나 있는 그대로의 실상을 보게 되면 우리 영혼의 모든 방황과 목마름이 영원히 끝남과 동시에 진실로 자유롭고 행복한 존재가 된다. 그렇듯 다만 눈을 뜨기만 하면 되는 것이다.

그렇다면 어떻게 꿈에서 깨어날까? 어떻게 '둘'이라는 허망한 견해를 내려놓을까? 이번엔 노자에게 그 길을 물어보자. 노자는 여러 곳에서 여러 가지 비유로 이렇게 가리키고 있다.

상선약수
上善若水
수선리만물이부쟁 처중인지소오 고기어도
水善利萬物而不爭 處衆人之所惡 故幾於道

최상의 선은 물과 같다.
물은 만물을 잘 이롭게 하면서도 다투지 않고
모든 사람이 싫어하는 곳에 처한다. 그러므로 도에 가깝다.

물은 만물을 이롭게 하면서도 그 공功을 자신에게로 돌리지 않고, 모든 사람이 싫어하는 낮은 곳으로 흘러간다는 사실은 누구나 공감할 수 있는 물의 미덕이다. 그런 물의 미덕을 본받아 우리도 인생을 그렇게 살면 그것이 바로 도에 가까운 삶의 길이 될 것이라는 뜻이다. 그런데 이 글을 단지 그렇게 교훈적으로만 읽지 말고, 지금 이 순간의 우리 자신 '안'으로 돌이켜 읽어 보자. 그리하면 노자가 말하는 도의 참된 뜻을 좀 더 깊이 느껴볼 수 있을 것이다.

우리 안에도 '마음'이라는 물이 쉼 없이 흐르고 있다. 그 물은 매 순간 이런저런 감정, 느낌, 생각이라는 형태로 끊임없이 흘러가면서 우리의 생명과 삶을 가득히 수놓는데, 때로는 기쁨으로 흐르기도 하고 때로는 슬픔으로 흐르기도 하며, 때로는 외로움으로 흐르기도 하고 충만감으로 흐르기도 한다. 또 때로는 느닷없는 긴장과 불안과 두려움과 분노와 미움과 질투와 수치심과 무력감 등으로 소용돌이치며 흐르기도 하고, 어느 때는 소낙비 뒤의 투명한 햇살처럼 맑고 고요하게 사랑과 감사와 즐거움과 편안함으로 흐르기도 한다. 우리가 살아 있기에 '마음'이라는 물은 늘 그렇게 흐르고 있는 것이다. 그렇지 않은가?

그러니 그 물이 매 순간 있는 그대로 흐르게 하라. 사랑과 감사와 기쁨과 편안함과 즐거움 등 우리를 만족하게 하고 흡족하게 하는 쪽으로만 마음의 물이 흐르게 하려고 애쓰지도 말고, 불안과 긴장과 두려움과 미움과 수치심과 열등감 등 자신이 싫어하는 쪽으로는 흐르지 않게 하려고 노력하지도 말라. 낮과 밤이 합하여 온전한 하루가 되듯이, 빛은 어둠이 있어야 빛이듯이, 그리고 더위와 추위가 함께 하면서 만물을 성장케 하듯이, 그 모든 마음의 물이 매 순간 있는 그대로 막힘없이 우리 안을 흘러야 우리의 생명도 온전해진다.

그러므로 "물은 모든 사람이 싫어하는 곳에 처하기에 도에 가깝다."고 한 노자의 말처럼, 우리가 싫어하는 쪽으로도 우리 마음의 물이 마음껏 흐르도록 그 길을 온전히 열어 주라. 우리를 힘들게 하고 괴롭게 하는 작고 보잘것없고 초라한 감정, 느낌, 생각도 우리 안에서 마음껏 일어나도록 허용하라. 다만 그렇게 매 순간 있는 그대로 존재하라. 그때 비로소 우리의 영혼에는 우리 안의 어떤 것도 거부되거나 외면당하지 않고 있는 그대로 긍정하고 존중받는 데에서 비롯되는 진정한 평화와

자유가 넘실대게 된다. 도란 바로 그런 것이다, 매 순간 있는 그대로 흐
르는 것!

삼십복공일곡 당기무 유거지용

三十輻共一轂 當其無 有車之用

선식이위기 당기무 유기지용

埏埴以爲器 當其無 有器之用

착호유이위실 당기무 유실지용

鑿戶牖以爲室 當其無 有室之用

고유지이위리 무지이위용

故有之以爲利 無之以爲用

서른 개의 바퀴살이 하나의 바퀴통에 모이는데

그 바퀴통이 비어 있음으로써 수레로서의 쓰임이 있게 되고

찰흙을 이겨서 그릇을 만드는데

그것이 비어 있음으로써 그릇으로서의 쓰임이 있게 되며

문을 내고 창을 뚫어 방을 만드는데

그것이 비어 있음으로써 방으로서의 쓰임이 있게 된다.

그러므로 무언가가 이롭게 되는 것은 그것이 비어 있을 때이다.

누구나 타고 다녔을 '수레'와 누구나 먹고 마셨을 '그릇'과 누구나 들
어가 쉬거나 잠을 잤을 '방'이라는 일상의 소소한 기물. 어느 누구도 주

목해 보지 않았던 그 평범함 속에서 깊고 오묘한 도를 길어 올리는 노자의 그윽한 눈길이 너무나 아름답다.

그릇은 비어 있기에 무언가를 담을 수 있는 요긴한 기물이 된다. 만약 그것이 무언가로 가득 차 있다면 그것은 아무짝에도 쓸모없는 물건이 되고 말 것이다. 또한 그릇은 주인이 담는 대로 그저 담길 뿐이다. 결코 스스로 의지를 발휘해서 자기가 담고 싶은 것만 담으려고 주인에게 이것을 담으라, 저것은 담지 마라 하지 않는다. 또한 담기는 내용물에 따라 그릇의 격이 달라지지도 않는다. 다이아몬드를 담는다고 해서 그릇이 더 멋있어지거나 훌륭해지지도 않고, 갓난아기의 급한 토사물을 잠시 담는다고 해서 그것이 더 추해지지도 않는다. 그릇은 그렇듯 담기는 내용물에 조금도 물들지 않는다. 왜냐하면 그릇은 언제나 곧 비워지기 때문이다.

우리의 '마음'이라는 그릇도 그렇게 비어 있을 때, 그게 바로 도요 깨달음이라는 것이다. '마음'이라는 그릇에는 매 순간 이런저런 모양의 감정, 느낌, 생각이라는 형태로 온갖 것이 다 담긴다. 때로는 기쁨 때로는 슬픔, 때로는 외로움 때로는 편안함, 또 어느 때는 부정적인 생각, 부끄러움, 두려움, 수치심, 불안, 긴장, 미움 등이 거침없이 담기기도 하고, 어느 순간엔 또 설명할 수 없는 이완과 감사, 사랑, 따뜻함, 그리움, 설렘 등이 살포시 담기기도 한다. 우리가 살아 있기에 '마음'이라는 그릇에는 늘 그러한 생명 에너지들이 시시로 담긴다. 그렇지 않은가?

그러니 자신의 마음의 그릇을 언제나 비워 두어 그 모든 것이 매 순간 있는 그대로 담기게 하라. 어떤 것은 좋다, 마음에 든다, 아름답다

하여 그 그릇 안에 오래도록 담아 두고 잡아 두려고 하지 말고, 어떤 것은 나쁘다, 싫다, 마음에 안 든다 하여 아예 그 그릇에 담기는 것조차 거부하거나 가로막지 말라. 아무리 그렇게 하더라도 담길 것은 끝내 담기고야 말며, 담긴 것은 마침내 비워지고 만다. 끝내 담기고야 말 것을 담지 않으려고 애쓰느라 인생의 시간과 에너지를 허비하지 말고, 끝내 비워지고야 말 것을 잡아 두려고 몸부림치느라 스스로 괴로움을 부르지 말라.

그렇듯 우리의 '마음'이라는 그릇이 언제나 비어 있어 무엇이든 있는 그대로 담기도록 할 때, 다음 순간 그것이 저절로 비워지는 경험을 통하여 우리는 비로소 도를, 자유를, 진정한 평화와 사랑을 깊이 경험하며 누리게 될 것이다. 그래서 노자도 애틋한 마음으로 이렇게 말하고 있는 것이다. "무언가가 진실로 이롭게 되는 것은 그것이 비어 있을 때이다."라고.

불출호 지천하 불규유 견천도

不出戶 知天下 不窺牖 見天道

기출미원 기지미소

其出彌遠 其知彌少

문밖을 나가지 않고도 천하를 알며

창문으로 내다보지 않고도 하늘의 도를 보나니

그 나감이 멀면 멀수록 그 앎은 더욱 적어진다.

'지금'이라는 문밖으로 나가지 않고도 모든 것의 실상을 알게 되고, 지금 이 순간 우리 안에서 올라와 우리를 힘들게 하는 온갖 감정, 느낌, 생각 들 밖으로 내다보지 않아도 하늘의 도를 보게 되나니, 그 나감이 멀면 멀수록 참된 깨달음과 영혼의 자유로부터는 점점 더 멀어진다는 말이다. 얼마나 명쾌한가! 왜냐하면 '지금' 우리 안에서 올라오는 어지러운 번뇌 그대로가 바로 깨달음이요, 중생의 마음이 곧 부처의 마음이기 때문이다.[29] 그러므로 달리 찾거나 구할 것은 아무것도 없다. 오직 찾고 구하려는 그 한 마음만 내려놓으면 된다.

치대국 약팽소선

治大國 若烹小鮮

큰 나라를 다스리고자 할 때는 작은 생선 조리듯 하라.

'큰 나라'를 다스릴 때는 '작은 생선' 조리듯 하라니, 이 얼마나 절묘한 대비인가! 2500여 년 전 춘추시대 말기 주나라 황실의 도서관장이자 대석학이었던 노자도 부엌에서 요리를 해 봤던 것일까? 그래서 이런 아름다운 비유를 할 수 있었던 것일까? 노자의 감각이 얼마나 신선하고 놀라운지 새삼 느끼게 하는 대목이다.

---

29 지공화상은 이렇게 노래한다.
"중생이 부처와 다르다고 말하면, 부처와는 늘 까마득히 멀다. 부처와 중생이 둘이 아니면 저절로 남김없이 구경(究竟, 완전한 깨달음)이리라."

그런데 이 세상에서 가장 큰 나라는 어떤 나라일까? 나는 서슴없이 '나'라는 나라라고 말하고 싶다. 내가 내 위에 우뚝 서게 되면, 그래서 내 안에 있는 진정한 힘을 만나 참된 질서와 평화와 자유가 있게 되면 이 세상 어디를 가더라도 당당하고 즐겁고 두려움이 없겠지만, 내가 내 위에 온전히 서지 못한 채 불안하고 헤아리며 우왕좌왕한다면 세상 어디를 가더라도, 삶의 어떤 순간 속에서도 힘 있는 마음의 점 하나 찍지 못한 채 늘 떠돌게 될 것이다. 그렇기에 노자가 말하는 이 대국大國이란 바로 '나'라는 나라를 가리킨다. 그렇다면 어떻게 해야 '나'라는 이 큰 나라를 잘 다스릴 수 있을까? 그래서 완전한 평화와 행복을 '나'의 삶 속에 온전히 이룰 수 있을까? 노자는 그 '길'을 가르쳐 주면서 뜻밖에도 작은 생선 조리듯 하라고 말한다.

작은 생선을 맛있게 조리하려면 어떻게 해야 할까? 우선 냄비에 작은 생선과 야채와 양념을 알맞게 넣고 물을 자작하게 한 다음 끓기 시작하면 곧 불을 약하게 해서 가만히 놓아둬야 한다. 다 익을 때까지 가만히 놓아두지 않고 자꾸만 뒤적이면 작은 생선이 다 부서져서 급기야 무엇을 끓였는지 도무지 알 수가 없게 된다. 이때 '가만히 놓아두라'는 것은 곧 노자가 늘 강조하는 무위無爲를 가리키는데, 그렇게 가만히 내버려둘 때無爲 작은 생선은 저절로自然 가장 맛있게 조리된다는 것이다. 다시 말해 "큰 나라를 다스림에 작은 생선 조리듯 하라."는 것은 곧 '나'를 다스리려 하지 말라는 말이다.

사실 우리는 지금 이 순간 이대로 가장 완전하게 '양념'이 되어 있다. 초라하고 볼품없는 이대로, 시시때때로 긴장하고 경직되는 그대로, 우울한 그대로, 불안한 그대로, 외로운 그대로, 말꼬리를 흐리거나 어쩔 줄 몰라 하는 그대로, 때로 두려움에 사로잡히는 그대로, 온갖 잡생각이나 망상이 올라오는 그대로, 그러면서도 한편으로는 기쁘고 즐겁고 편안하고 행복한 그대로 우리는 이미 완전하게 '양념'이 되어 있는 상태다. 다시 말해 삶의 매 순간 속에서 우리가 느끼는 온갖 감정, 느낌, 생각 들이 하나도 없어서는 안 될 소중한 '생명의 양념'이라는 것이다.

그러니 그 모든 것을 가만히 내버려 두고 다만 있는 그대로 경험하라. 그것을 더 맛있게 하려고, '나'를 더 잘 다스리려고, 더 행복하게 하려고, 더 자유롭게 하려고, 온갖 좋은 것으로 더 가득 채우려고 자신을 마구 뒤적이며 어떤 '양념'은 빼고 어떤 '양념'은 더하려고 헛되이 애쓰지 말라. 나의 요리 솜씨보다 하늘의 요리 솜씨가 훨씬 더 좋다. 그러니 오직 그 한 마음만 내려놓고, 매 순간 우리 안에서 춤을 추는 그 모든 '양념'을 남김없이 맛보라. 우리가 해야 할 일은 오직 그것밖에 없다. 그때 우리는 비로소 완전하고도 영원한 자유를, 참된 행복을 지금 이 순간 속에서 넉넉히 맛보며 누리게 될 것이다. 아, 우리는 모두 지금 이대로 완전하다! 노자는 오직 이 한 '길'만을 5,000여 자의 『도덕경』을 통하여 거듭거듭 우리에게 가리켜 보여 주고 있다.

23

둘은 하나로 말미암아 있으나
하나 또한 지키고 있지 말라

이유일유二由一有 일역막수一亦莫守

실재하는 것은 오직 지금밖에 없다. 그런데 매 순간 '지금' 우리 안에서 일어나는 것은 오직 '하나'밖에 없다. 슬픔과 기쁨이 동시에 일어날 수 없고, 두려움과 평화가 한순간에 동시에 존재할 수 없으며, 게으름과 성실이 같은 순간에 함께 있을 수 없다. 아무리 짧은 순간이라 하더라도 그 각각의 것들은 시간적인 차이를 두고 서로 번갈아 일어났다가 사라질 뿐 두 개의 감정과 느낌과 생각이 한순간에 동시에 있을 수는 없다.

한순간엔 오직 '하나'밖에 없기에 우리는 그 '하나'를 무엇이라고 판단할 수 없다. 왜냐하면 비교할 수 있는 것이 아무것도 없기 때문이다. 그것은 마치 빨간색이 빨간색일 수 있는 까닭은 다른 색과 함께 있기 때문인데, 만약 오직 빨간색만 있다면 '빨간색'이라는 개념이 성립할 수 없으며 나아가 '색'이라는 개념도 불가능한 것과 같다.

　그렇듯 무엇으로도 판단할 수 없는 매 순간의 그 '하나'를 두고 이원성에 병들어 있는 우리의 마음이 '둘'로 끊임없이 나누어 볼 뿐인 것이다. 즉 '둘'이라는 것은 오직 우리 마음 안의 이야기일 뿐 실재와는 거리가 멀다. 이 진실을 깨달아 마음이 만들어 내는 '둘'이라는 상相을 우리 눈앞에서 확연히 걷어 내고 나면,[30] 그래서 모든 것을 있는 그대로 보게 되면, 이번에는 '하나'라고 할 것도 없음을 알게 된다. 다만 잠시도 머물러 있지 않고 매 순간 변화하며 이런 모양 저런 모양으로 흐르는 마음이 있을 뿐이어서, 그 어느 것도 지킬 것이 없음을 깨닫게 되는 것이다.

---

30 석가모니도 『금강경』에서 이렇게 말한다.
"무릇 있는 바의 모든 상(相)이라는 것은 전부가 다 허망한 것이다. 만약 모든 상이, 상이 아님을 본다면 곧 여래(진리, 도, 깨달음)를 보리라."

24

한 마음이 나지 않으면
만 가지 일에 허물이 없다

일심불생一心不生 만법무구萬法無咎

여기, 흰 종이 위에 내가 사각형을 하나 그렸다고 가정해 보자. 그것은 큰 사각형인가, 작은 사각형인가? (같은 말을 되풀이하고 있는 나를 용서하라. 그러나 진정 애틋하게 나는 한 번 더 말하고 싶다.) 큰 것도 아니고 작은 것도 아닌, 그냥 사각형일 뿐이다. 그렇지 않은가? 그것을 나는 '있는 그대로'라고 표현한다. 그런데 내가 그 사각형을 에워싸면서 그 사각형의 바깥에 다른 사각형을 하나 더 그리면 처음의 그것은 대번에 '작은' 사각형이 되어 버린다. 또 내가 이번엔 그 사각형의 안쪽에 사각형을 그려 넣으면 그것은 '큰' 사각형이 된다. 그렇다면 처음 내가 그린 사각형은 큰 것인가, 작은 것인가?

밖과 안의 인연에 따라 때로는 작은 것이 되기도 하고 때로는 큰 것이 되기도 하지만, 그것 자체는 큰 것도 아니고 작은 것도 아닌, 그냥 '있는 그대로'일 뿐이다. 우리 안팎의 삶의 모든 영역에 대해서도 이와 똑같이 말할 수 있다. 모든 것은 다만 있는 그대로일 뿐이라는 말이다. 이 단순한 사실에 눈을 뜨게 되면 우리의 삶은 그 순간 어떤 근본적이고도 질적인 '변화'를 맞게 된다.

지난 95년 가을 내가 처음으로 경전 강의를 시작할 때의 일이다. 대구 시내에 있는 어떤 전통찻집에서 매주 한 번씩 모여 『도덕경』을 강의하면서 삶에 대하여, 마음에 대하여, 진정한 행복에 대하여 사람들과 이야기를 나누곤 했는데, 마침 그 전통찻집에는 개량 한복을 즐겨 입는 한 아가씨가 일하고 있었다. 어느 날 우연히 그 아가씨와 마주앉아 함께 차를 마시면서 이런저런 이야기를 나누던 중에 그의 지난했던 삶의 얘기를 듣게 된 것을 계기로 나는 '오빠'가 되어 주기로 했다.

그는 태어나서 얼마 있지 않아 고아원에 보내졌다고 한다. 아버지는 누군지도 모른 채 엄마 혼자서 자신을 낳아 키우고 있었는데, 때로 엄마의 정신이 조금 오락가락했기 때문에 아이를 보호하기 위해서 이웃 사람들이 그렇게 했다는 것이다. 거기서 여덟 살 때까지 지내다가 어느 날 어떤 아줌마, 아저씨에게 입양되어 갔는데, 호적에도 올려 주고 친딸처럼 돌봐 주며 학교에도 보내 준다는 약속을 하고 데려갔지만 그 약속은 곧 휴지 조각이 되어 버렸고, 그는 온갖 구박과 냉대를 받으며 오랫동안 모진 식모살이를 했다고 한다. 그러다가 열일곱 살인가 즈음에 그 집을 도망치듯 나와서는 모 대학 기숙사 식당에서 기거하며, 낮에는 식당 일을 하고 저녁에는 전통찻집에서 일하며 살고 있었다.

그렇게 스물다섯 살이 되도록 피붙이 하나 없이 홀로 외롭게 살아온 그의 힘겨웠던 삶의 얘기를 들으면서 내 마음은 참 아팠다. 그때부터 나는 그가 마음으로나마 따뜻하게 의지할 수 있는 진실한 오빠가 되어 주면서, 어떻게든 그의 꽁꽁 언 마음을 녹여 주고 싶어 많은 노력을 기울였다. 그러나 그는 참 오랫동안 마음의 문을 열지 않았다. 태어난 순간부터 단 한 번도 진심 어린 사랑과 따뜻함을 받아 보지 못했으니 오죽했겠는가. 자신을 지키는 길은 오직 그렇게 마음의 문을 꼭꼭 닫는 길밖에 없다고 여겼던 것이리라.

그렇게 2년 여의 시간이 흐른 어느 화창한 봄날, 전에 없이 밝은 목소리로 그가 내게 전화를 했다. 꼭 하고 싶은 말이 있다면서 말이다. 한 번도 내게 먼저 전화하는 일이 없던 그였기에 궁금함과 함께 기쁘고 설레는 마음으로 한걸음에 약속 장소로 달려 나갔다. 먼저 와서 기다리고 있는 그의 얼굴이 너무나 밝고 화사해 자리에 앉자마자 반갑게 물었다.

"아니, 네 얼굴이 오늘따라 유난히 더 예쁘고 행복해 보이는구나. 무슨 좋은 일이라도 있니?"

그러자 그는 느닷없이 이렇게 말하는 것이었다.

"오빠, 난 고아야."

"응? 갑자기 왜 그 얘기는……? 그래, 넌 고아잖아."

"아니, 오빠……. 사실 난 그동안 내가 고아라는 사실이 너무 부끄럽고 수치스러워서 어떻게든 숨기려고만 해 왔어. 난 불행할 수밖에 없는 조건을 완벽하게 갖고 태어난 사람이라고 생각했지. 그래서 늘 혼자 다니거나, 친구를 사귈 때도 내가 고아라는 사실을 꼭꼭 숨긴 채 부모가 다 있는 평범한 가정에서 태어난 아이인 것처럼 말하고 행동했어. 또 어떤 때에는 '내 주제에……'라는 생각에 행복해 보이는 사람들을 스스로 피하면서 나와 비슷한 처지의 사람들하고만 어울리려고 노력했지. 그러면서도 언제 어느 곳에서나 내가 고아라는 사실을 혹시라도 들킬까 봐 얼마나 노심초사하며 가슴 졸였는지 몰라. 만약 그 사실을 사람들이 조금이라도 눈치채는 날에는 내 인생은 그 날로 끝장날 거라고 생각했어. 사람들은 모두 실망하며 나를 떠날 거고, 그러면 나는 또다시 홀로 남게 될 거라는 두려움에 사로잡혀 있었기 때문이야.

그런데 있잖아, 오빠. 삶은 뜻밖에도 참 단순했어. 난 고아야. 그것은 불행한 것도 아니고 잘못된 것도 아니며, 그냥 단지 고아일 뿐 아무것도 아니었어. 어느 순간 문득 이 사실을 깨닫고 나니 내가 고아라는 사실이 비로소 받아들여졌고, 그러고 나니 내 마음은 이다지도 편안해. 이렇게 가벼울 수가 없어! 참 신기해. 달라진 것은 아무것도 없는데, 내 마음은 너무나 행복해. 내 인생에서 이렇게 행복을 느껴 보기는 처음이야! 이 기쁜 마음을 오빠에게 얘기해 주고 싶어서 전화를 했던 거야."

그렇게 말하는 그의 표정은 정말 감동을 자아냈다.

"아, 네가 비로소 '진실'을 알게 되었구나! 그래, 바로 그거란다! 그냥 고아일 뿐 아무것도 아닌……. 이 오빠의 마음도 너무 기쁘다!"

말하자면, 내가 처음 그린 사각형이 큰 것도 아니고 작은 것도 아닌 그냥 사각형일 뿐이듯이, 고아라는 것이 불행한 것도 아니고 잘못된 것도 아닌 그냥 고아일 뿐이었던 것을, 그는 언제나 그것을 '작고 보잘것

없고 수치스러운 사각형'으로만 여겼던 것이다. 그러다가 어느 순간 문득 그것을 '있는 그대로' 볼 수 있는 눈이 열리고 보니, 즉 비교하고 분별하는 마음이 사라지고 나니, 고아는 그냥 고아일 뿐 아무것도 아니었다는 것을 비로소 깨달은 것이다. 그러면서 고아라는 사실에 언제나 주눅 들고 눈치 보며 힘들어하고 불행해하던 마음의 모든 무거운 구속과 굴레가 눈 녹듯 사라지고, 설명할 수 없는 평화와 기쁨이 자신의 마음을 가득히 채워 옴을 느끼면서, 태어나서 처음으로 "행복하다."는 말을 스스로 하게 된 것이다. 그는 여전히 고아였고, 삶은 여전히 힘겨웠으며, 달라진 것은 아무것도 없었는데 말이다.

그때부터 그의 삶은 참 많이도 달라진다. 자신의 안과 밖 모든 것이 그저 부정적으로만 보였는데, 똑같은 시간과 조건 속에서도 자꾸만 모든 것이 긍정적으로 보이기 시작했다. 온갖 결심과 다짐으로 피올리고 피올려도 얼마 지나지 않아 곧 사라져 버리던 내면의 힘과 에너지가 애쓰지 않아도 언제나 자기 안에 가득히 흐르고 있음을 느꼈다. 불행할 수밖에 없는 자신의 삶이 너무 힘들어 남모르게 참 많이도 울었건만 이상하게도 자꾸만 감사와 기쁨의 눈물이 솟구쳐 오름을 느끼면서, 오랫동안 잊고 살았던 자신의 꿈과 소망에 대해서도 다시금 떠올려 보고, 자신과는 아무런 상관이 없을 것이라 여겼던 '삶의 희망'도 가슴 속에서 다시 새록새록 피어나는 것을 보게 된다. 그렇게 자신의 두 발로 삶과 마음의 길 위에 스스로 우뚝우뚝 서 가면서 우리는 차츰 뜸하게 만나게 되었지만, 가끔 전화 통화라도 하게 될 때는 못 본 시간의 길이만큼 자신의 삶 속에서 부쩍 자라 있는 그의 얘기를 듣는 것이 나에게는 큰 감동이요 기쁨이었다.

　승찬 스님은 말한다.
"한 마음이 나지 않으면 만 가지 일에 허물이 없다."고.
　한 마음이 나지 않으면, 즉 비교하고 분별하는 마음이 일어나지 않으면, 그래서 자기 자신을 있는 그대로 보게 됨과 동시에 자신의 바깥에 대해서도 있는 그대로 보게 되면, 만 가지 일에 본래 허물이 없다는 것을 비로소 깨닫게 된다는 뜻이다.
　고아라는 것에 갇혀 언제나 절망하며 불행해하던 그가 '한 마음'이 사라지면서 자신을 있는 그대로 보게 되니, 고아라는 사실과 상황은 그대로였으나 거기에 조금도 매이거나 물들지 않는 자유와 행복을 누리게 되었듯이, 사실은 가난이 가난이 아니요 부족이 부족이 아니며, 번뇌가 번뇌가 아닌 것을, 그 모든 무게와 힘겨움과 절망과 불행은 오직 '한 마음'이 만들어 낸 허구요 허물이었던 것을, 있는 그대로의 진실을 보지 못하고 알지 못했기에 '나'와 삶은 그토록 버겁고 힘겨운 무엇으로 다가왔던 것이다.
　승찬 스님이 말했듯 단지 그 '한 마음'이 나지 않으면 자신의 안과 밖의 모든 것에 본래 아무런 허물이 없었다는 것을 깨닫게 된다. 그리하면 우리의 마음은 가벼워지고 삶은 비로소 살 만한 무엇으로 다가와, 작은 것에도 감사할 줄 알고 사소한 일 속에서도 기쁨을 느끼며, 모든 인간관계가 더 이상 힘들거나 무겁지 않아 매일매일 행복하고 즐거운 마음으로 살아갈 수 있다. 그렇듯 단지 그 '한 마음'이 우리 안에서 일어나지 않으면 얻거나 잃거나, 되거나 안 되거나, 많이 가지거나 적게 가지거나, 높거나 낮거나, 함께 있거나 홀로 있거나, 알거나 모르거나 상관없이 항상적인 만족감과 충만감이 우리의 영혼을 가득히 적시게 되는 것이다.

아, 삶이란 본래 이렇게 충만하고 아름다웠던 것을 그 '한 마음'으로 인해 우리는 스스로 무거운 짐을 진 채 '없는 허물들'만을 끊임없이 탓해 왔던 것이다.

25

허물이 없으면 법도 없고
나지 않으면 마음이랄 것도 없다

무구무법無咎無法 불생불심不生不心

본래 허물이 없었으니 따로 도道니 법法이니 할 것도 없고, 모든 것을 있는 그대로 보게 되어 찾거나 구하는 마음이 사라진 자리에서 다만 주어지는 하루하루를 열심히 살 뿐 더 이상 비교하거나 분별하지 않으니 따로 '마음'이라고 할 것도 없다. 삶이란 본래 이렇게 단순한 것이다. 그러나 이 단순함 속에 얼마나 깊고 오묘하며 영원한 것이 들어 있는지! 지금 여기 있는 그대로의 우리 자신 안에, 이 평범한 일상 속에 말이다. 그래서 석가모니도 깨달음을 얻고 난 뒤에 이렇게 말했던 것이다.

삼라만상 실개성불

森羅萬象 悉皆成佛

삼라만상이 이미 다 성불해 있더라.

　우리 자신이 지금 이대로 부처다. 우리는 이미 성불해 있다. 고아인 그대로, 부족하고 초라한 그대로, 슬픈 그대로, 공허하고 무의미한 그대로, 때로 힘들어하고 쩔쩔매는 그대로, 생로병사에 매인 그대로, 그 하나하나 중생의 모습 그대로 말이다. 그렇기에 '한 마음'을 일으켜 지금 이 순간 있는 그대로의 것이 아닌 다른 무엇을 찾거나 구하지만 않으면 우리 안에 본래 갖고 있던 무한하고 영원한 것을 매 순간 삶 속에서 남김없이 누리게 될 것이다.

저항을 그치는 순간

26~30수

26

주관은 객관을 따라 소멸하고
객관은 주관을 따라 사라진다

능수경멸能隨境滅 경축능침境逐能沈

지난 94년 4월 50일 단식을 하기 위해 상주에 있는 자그마한 암자에 들어갔을 때의 일이다. 그땐 '영혼의 자유'를 찾아 떠돌아다니느라 목마름이 극에 달해 있을 때였고, 그 문제를 해결하지 않고서는 남편과 가장과 아버지로서 역할도, 자식으로서 도리도, 직장 생활도 도무지 아무것도 제대로 해낼 수가 없었다. 그 모든 것을 미련 없이 버리고 떠나온 터라, 절박한 심정으로 종일 암자에 틀어박혀 앉아 오직 내면만을 지켜보고 있었다. 당시 나는 내면에서 떠오르는 감정, 느낌, 생각 들을 단지 바라보기만 하는 '관법觀法'이라는 수행법을 행하고 있었는데, 그렇게 앉아 한순간도 놓치지 않고 내면을 지켜보다 보면 어느 순간 문득 모든 것이 확연해지는 깨달음이 찾아오리라 믿고 있었다.

내가 그렇게 '단지 바라보기만 하는' 수행법을 행하게 된 데에는 91년 초 지리산 토굴에 있을 때의 한 체험으로 거슬러 올라간다. 그때 나는 하루 두 끼에 소식하면서 주로 나의 '몸'에 대해 관찰하며 온갖 이해할 수 없는 의문들에 사로잡혀 있었다. 이를테면 세수를 하다가도 손을 물끄러미 바라보며, '왜 하필 손가락은 다섯 개지? 또 엄지손가락은 마디가 두 개인데 왜 나머지는 모두 세 마디씩일까? 내 이의 개수는 어째서 스물여덟 개지? 내 얼굴은 왜 하필 이렇게 생겼을까? 나는 한 번 면도하고 나면 다시는 수염이 나지 않기를 바라는데, 왜 나의 바람과는 상관없이 이 수염은 이렇게도 끊임없이 나는 것일까?' 그러다가 면도날에 베여 어느 순간 피가 날 때면 손가락으로 피를 닦다가 말고 '이 피는 또 뭐지? 왜 하필 이런 색깔과 농도일까? 그런데 이 모든 것이 나의 선택이나 결정과는 아무런 상관이 없지 않은가?' 등등의 의문들이 끊임없이 나를 사로잡았다.

그러다가 어느 날 새벽녘에는 갑자기 배탈이 났는지 잠결에 급한 설사가 나려고 해 화들짝 눈을 떴다. 그와 동시에 나도 모르게 "난 밖에 나가기 싫어! 저 춥고 어두운 대나무숲에 내가 대충 비닐 천막으로 가려서 만들어 놓은 화장실로 가기 싫어! 이 따뜻한 아랫목에 그냥 누워 있고 싶어!"라고 중얼거렸다. 그러나 워낙 급했기에 잠시 머뭇거릴 사이도 없이 벌떡 일어나 어둠 속에서 황급히 휴지를 찾아 들고 방문을 박차며 화장실로 뛰어갈 수밖에 없었다. 그렇게 화장실에 앉아 한숨 돌리고 나자, 내 안에 슬그머니 화가 치밀어 올랐다.

'아니, 내가 내 뜻대로 할 수 없는 이 몸은 도대체 뭐야! 나는 정말이지 따뜻한 아랫목에 그냥 누워 있고 싶었는데, 그런 내 마음과는 상관 없이 이 추운 겨울밤 비닐 천막으로 대충 가려 놓기만 해서 바람이 숭 숭 들어오는 허름하기 짝이 없는 화장실로 뛰어올 수밖에 없지 않았는 가. 또 가만히 보면, 내 몸의 어떤 것도 나의 바람과는 아무런 상관이 없지 않은가? 키도, 얼굴도, 팔과 다리의 모양도, 머리카락도, 더구나 눈 에 보이진 않지만 몸 안에 있는 온갖 정교한 소화 기관과 신경계와 뼈 와 피의 구조 등은 또 어떤가? 하다못해 새끼발가락 하나조차 나하고 는 아무런 상관이 없지 않은가……?'

그러던 어느 날 늦은 아침밥을 먹고 그릇을 씻기 위해 토굴 앞 작은 개울로 나서다가 나는 갑자기 이렇게 외쳤다.

"어! 이 몸은 내가 아니다! 이 몸은 내가 아니다!"

그때의 낯설고 생급스러운 경험을 나는 지금도 생생히 기억한다. 말 하자면 바로 그 순간 '이 몸이 곧 나'라고 하는 오랜 착각이 갑자기 내 안에서 사라져 버린 것이다! 그와 동시에 모든 사람이 자신의 마음 혹 은 의식이 만들어 내는 '몸과의 자기 동일시'에 속아 몸이 곧 자기 자신 인 줄 착각하고 살아가고 있다는 것도 확연히 알게 되었다. 그와 함께 무어라 형언할 수 없는 존재의 묘함과 아이러니에 얼마나 웃음이 나던 지! 지리산이 떠나갈 듯 나는 크게 웃고 또 웃었다. 그리곤 이렇게 외 쳤다.

"모든 사람이 속고 살아가고 있구나!"

그 '갑작스러운 앎' 이후로 내게는 저절로 관법이 되었고, 그때 이후 나 자신과 삶에 대해 많은 것을 새롭게 이해하고 납득하게 되면서 마음이 무척 가벼워지긴 했지만, 그럼에도 불구하고 여전히 닿을 듯 닿지 않는 '궁극에의 목마름'은 날이 갈수록 더해가서, 급기야 모든 외적인 움직임을 멈추고 오직 내면만을 놓치지 않고 지켜보기 위해 50일 단식을 결행했던 것이다.

그렇게 나는 다시 결연한 마음으로 모든 것을 버려두고 자그마한 암자를 찾아 단식하며 종일 가부좌를 틀고 눈을 지그시 감은 채 벽을 향해 앉아 있었다. 그러나 마음과는 달리 나는 끊이지 않고 일어나는 온갖 망상과 잡생각에 시달리며 몹시도 괴로워하고 있었다. 단 한 순간도 놓치지 않고 내 안에서 떠오르는 것들을 지켜보려 할수록 오히려 단 한 순간도 제대로 지켜보지 못한 채 언제나 놓치고만 있는, 그래서 늘 망상과 잡생각에 휘둘리기만 하는 자신을 목격하고 또 목격했던 것이다. 그것은 얼마나 큰 절망감을 내게 가져다줬는지! 이번이 마지막이라고 다짐하며 처자식마저 버려두고 떠나온 절체절명의 자리에서 한 발짝도 제대로 나아가지 못하는 자신을 매 순간 목격한다는 것은 참으로 견디기 힘든 고통이었다. 아, 나는 그야말로 망상 덩어리였다…….

단적으로 말해 나의 내면은 '지켜보는 자'와 '보이는 대상' 둘로 나뉘어 있었다. 그런데 '지켜보는 자'가 '보이는 대상', 곧 내 안에서 끊임없이 일어나는 온갖 망상과 잡생각과 감정과 느낌을 놓치지 않고 지켜보다 보면, 그 극점의 어느 순간에서 마침내 나의 오랜 목마름을 끝낼 '궁극의 답'을 얻을 수 있다고 믿었던 것이다.

그런데 뜻밖에도 나의 그런 믿음과는 정반대로 결론이 나 버렸다. 어느 순간 갑자기 내 안에서 '지켜보는 자'가 사라진 것이다! 그리곤 '보이는 대상'만 남았는데, 그 순간 희한하게도 그것이 '대상'이라고도, 망상이라고도, 잡생각이라고도, 번뇌라고도 여겨지지 않고 그냥 다만 있는 그대로 보일 뿐이었다. 말하자면 "주관은 객관을 따라 소멸하고, 객관은 주관을 따라 사라진다."는 승찬 스님의 말처럼, '지켜보는 자'가 사라지는 동시에 '보이는 대상'에 대한 온갖 판단과 분별도 함께 사라진 것이다. 그 순간 내 안에서는 설명할 수 없는 평화와 이완이, 이제는 다시 무언가를 찾으려고 애쓰지 않아도 된다는 깊은 안도감 같은 것이 가득히 흘렀다. 마침내 생의 모든 방황과 목마름에 종지부가 찍히는 순간이었다.

그날 이후 내 삶은 완전히 바뀌었다. 아침에 눈만 뜨면 무언지 모를 갈증에 늘 무언가를 하려 했고 또 영원히 변치 않는 진리를 찾아 늘 떠돌아다녀야만 했는데, 찾고 구하는 그 마음이 온데간데없이 사라지니 한없이 평화로웠고, 무엇을 하든 하지 않든 삶의 어떤 순간, 어느 자리에서든 조금도 허허롭지가 않았으며, 삶과 나 자신에 대한 모든 의문이 풀렸고, 무겁고 괴로웠던 마음의 모든 짐이 남김없이 사라졌다. 그와 동시에 힘들었던 모든 인간관계가 편안해졌고, 한여름 가뭄에 타들어가는 들판처럼 메마르고 쭉정이 같았던 가슴에 설명할 수 없는 기쁨과 사랑이 솟구쳐 올랐다. 아, 얼마나 감사한지! 나는 그렇게 내 안을 둘로 나누어 보던 분별이 사라지면서 삶의 질적인 비약을 경험함과 동시에 밖 또한 있는 그대로 보게 되어, 안과 밖이 하나인 세계의 실상을 마주하게 된 것이다.

'지켜보는 자'가 사라지고 '보이는 대상'만 남으니 '대상'이랄 것도 없이 다만 있는 그대로일 뿐이듯이, 그렇게 주관과 객관이 소멸하고 사라진 자리에는 '나'와 '너'라는 구별도, 중생과 부처라는 분별도, 생멸법生滅法과 불법佛法이라는 이법二法도 모두가 사라진다. 모든 것은 다만 있는 그대로일 뿐 아무것도 아닌 것이다.

27

객관은 주관으로 말미암아 객관이요
주관은 객관으로 말미암아 주관이다

경유능경境由能境 능유경능能由境能

노자는 『도덕경』에서 이렇게 말한다.

천하개지미지위미 사악이

天下皆知美之爲美 斯惡已

개지선지위선 사불선이

皆知善之爲善 斯不善已

고유무상생 난이상성 장단상형 고하상경 음성상화 전후상수

故有無相生 難易相成 長短相形 高下相傾 音聲相和 前後相隨

세상 사람들 모두가 아름다움을 아름다움이라고 알지만

이는 아름다움이 아니다.

세상 사람들 모두가 좋은 것을 좋은 것이라고 알지만

이는 좋은 것이 아니다.

그러므로 '있다'고 하기에 '없다'는 것이 생기고

'어렵다'고 하기에 '쉽다'는 것이 이루어지며

'길다'고 하기에 '짧다'는 상대도 만들어진다.

'높다'와 '낮다'도 서로 가능하게 해 주고

'음'과 '소리'는 서로 어울리며

'앞'이라고 하기에 '뒤'라는 것도 있게 된다.

이와 같이 '객관'이라고 하기에 '주관'이라는 것이 생기고 '주관'이라고 하기에 '객관'이라는 것도 있게 되지만, 사실은 그렇게 '둘'로 나누어지지 않는, 실체가 없는 것이다.

28

두 끝을 알고자 하는가?
원래 하나의 공(空)이다

욕지양단欲知兩段 원시일공元是一空

두 끝이란 주관과 객관, 있음과 없음, 어려움과 쉬움, 앞과 뒤, 앎과 모름, 옳음과 그름, 좋은 것과 나쁜 것, 이것과 저것 등과 같이 둘로 분별된 개념을 가리킨다. 그런데 그 모두가 하나의 공空, 즉 인연 따라 잠시 생겼다가 사라질 뿐이어서 실체가 없다는 말이다. 이 실상을 깨닫게 되면 우리의 마음은 즉시 고요하고 평화로워진다. 삶의 신기루와 같은 두 끝에 마음이 더 이상 꺼둘리지 않기 때문이다.

그렇다면 어떻게 이 실상을 알 수 있을까? 어떻게 일체가 모두 공할 뿐임을 깨달아 수많은 두 끝 속에서도 조금도 거기에 물들지 않는 삶을 살아갈 수 있을까? 그 깨달음의 순간은 구지 스님처럼 손가락 하나 세움을 통해서도 올 수 있고, 도신 스님처럼 묻고 답하는 가운데 문득 찾아올 수도 있지만, 깨달음이 결코 도를 구하는 사람들에게만 일어나는 일은 아니다. 그것은 어느 순간 누구에게든 갑자기 찾아올 수 있다. 깨달음이란 다름 아닌 마음의 질적인 변화, 즉 '가려서 택하는' 이원의 분별심이 우리 안에서 사라지는 것일 뿐이기 때문이다. '고아'라는 것에 갇혀 오랫동안 힘들어하던 내 여동생에게도, 3년 동안의 불면에 시달리며 괴로워하던 어떤 사람에게도, 설명할 수 없는 불안으로 늘 입술이 타듯 하던 어느 교사에게도 그 일이 일어났고, 그들은 자신이 힘들어하던 바로 그 문제 속에서 어느 한순간 갑자기 깨어난 것이다. 어떻게 그런 일이 가능했을까? 어떻게 그 많던 마음의 무거운 짐을 한순간 다 내려놓을 수 있었던 것일까? 그것은 오직 '현존', 즉 '지금 있는 것'에 대한 저항을 그치는 순간에 기적처럼 일어난다.

지금 있는 것 — 고아든 불면이든 불안이든 그밖에 무엇이든 — 이 바로 도요 진리요 자유인데, 우리 눈에는 그것이 구속이요 고통이요 힘겨움으로만 보이기에 끊임없이 거기에 저항하는 가운데 '지금 없는 것'을 바라고 원하게 되지만, 그럴수록 괴로움만 더하게 될 뿐이다. 그런데도 우리의 마음은 그 저항의 끝에 가서야 비로소 해방을 맞이할 수 있는 것처럼 집요하게 우리를 속이니, 더욱더 힘을 내가면서까지 우리는 도를 버리고 도를 구하며 자유를 내팽개치고 자유를 찾아다니는 어리석음을 되풀이하고 있다.

그러나 사실은 '지금 있는 것'이 바로 공空이다. 다시 말해 그 어떤 것도 실체가 없는 것이라는 말이다. 그런데도 '저항'이라는 힘을 우리가 가하는 순간 그것은 꼭 그만큼의 힘을 얻어 우리를 힘들게 하고 괴롭게 하는 색色이 되어 버린다. 그러므로 오직 저항을 그칠 때, 색이 곧 공인 실상을 깨닫게 되어 스스로 묶이고 괴로워했던 마음의 모든 짐을 온전히 내려놓게 된다. 그렇게 저항을 그치는 것, 그것이 바로 진정한 사랑이다.

29

하나의 공이 두 끝과 같으니
삼라만상을 다 머금는다

일공동량一空同兩 제함만상齊含萬象

　존재하는 모든 것은 공空이다. 이 공이 우리 안팎의 삼라만상을 다 머금는다. 그래서 '일체개공一切皆空'이라는 말을 하는 것이다. 『금강경』에서는 이렇게 말하고 있다.

　　일체유위법 여몽환포영

　　一切有爲法 如夢幻泡影

　　여로역여전 응작여시관

　　如露亦如電 應作如是觀

　　일체 모든 것은 꿈같고 환영 같고 물거품 같으며

그림자 같고 이슬 같고 또한 번갯불 같으니

마땅히 이렇게 보아야 한다.

그러므로 다만 집착을 내려놓고 매 순간 '지금'을 있는 그대로 받아들이며, 경험하고, 사랑하며 살면 되는 것이다. 우리가 원하는 모든 완전하고 영원한 것은 지금 이 순간의 우리 자신을 조금도 떠나 있지 않기 때문이다. 우리가 이미 '그것'이다.

30

세밀함과 거칢을 나누어 보지 않는다면
어찌 치우침이 있겠는가

불견정추不見精麤 영유편당寧有偏黨

세밀함도 공이요 거칢도 공인 줄을 알면 거기 어디에 치우침이 있겠는가. 사랑과 미움, 성실과 게으름, 분노와 자비, 불안과 평화, 기쁨과 슬픔, 충만과 초라함, 잘남과 못남, 아름다움과 추함, 얻음과 잃음, 강함과 약함, 성공과 실패, 젊음과 늙음, 생과 사 등 그 모두가 다만 공할 뿐임을 알면 거기 어디에 하나는 택하고 다른 하나는 버리려고 하는 집착과 괴로움이 있겠는가. 그 모든 삶의 '파도'가 거칠게 혹은 잔잔하게, 따뜻하게 혹은 차갑게, 조금씩 또는 한꺼번에 몰려온다 한들 그 모두가 다만 '바다'일 뿐인 것을……. 그 무한의 바다가 끊임없이 일렁거리고 춤추는 속에서 우리는 다만 배우고 성장하고 나누고 감사할 뿐인 것을…….

천상천하유아독존

天上天下唯我獨尊

하늘 위 하늘 아래에서 오직 내가 홀로 존귀하다.

사람들의 입에 자주 오르내리는 이 말은 석가모니가 어머니 뱃속에서 태어나자마자 외쳤다는 '탄생의 노래'다. 중국 선종사서禪宗史書 중의 하나인 『전등록傳燈錄』에는 다음과 같이 기록하고 있다.

"석가모니불이 태어나자마자 한 손은 하늘을, 한 손은 땅을 가리키고 사방으로 일곱 걸음을 걸으며 사방을 둘러보며, 하늘 위와 하늘 아래 오직 내가 홀로 존귀하다고 말하였다."

물론 이때의 '나'는 석가모니 자신만을 가리키는 것이 아니라 세상에 있는 모든 개개의 존재를 가리키는 말로서, 모든 생명의 존엄성과 인간의 존귀한 실존성을 상징한다. 석가모니가 이 땅에 온 뜻은 바로 이를 깨우쳐 주어 고통 속에서 헤매는 중생을 구제하고 인간 본래의 성품인 '참나眞我'를 실현할 수 있도록 하기 위함이라는 것이다.

나는 이때의 '나'를 조금 다르게 해석해 보고 싶다. '모든 생명의 존엄성'이니 '인간의 존귀한 실존성'이니 등과 같은 교훈적이고도 상징적인 의미보다는, 보다 구체적이고 실제적인 뜻을 찾아보고 싶은 것이다. 그렇다면 이때의 '나'는 무엇일까?

내게는 문자나 메일, 전화, 방문 등 여러 경로를 통하여 마음의 고통과 괴로움을 상담해 오는 사람들이 참 많다.

그들은 내게 이렇게 말한다.

"선생님, 저는 사람들을 만나면 항상 긴장하고 경직되어 쩔쩔매게 되는데, 초라한 저를 목격할 때면 몸과 마음이 몹시 우울해져요."

"말을 더듬는 것 때문에 괴롭습니다."

"부정적인 생각이 너무 많이 올라와서 힘이 듭니다."

"얼굴이 붉어지고 사람들과 시선을 맞추지 못하는 저 자신이 너무 한심스럽습니다."

"이 외로움을 견딜 수가 없어요."

"함께 사는 시어머니가 너무 미워요. 그럴 때마다 심한 죄책감에 사로잡힙니다."

"대인 공포 때문에 친구 결혼식에 가지 못했어요."

"마음이 너무 불안합니다."

그때마다 나는 애틋하게 이렇게 대답한다.

"당신의 몸과 마음이 우울해지는 것은 사람들을 만났을 때 경직되고 긴장하고 쩔쩔매기 때문이 아닙니다. 오히려 그런 자신을 있는 그대로 받아들이지 못하고 저항하고 거부하는 바로 그 마음 때문입니다. 그러니 한순간이라도 그 마음을 내려놓고, 경직되고 긴장하는 자신을 그 순간 있는 그대로 받아들여 보십시오. 진실로 그렇게 할 수 있을 때 삶의 질적인 변화와 이완은 저절로 당신을 찾아올 것입니다. 당신이 원하는 모든 것은 바로 지금 이 순간의 '받아들임' 속에 있답니다."

"실재하는 것은 오직 '현재'밖에 없습니다. 그런데 당신은 말을 더듬거나 얼굴이 붉어지는 '현재'는 받아들이지 않고 그것이 사라져 없어진 순간만을 바라고 있으니 괴로움이 그치질 않는 것입니다. 당신의 삶 속에서 '현재'를 빼 버리거나 건너뛰려고 하지 마십시오. 오히려 '현재'를 있는 그대로 껴안을 때 당신이 꿈꾸는 마음의 평화와 당당함은 스스로 찾아올 것입니다. 그렇듯 진정한 치유는 오직 '현재' 속에서만 가능한 일이랍니다."

"부정적인 생각이 문제가 아니라 그것을 잘못된 것으로, 그런 생각을 해서는 안 되는 것으로 여기는 당신의 마음이 오히려 힘겨움을 일으킨답니다. 마음의 빗장을 풀고 앞으로 한 달만이라도 안에서 올라오는 부정적인 생각들을 끊임없이 그리고 무조건 허용해 보십시오. 그러면 '부정적'이라는 판단과 분별은 저절로 사라지고, 다만 '생각'일 뿐 아무것도 아니었음을 그제야 비로소 깨닫게 될 것입니다."

"누구든 미워하지 않고 오직 사랑하고 용서하며 살아야 한다는 내면의 요구가 그런 죄책감을 불러일으킨답니다. 아뇨, 미워할 수 있다는 것은 건강하다는 것입니다. 미움도 하나의 소중한 생명 에너지인데, 그것을 억압하면 진정한 사랑도 할 수 없게 됩니다. '지금' 당신의 마음 안에서 올라오는 미움을 밀어내려고 하거나 사랑으로 바꾸려고 하지 말고, 온전히 받아들이고 있는 그대로 경험해 보십시오. 그러면 그 미움은 뜻밖에도 당신을 사랑으로 인도할 것입니다."

"대인 공포 때문에 친구의 결혼식에 가지 못한 자신을, 그럴 수밖에 없었던 자신을 따뜻이 품어줄 수는 없는지요. '지금' 그렇게 웅크리고 있는 자신을 또다시 못났다고 초라하다고 스스로 내치지 말고, 함께 부둥켜안고 그 아픔을 진정으로 받아들이며 울 수는 없는지요. 만약 그렇게 할 수 있다면 그 울음 속에서, 그 함께함 속에서, 그 포옹 속에서 어쩌면 모든 것을 얼음처럼 얼려 버리던 대인 공포도 봄눈 녹듯 녹아내릴 것입니다. 우리의 영혼을 자유롭게 하는 것은 저항이 아니라 바로 그런 사랑이기 때문입니다."

"모든 것은 백 퍼센트가 되었을 때 '질적인 변화'가 일어납니다. 불안으로부터 영원히 벗어날 수 있는 유일한 길은 바로 그 불안 속에 있답니다. 그러므로 불안을 벗어나려는 모든 노력과 몸짓을 정지하고, '지금' 당신을 찾아온 그 불안 속으로 들어가 그것과 하나가 되어 보십시오. 그때 당신은 문득 무어라 설명할 수 없는 평화 속에 이미 들어가 있는 자신을 발견하게 될 것입니다⋯⋯."

'천상천하유아독존'의 '나'는 곧 매 순간 있는 그대로의 '나'를 가리킨다. 사람들을 만나면 언제나 긴장하고 경직되는 나, 말을 더듬는 나, 부정적인 생각이 끊임없이 올라오는 나, 얼굴이 붉어지고 시선을 어디에 둘 줄 몰라 안절부절못하는 나, 이 세상에 홀로 버려진 것 같은 외로움에 늘 슬프고 아픈 나, 시어머니를 사랑해 보려고 아무리 노력해도 또다시 미움과 죄책감에 사로잡히는 나, 대인 공포 때문에 꼼짝달싹하지 못하는 나, 이해할 수 없는 불안으로 늘 동일한 힘겨움에 빠져 버리는 '나' 말이다. 바로 그런 '나'가 하늘 위 하늘 아래에서 가장 존귀한 존재라는 것이다.

그런데 우리는 그런 '나'를 조금도 존귀하게 생각하지 않는다. 오히려 할 수만 있다면 그런 '나'를 완전히 부정하고 전혀 다른 존재가 되고 싶어 한다. 자신이 불행한 것은, 그리고 자신의 삶이 몹시 힘든 것은 바로 그런 초라하고 보잘것없고 못난 '나' 때문이라고 생각하고는, 그런 자신을 스스로 부끄러워하고 수치스럽게 여긴다. 그래서 그토록 끊임없이 '있는 그대로의 나'가 아닌 남이 되려고 몸부림치는 것이다.

우리의 삶이 괴롭고 고통스러운 진짜 원인은 바로 여기에 있다. 자신이 자신을 무시하고 멸시하고 있다는 것, 다시 말해 하늘 위 하늘 아래에서 가장 존귀한 '나'를 스스로 짓밟고 부정하고 업신여기기 때문이다. 그러니 어떻게 고통이 우리 안으로 성큼 걸어 들어오지 않겠으며, 오래도록 우리의 마음 안에 머물지 않겠는가.

승찬 스님은 말한다.

"우리 안에서 세밀함과 거칢을 나누어 보지 않는다면, 그렇게 우리 안을 '둘'로 나누어 놓고 하나는 버리고 다른 하나는 취하려고 하지만 않는다면, 거기 어디에 고통과 괴로움이 머물러 있겠는가."라고.

'나'는 자신의 노력과 수고를 통해서 존귀한 존재가 되는 것이 아니다. 진정한 존귀란 그런 것이 아니다. 우리 모두는 지금 이대로 무한히 그리고 무조건적으로 존귀한 존재다. 그러니 '나'를 있는 그대로 받아들이라. 삶이 우리에게 준 가장 위대하고 큰 축복인 '나'를 스스로 거부하거나 외면하지 말라. 나는 나 자신으로부터 사랑받기 위해 태어난 존재다.

그리하여 모든 거부와 저항과 외면을 내려놓고 매 순간 있는 그대로의 '나'와 온전히 하나가 된다면, 그렇게 매 순간 있는 그대로 존재할 수만 있다면 그때 우리는 비로소 진실을 보게 될 것이다. 우리가 늘 얻고 싶어 하고 누리고 싶어 했던 모든 참되고 아름다운 것들은 이미 처음부터 우리 자신 안에 완전히 갖추어져 있었다는 것을!

4부

내 안을 직시하는 힘

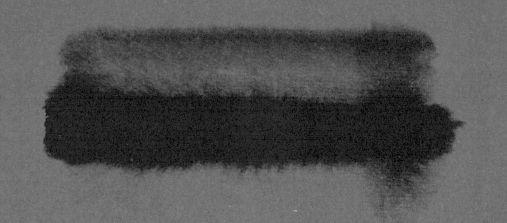

잠시 발걸음을 멈출 때

31~35수

31

대도는 바탕이 드넓어서
쉬움도 없고 어려움도 없다

대도체관大道體寬 무이무난無易無難

모두가 도 아님이 없다. 그래서 '대도大道'라고 하고, '바탕이 드넓다.'라고 하는 것이다. 도란 바로 매 순간 있는 그대로의 '현존'이기 때문이다. 아프고, 슬프고, 기분 좋고, 우울하고, 심심하고, 즐겁고, 쩔쩔매고, 잡생각이 일어나고, 상쾌하고, 강박에 시달리고, 말을 더듬고, 등 가렵고, 꿈을 꾸고, 바람이 불고, 꽃이 피고, 나비가 날고, 별이 빛나고, 계절이 바뀌고, 빗소리가 들리고, 귀뚜라미가 울고 하는 등이 모두가 도 아님이 없다. 지금 이대로요 매 순간 있는 그대로이니, 여기 어디에 쉽고 어려움이 있겠는가.

우리는 모두 지금 이대로 이미 대도大道 안에 있다. 대도로서 살아가고 있다. 그러니 무엇이 더 필요한가? 무엇이 부족한가?

32

좁은 견해로 여우같이 의심하여
서둘수록 더욱 늦어진다

소견호의小見狐疑 전급전지轉急轉遲

깨달음을 추구하며 영혼의 참된 자유를 찾아 여기저기 돌아다닐 때, 나는 솔직히 도를 무슨 도깨비 방망이쯤으로 생각했다. 도를 깨닫기만 하면 대번에 나의 모든 것이 달라지면서, 인생의 모든 고통과 괴로움이 영원히 끝나고 진정한 자유를 얻게 됨과 동시에 모든 사람의 존경과 우러름을 받고, 나는 그들 앞에 보란 듯이 나타나 그들에게 자비와 지혜를 베풀고……

그런데 그 마음은 진리와 진실을 추구하는 것이 아니라 사실은 일종의 영적인 '권력욕'일 뿐이었음을 나중에야 알게 되었다. 어릴 때 따뜻한 보살핌과 사랑을 받지 못함으로 말미암아 상처받고 주눅 든 한 영혼이 자존감을 완전히 상실한 채 자신을 부끄럽고 수치스러운 존재로 여기며 살아오다가, 그 마음의 무거움과 한없는 구속감을 견디지 못해 어떻게든 그것으로부터 벗어나 자유롭고 당당한 존재가 되고 싶었던 것인데, 그 목마름이 자연스럽게 도나 깨달음이라는 '해방구'로 자신의 발걸음을 이끈 것이다. 그 길 위에서 어느 한순간 문득 도를 깨닫기만 하면 힘들었던 그동안의 삶을 한꺼번에 다 보상받을 수 있다고 여긴 것이다.

그런데 도를 알고 보니, 도란 그야말로 아무것도 아니었다. 위대한 것도 아니고, 대단하거나 멋진 것도 아니며, 눈여겨볼 만한 무엇도 아니었다. "똥 누고 오줌 누며 옷 입고 밥 먹으며 피곤하면 눕는 이것이 바로 도다. 어리석은 사람은 나를 비웃겠지만 지혜로운 자는 알 것이다."라는 임제 선사의 말처럼, 도란 그냥 이대로, 이 일상 그대로, 아침에 눈을 떠서 밤에 잠들 때까지 심지어 꿈속에서까지 우리가 경험하는 일체의 감정, 느낌, 생각 이대로가 바로 도 아님이 없었다.

아침에 잠에서 깨어 기지개를 켜고, 시계를 보고, 눈물이 그렁그렁 고이도록 하품을 하고, 화장실을 가고, 간밤에 모기에게 물린 것 때문에 짜증 내며 등을 긁고, 아침밥을 먹고, 기분 좋게 모닝커피를 한잔 마시고, 길을 걷고, 잡생각을 하고, 어떤 일 앞에서 얼른 분명한 결정이나 선택을 하지 못해 몹시 망설이며 주저하기도 하고, 사람들을 만나면 어색해하거나 불편해하기도 하고, 때로 우울해하기도 하고, 누군가를 몹시 사랑하거나 미워하기도 하고, 남모르는 강박에 시달리며 힘들어하기도 하고, 괜스레 기분이 좋아 하늘을 보며 껑충 뛰기도 하고, 가끔 악몽에 시달리며 잠을 설치기도 하고, 8호 태풍 '너구리'가 북상하고 있다는 소식을 듣고, 바람이 심하게 불고, 비가 많이 내리고, 옆에서는 제습기 돌아가는 소리가 들리고, 어둠이 내리고……. 이 모두가 도 아님이 없다. 그냥 이 일상, 이 삶, 매 순간 있는 그대로의 '지금'이 바로 도다. 바로 이 현존!

깨달아야 할 도가 따로 있는 것이 아니다. 도는 지금 이 순간 우리 눈앞에 환히 드러나 있어서 조금도 감추어져 있거나 숨겨져 있지 않다. 우리는 도에 힘입어 살며 움직이고 생각하며 존재하고 있다. 우리는 도를 떠나서는 단 한 순간도 존재할 수가 없다. 그러니 지금 이대로가 아닌, 무언가 따로 있을 것같이만 생각되는 그 허망한 마음을 좇아 도를 찾고 완전을 구하지만 않으면 된다. 깨달음이란 본래 없다. 매 순간의 현존, 그것이 바로 깨달음이다. 그렇기에 다만 매 순간 있는 그대로 존재하며 그냥 살면 될 뿐이다. 이것이 바로 존재의 진실한 모습, 즉 실상이다.

그런데 우리는 그렇게 생각하지도 않고, 그렇게 살지도 않는다. 도무지 이런 말들을 믿을 수 없는 것이다. 어떻게 이게 도냐고, 이렇게 초라하고 볼품없고 부족한 것 투성이인 자신이 어떻게 부처일 수 있느냐고, 남들을 의식하며 쩔쩔매고 어쩔 줄 몰라 하며 허둥대는 이 모습이 너무나 못나 보여서 그저 괴롭고 고통스럽기만 한데 어떻게 이것이 자유일 수 있으며 깨달음일 수 있느냐고……. 그러면서 스스로 '그 자리'를 황급히 떠나 버린다. 조금 전까지 딛고 서 있던 그 '진리의 자리'를 말이다.

한순간만이라도 그 발걸음을 멈추어 보라. 진리는 진리의 모습을 하고 있지 않으며, 자유는 자유의 모양을 갖고 있지 않다. 단 한 번만이라도 지금 이 순간 우리 안에서 올라오는 '이것'을 거부하지 않고 저항하지 않으며 있는 그대로 받아들여 그 속에 있어 보라. 지금이 아닌 미래의 어느 순간 속에서 자유를 찾고, 여기가 아닌 다른 곳에서 마음의 평화를 얻으려 하지 말고, 그렇게 늘 피하고 달아나고 도망 다니지만 말고, 다만 지금 여기에 존재해 보라. '지금'의 그 초라함 속에, 그 못남 속에, 그 강박 속에, 그 부족함 속에, 그 허둥댐 속에, 그 번뇌 속에 말이다. 그러면 오래지 않아 스스로 알게 될 것이다. '나'는 묶여 있지 않으며, 내가 곧 자유라는 것을. 자유를 찾는 그 마음 때문에 도리어 한없이 구속되었고, 평화를 구하는 그 마음으로 인해 오히려 무한히 괴롭고 힘들었다는 것을……

승찬 스님은 말한다.

"좁은 견해로 여우같이 의심하여 서둘수록 더욱 늦어진다."라고.

좁은 견해란 모양과 모습으로써 헤아리고 분별하는 것을 가리킨다. 그래서 "지금 이 순간 네 안에서 올라오는 '이것'이 바로 네가 찾는 그것이다. 그러므로 따로 찾지 마라."라고 분명하게 가리켜 주어도 "설마……" 하고 의심하며 '지금'을 떠나 '이것'을 버린다. 또 "가야 할 곳이 본래 없다. 너는 이미 도달해 있으며, 네가 이미 '참나眞我'다."라고 일러 주어도 "그럴 리가……" 하며 있는 그대로의 자신을 외면하고 깨달음을 구해 떠난다.

그렇게 서둘수록 오히려 더욱 늦어질 뿐이다. 왜냐하면 깨달음이란 우리가 어떤 완전한 상태나 다른 모습으로 변화하거나, 어떤 영적인 자리에 도달하는 것이 아니라, 다만 그렇게 분별하는 우리의 마음 하나가 사라지는 것일 뿐이기 때문이다. 그러므로 어디로 달려가거나 무엇을 하려고만 하지 말고, 다만 지금 이 순간에 존재하라. 우리가 원하는 모든 것을 얻을 수 있는 유일한 시점은 바로 '지금'이다.

33

집착하면 법도(法度)를 잃고서
반드시 삿된 길로 들어간다

집지실도執之失度 필입사로必入邪路

삿된 길이 삿된 길의 모양을 하고 있다면 누가 그 길로 가겠는가. 삿된 길은 삿된 길의 모양을 하고 있지 않다. 오히려 우리 눈에는 그것이 마땅히 걸어가야 할 바른길로만 보일 뿐이다. 그래서 모두가 서둘러 그 삿된 길로 들어서는 것이다.[31]

삿된 길이란 한마디로 말하면 '지금'을 떠나는 것이다. 매 순간 있는 그대로의 자신을 믿지 못하고 남이 되려고 하는 것이다. "너는 나 외에

---

31 예수는 말한다.
"좁은 문으로 들어가라. 멸망으로 인도하는 문은 크고 그 길이 넓어 그리로 들어가는 자가 많고, 생명으로 인도하는 문은 좁고 길이 협착하여 찾는 이가 적음이니라."(마태복음 7:13~14)
『논어』에도 이런 구절이 있다.
"하늘의 이치와 사람이 하고자 하는 바 사이는 매번 서로 반대된다."
노자도 말한다.
"참말은 마치 반대되는 것 같다."

는 다른 신들을 네게 두지 말라."(출애굽기 20:3)는 진리의 가르침을 외면하고, 지금 있는 것 이외의 다른 것을 찾고 구하는 것이다.

그런데 우리가 왜 그렇게 헛된 노력과 몸부림을 그치지 못하느냐 하면, 바로 마음의 집착 때문이다. 어떤 것은 붙잡고서 놓지 않으려 하고 어떤 것은 멀리하려고 애를 쓰는 것이 집착인데, 그런 노력과 수고를 통하여 자신이 원하는 보다 완전한 존재가 될 수 있다고 착각하기 때문이다. 그래서 스스로 법도를 잃는다.

34

놓아 버리면 본래 그러하니
본바탕에는 가거나 머무름이 없다

방지자연放之自然 체무거주體無去住

그러나 영혼의 자유는 그렇게 오는 것이 아니다. 내가 서른네 살의 어느 날 갑자기 깨어난 뒤에 쓴 '마침내 모든 방황에 종지부를 찍다!'라는 구도기求道記의 마지막 부분을 여기에 옮겨 보고 싶다.

(중략)

그러나 보라! 일은 전혀 뜻밖으로 결론이 나고 말았다! 나는 이미 진리 안에 있었다! 아니, 나만이 아니라 모든 사람이, 모든 존재가 이미 진리 안에 있었고, 단 한 순간도 그것을 떠난 적이 없었다! 내가 그토록 애타게 찾아다닌 진리는 저만치 먼 곳에 있는 것이 아니었고, 그것을 얻기 위해 그토록 피나는 노력이 필요한 것도 아니었다. 정말 너무나 어처구니없게도 나는 이미 처음부터 진리 안에 있었고, 그랬기에 이렇듯 애쓰고 노력하여 진리를 얻으려던 나의 일체의 시도 자체는 이미 처음부터 불가능을 전제로 한 것이었으며, 그것은 이미 진리 안에 있으면서 진리를 찾으려는 어리석음에 불과한 것이었다.

이럴 수가! 아니, 도대체 이게 어찌 된 일인가! 그 무엇과도 비견될 수 없는 진리를 얻기 위해서는 모든 것을 버려야 하며, 심지어 목숨마저 내놓을 각오로 열심히 수행해야 한다고 믿고서 그렇게 달려왔고, 그러면서도 일체 경계가 사라진 밝은 깨달음의 경지가 쉽게 나타나 주질 않아 내 수행력의 부족함 앞에 몇 번이고 절망하며 안타까워했는데, 더구나 이번에는 정말 마지막이라 생각하고서 달려들었다가 두 번이나 단식에 실패해 참담한 마음이었는데, 지치고 일그러진 이 모습 이대로가 이미 완전하다니, 이 모습 이대로가 이미 진리라니!

아니, 이젠 이 말도 합당치가 않다. '완전'이니 '진리'니 하는 말도 설 수가 없구나! 여기는 그 어떤 '이름'도 붙여질 수 없는 자리가 아닌가? 그냥 있는 그대로일 뿐 아무것도 아니지 않은가. 아, 이럴 수가! 언어 이전의 세계는 무언가 큰 깨달음을 얻고 난 이후에 그 깨달음 속에서나 나타나는 무엇이 아니라 깨달음과는 무관한, 깨달음과 수행과 체험 이전의 지금 이대로가 아닌가. 그냥, 어쩔 수 없이, 이름하여 번뇌요 이름하여 보리였지 번뇌도 보리도 아닌, 그냥 있는 그대로가 아닌가. 아, 모든 것이 다만 있는 그대로였다! 새로이 깨달을 무엇도, 얻을 무엇도 없는!

그리하여 나는 마침내 나의 모든 방황에 종지부를 찍었다! 아니, 그러고 보니 이젠 이 말도 성립되지 않는구나. 나는 지금까지 단 한 번도, 단 한 순간도 방황한 적이 없지 않은가. 그런데 어디에다 종지부를 찍는다는 말인가? 허허, 이게 어찌 된 일인가……?

다만 놓아 버리면 본래 그러하다. 매 순간의 현존이 바로 진리요 자유인데, 우리는 이미 현존하고 있는데, 다시 무엇을 더할 수 있겠는가.

35

본성에 맡기면 도에 합하니
한가하고 번뇌가 끊어진다

임성합도任性合道 소요절뇌逍遙絶惱

'본성에 맡긴다.'는 것은 곧 매 순간 있는 그대로 존재한다는 말이다. 맡겨야 할 '본성'이라는 것이 따로 없다. 우울할 땐 나를 온전히 우울에 맡겨 그것과 하나가 되는 것이요, 불안할 땐 그냥 그 불안 속에 있을 뿐 그것에 저항하거나 거부하지 않는 것이며, 슬플 땐 그 슬픔을 온전히 받아들여 마음껏 슬퍼하고, 누군가가 밉거나 화가 날 땐 그 소중한 감정을 백 퍼센트 내 안에서 허용해 주는 것이다. 기쁘고 즐거울 땐 다만 그렇게 기뻐하고 즐거워할 뿐 그것을 유지하려 하거나 쌓아 두려 하지 않고, 외롭거나 공허하다고 생각될 땐 그것을 달래거나 벗어나거나 다른 감정으로 바꾸려는 일체의 몸짓을 정지하고 다만 그 순간 있는 그대로 존재하는 것이며, 쩔쩔매며 안절부절못하는 순간이 오면 오히려

마음을 돌이켜 그 힘겨움 속으로 더 깊이 들어가 보는 것이다.[32]

그렇듯 '지금' 우리 안에서 올라오는 그 어떤 것도 거부하거나 저항하거나 외면하지 않고 매 순간 있는 그대로 받아들이면서 다만 그 순간에 존재하는 것이 바로 '본성에 맡기는' 것이며, 그것이 바로 도에 합하는 길이다. 도란 바로 매 순간의 현존이기 때문이다.

진실로 그렇게 본성에 맡겨 보면 그 순간 설명할 수 없는 마음의 평화가, 희열이, 쉼이, 저 밑바닥에서 올라오는 기쁨 같은 것이, 이제 비로소 힘겨운 문제에서 벗어났다는 안도감이 우리의 영혼을 조금씩 적셔 옴을 느끼게 될 것이다. 아무것도 하지 않고 다만 그 순간 있는 그대로 존재했을 뿐인데, 마음은 한가해지고 번뇌는 저절로 끊어지는 신비를 맛볼 수 있게 되는 것이다. 도를 깨닫기란 얼마나 쉬운가!

두어 해 전 초여름 무렵 부산 도덕경 모임에 갔을 때 어떤 여 교사가 강의를 들으러 왔다. 대구 모임에도 한 번 왔던 분이라 반갑게 맞으며 인사를 하는데, 무언지 모를 질문을 잔뜩 안고 온 얼굴이었다. 강의를 마치자 그는 자리를 당겨 앉으며 이렇게 말했다.

"선생님, 저는 20년 동안 도를 닦았습니다. 그동안 이런저런 영적인

---

32 성경에서는 이렇게 말하고 있다.
"그러나 하나님께서 세상의 미련한 것들을 택하사 지혜 있는 자들을 부끄럽게 하시고, 세상의 약한 것들을 택하사 강한 것들을 부끄럽게 하려 하시며, 하나님께서 세상의 천한 것들과 멸시받는 것들과 없는 것들을 택하사 있는 것들을 폐하려 하시나니……"(고린도전서 1:27~28)
이 말씀 또한 우리 '안', 곧 우리 '내면'으로 돌이켜 읽어 보면, '세상'은 바로 우리의 '마음'을 가리킨다. 그래서 이 말씀은 곧 우리 마음 안에서 우리 자신으로부터 늘 멸시받고 천대받는 약하고 보잘것없고 미련하고 천한 것들, 이를테면 게으름, 우울, 불안, 외로움, 무기력, 미움, 열등감과 같은 온갖 어두운 번뇌들을 통하지 않고서는 결코 깨달음이라는 눈부신 태양을 맞이할 수 없다는 말씀이다. 사실은 그 하나하나가 우리를 완전하게 하고 아름답게 하는 보물이요, 우리의 영혼을 진정으로 자유롭게 해 주기 위해서 찾아온 선물이기 때문이다.

체험도 많이 했지만, 제 마음은 여전히 마른 먼지 일어나는 들판처럼 메마르기만 합니다. 언제까지 이렇게 살아야 하나 생각하면 가슴이 너무 답답하고 막막해서 견딜 수가 없습니다. 저도 이젠 이 오랜 추구를 끝내고 싶습니다. 어떻게 하면 선생님이 말씀하신 그 참된 마음의 평화를 얻을 수 있습니까?"

그의 얼굴에서는 마치 벼랑 끝에 다다른 사람의 절박함이 느껴졌다. 그래서 내가 애틋하게 말했다.

"우리가 이 세상에 태어나 사는 것은 우리 안에 있는 모든 아름답고 영원한 것들을 마음껏 누리고 나누며 사랑하기 위해서이지, 그렇게 끝없이 추구하기 위해서가 아닙니다. 닿을 듯 닿지 않는 추구만 되풀이하다가 삶을 끝내기에는 한 번밖에 없는 이 인생이 너무 아깝지 않습니까. 그런데 선생님이 20년 동안 기울여 오신 그런 방법과 노력으로는 결코 추구도 메마름도 끝낼 수가 없답니다. 20년이 아니라 200년을 해도 안 돼요. 왜냐하면 선생님의 마음은 '밖'을 향해 있기 때문입니다. 선생님이 그토록 찾는 것은 선생님 '안'에 있어요. 길을 돌이켜야 합니다. 여기, 선생님의 그 오랜 갈증을 단번에 그리고 영원히 끝낼 길이 있는데, 한번 해 보시겠습니까?"

'영원히 끝낼 수 있다.'는 말에 그의 마음은 거의 타들어 가는 듯했다. 자리를 더욱 당겨 앉으며 말했다.

"아, 그럴 수만 있다면! 선생님, 제가 무얼 어떻게 해야 하지요?"

"해야 하는 일은 아무것도 없습니다. 오히려 선생님이 지금까지 해 오던 그 모든 노력을 멈추기만 하면 됩니다."

"노력을 멈춰요? 어떻게요?"

"선생님이 어떤 영적인 성취나 깨달음을 얻기 위해 해 오던 모든 것을 버리십시오. 아침에 눈을 뜨자마자 하던 기도나 명상도 하지 말고, 음성 법문도 듣지 말며, 영성에 관한 책도 읽지 말고, 누군가를 찾아가 질문도 하지 마십시오. 또 인터넷도 하지 말고, TV도 보지 말며, 매일같이 해 오던 이런저런 수행도 다 버리십시오. 그렇게 단지 아무것도 하지 않으면 됩니다. 그리곤 다만 밥 먹고, 자고, 식구들 밥 챙겨 주고, 직장에 출근해서 일하고, 그렇게 오로지 먹고사는 일만 하시면 됩니다."

마음의 모든 메마름을 끝내고 진정한 평화를 얻을 방법을 찾아 먼 길을 왔는데 오히려 그 모든 방법을 버리라고 하니, 몹시 의아해하면서도 그는 단호한 어조로 이렇게 물었다.

"단지 그렇게만 하면 됩니까?"

"예, 앞으로 한 달간 그렇게 해 보십시오. 보물을 찾으려면 보물이 있는 쪽으로 눈을 돌이켜야 합니다. 선생님이 찾는 보물은 바로 지금의 선생님 자신에게 있는데, 선생님의 눈은 엉뚱하게도 자꾸만 깨달음을 향해 있으니, 아무것도 하지 않음을 통하여 그 마음의 눈길을 선생님 자신에게로 향하게 하려는 것입니다. 만약 선생님이 이 한 달간의 '실험'을 기꺼이 하실 수 있다면 그 오래고도 질긴 영혼의 갈증을 영원히 끝낼 수 있을 것입니다. 한번 해 보시겠습니까?"

"예, 선생님. 하겠습니다!"

마음이 절박했던 만큼 그는 바로 그 다음 날부터 '실험'에 들어가 자신이 목숨처럼 부여잡고 있던 것들을 다 내려놓았다. 깨달음이나 명상에 관한 모든 것을 버렸고, 시간만 나면 달려가서 살다시피 하던 수행 단체에도 발을 끊었으며, 책도 읽지 않았고, 출퇴근할 때 차 안에서 듣곤 하던 음악도 듣지 않았다. 컴퓨터도 학교 업무에 관련될 때 외에는 켜지 않았다. 퇴근하고 집에 와서 저녁을 먹고 나면 아무것도 하지 않은 채 베란다에 의자를 내놓고는 가만히 앉아 있기만 했다.

그렇게 하루 이틀이 지나면서 시골집 마당에 날아든 새와 일몰을 배경으로 서 있는 나무와 하늘과 구름과 별을 바라보고 있노라니, 문득 '아무것도 하지 않는다는 것이 단지 이렇게 창밖을 내다보면서 자연을 감상하라는 뜻은 아닐 텐데……'라는 생각이 들어, 사흘째 되는 날에는 저녁을 먹고 상을 치운 후 방 안에 들어가 문을 닫고 조용히 앉았다. 그런데 그때부터 조금씩 가슴을 파고 밀려들어 오는 답답함과 무료함에 그는 누웠다, 앉았다, 누웠다, 앉았다를 무한히 반복한다.

그렇게 일주일이 지날 무렵 그에게서 문자가 왔다.

'아무것도 하지 않고 방 안에만 있으니, 너무 많은 생각이 일어납니다. 한시도 가만히 있지 못하는 이 머릿속은 어떻게 해야 합니까?'

그래서 내가 문자를 보냈다.

'그 생각들은 백 퍼센트 허용해 주십시오. 어떤 생각과 감정이 일어나든 그것들에 대해서 아무것도 하지 말고 그냥 무방비 상태로 있으십시오. 오히려 더 마음껏 일어나도록 그 길을 열어 주십시오.'

그렇게 2주가 지나고 3주가 지나면서 그는 어떤 날은 마음이 너무 힘들어 퇴근하고 집에 와서는 저녁도 먹지 않고 그대로 쓰러져 잠이 들기도 하고, 또 어느 때는 까닭 모를 분노와 우울에 사로잡힌 채 어쩔 줄 몰라 하며 방 안을 한없이 왔다 갔다 하기도 하는데, 그런 일을 겪으면서 조금씩 자기 자신에 대해 깨어나기 시작했다. 언제나 '밖'을 향하던 마음의 눈이 비로소 '안'을 향하기 시작했던 것이다.

3주째 마지막 날이 되던 토요일, 그날은 학교도 가지 않는 날이라 밥 먹는 일 외에는 종일 아무것도 하지 않은 채 거실에만 앉아 있다가 무심코 창밖을 내다보니, 장마철이라 비가 자주 와서인지 마당에 풀이 많이 자라 엉망인 것이 눈에 들어왔다. 산책도 하지 말고, 마당에 풀 뽑는 일도 되도록 하지 말라는 나의 당부에 따라 그는 마당이 풀 반 잔디 반이 되어가도 그냥 두었는데, 그날은 마당 옆쪽에 가꾸어 놓은 텃밭에도 풀이 많이 자라 금방이라도 뱀이 나올 것만 같았다. 큰 풀이라도 뽑아야겠다는 생각에 맨손으로 마당에 나가 풀을 뽑기 시작했다. 그랬던 것이 자신도 모르게 다섯 시간을 계속하고 말았다. 비는 오락가락하고 날은 몹시 무더웠지만, 자신 안에서 끊임없이 올라오는 온갖 상념들을 만나고 또 만나느라 그런 것은 아랑곳하지 않았던 것이다. 다섯 시간쯤 되었을 무렵 큰비가 다시 내리기 시작했지만, 그 비를 하염없이 맞으며 그는 급기야 텃밭에 주저앉아 엉엉 소리 내어 통곡하고 만다. 그날 저녁, 이런 문자가 내게 왔다.

'완벽하게 가면을 뒤집어쓰고 쿨한 척, 센 척, 돈 있는 척, 너그러운 척, 대범한 척, 도 닦는 척, 착한 척, 무심한 척, 채식하는 척, 척, 척……. 하, 기가 막힙니다. 뭔가 잘못하고 있는 것 같습니다. 저는 물론이고 주변 사람들까지 다 싫어집니다. 교장은 물론이고 열네 살 아이들에게까지 잘 보이고 싶고 칭찬받고 싶어 하는 저 자신이 너무 지긋지긋합니

다. 일찍 죽어야겠다는 생각이 자꾸 들어요.'

내가 문자를 보냈다.

'비로소 자신의 실상을 보기 시작한 것이지요. 수많은 가면을 쓰고 있는 자신을 또다시 거부하지 말고, 부인하지 말고, 있는 그대로 인정하고 시인하고 받아들이십시오. 일찍 죽어야 할 것이 아니라, 두 눈 똑바로 뜨고 자신의 그 모든 허구를 낱낱이 봐야 합니다. 또한 그것들을 낱낱이 보고 인정하고 시인하는 고통도 낱낱이 겪고 당해야 합니다. 실험 잘하고 계십니다. 고맙습니다. 지금의 그 고통을 있는 그대로 받아들이고 당하십시오.'

그 문자를 받고서도 그는 밤늦게까지 울고 또 운다. 그리고 그날 이후부터는 마치 고장 난 수도꼭지처럼 시도 때도 없이 눈물이 왈칵왈칵 쏟아져 나왔다고 한다. 그렇게 시간은 흘러 실험 마지막 날이 된 금요일, 그동안 하지 않았던 청소며 설거지 등을 하느라 그는 밤 12시가 넘도록, 다음 날 몸살이 나도록 온 집안을 쓸고 닦고 씻고 한다.

약속한 한 달이 끝나고, 부산 도덕경 모임이 있기 두어 시간 전에 그와 나는 다시 만났다. 그런데 인사를 하고 자리에 앉자마자 그는 두 손으로 얼굴을 감싼 채 대성통곡을 하기 시작했다. 아, 얼마나 많은 것들을 자신 안에서 보고 또 보았을까! 나는 그저 아무 말 없이 그의 오랜 울음이 그치기만을 기다렸다.

그의 삶은 조금씩 '변화'해 갔다. 밖이 아니라 안, 곧 자기 자신에 대해 깨어 있는 힘이 점점 더 밝아지고 섬세해지면서 상처투성이인 자신을 매 순간 있는 그대로 만나고 인정하고 시인해 가는 고통은 더 커지고 강렬해졌는지 모르지만, 그런 만큼 자신을 더 깊이 이해하게 되고, 자신의 상처를 더 따뜻이 안아 주게 되었으며, 늘 원망과 저주를 퍼부으며 차갑게 내치기만 했던 자신을 비로소 받아들이며 사랑하게 되었다.

조금씩 자신 '안'에 온기가 돌기 시작하면서 '밖'의 삶의 모습에도 변화가 찾아왔다. 힘들었던 남편과의 관계가 편안해지고, 초등학교 5학년 무렵부터 엄마에 대해 입도 마음도 모두 닫은 채 외롭게 살아온 딸과도 따뜻한 사랑으로 깊이 만나게 되었으며, 늘 버겁게만 다가오던 학교 아이들과도 가슴으로 소통하게 되면서 비로소 삶이 행복해지기 시작했다.

그즈음 그는 한 달에 한 번 있는 산청 도덕경 모임에 나오기 시작했다. 뵐 때마다 점점 더 편안해지고 또 자신의 마음과 삶 위에 우뚝우뚝 서 가는 그의 모습을 보는 것은 나에겐 더할 나위 없는 감사요, 기쁨이었다. 어느 날에는 아직도 마음의 상처와 결핍 속에서 괴로워하고 힘들어하는 어떤 사람에게 진심 어린 상담과 따뜻한 조언을 해 주는 그 모습을 보면서, 마음의 모든 추구가 끝난 자리에서 어느새 '나누는 자의 삶'으로 돌아선 그 모습이 얼마나 아름답고 감동적이던지!

승찬 스님은 말한다.

"본성에 맡기면 도에 합하니, 한가하고 번뇌가 끊어진다."라고. 즉 매 순간 있는 그대로의 자신으로 존재하면, '지금' 자신 안에서 올라오는 것들을 가려서 택하지 말고 온전히 그것에 자신을 맡기면, '지금'에 언제나 예스하면, 곧 도에 합하여 저절로 번뇌가 끊어지고 삶이 한가로워진다는 말이다. 왜냐하면 매 순간 있는 그대로의 '현존'이 바로 도이기 때문이며, 번뇌란 본래 존재하지 않기 때문이다.

무언가 더하려고 했기에

36~37수

36

생각에 매달리면 참됨과 어긋나
어두움에 빠져 좋지 않다

계념괴진繫念乖眞 혼침불호昏沈不好

생각으로는 결코 지금 여기 있는 그대로의 실상을 볼 수도 없고 알 수도 없다. 왜냐하면 생각은 언제나 이원성에 바탕을 두고 있기 때문이다. 그래서 생각은 매 순간의 '지금'에 대해 항상 옳으니 그르니, 있다느니 없다느니, 깨끗하다느니 더럽다느니, 부족하다느니 완전하다느니 끊임없이 헤아리고 분별할 뿐 그것을 있는 그대로 받아들일 줄 모른다. 그런데 실상은 그런 헤아림과 '가려서 택하는' 노력 속에서 알게 되는 것이 아니라, 다만 매 순간 있는 그대로 존재할 때 드러나는 것이기에, 생각에 매달리면 참됨과 어긋나 어둠에 빠져 좋지 않다.[33]

---

33 '진리'인 하나님은 성경 속에서 이렇게 말하고 있다.
"내 생각은 너희 생각과 다르며 내 길은 너희 길과 달라서, 하늘이 땅보다 높음같이 내 길은 너희 길보다 높으며

참 다행스럽고도 안심이 되는 것은, 우리가 그렇게 생각 속에서 길을 잃는 순간에도 실상과 분리되어 있지 않다는 사실이다. 우리의 삶은 언제나 실상인 매 순간의 '지금' 속에서 일어나고 있기 때문이다. 그렇기에 다만 그 헤아림만 그치면, 가려서 택하는 그 마음을 내려놓고 다만 매 순간 있는 그대로 존재하기만 하면, 우리는 곧 실상이란 다름 아닌 바로 우리 자신이었음을 확연히 알게 될 것이다.

내 생각은 너희 생각보다 높으니라."(이사야 55:8~9)
그러므로 생각을 내려놓고, 분별과 헤아림의 길에서 돌이킬 때 바로 그 순간 우리에게는 참되고 영원한 진리의 길 (道)이 눈앞에 펼쳐진다.

37

정신을 피로하게 하는 것을 좋아하지 않는다면
어찌 멀리하거나 가까이할 필요가 있겠는가?

불호노신不好勞神 하용소친何用疏親

다시 말해, 멀리하거나 가까이한다는 것은 곧 스스로 정신을 피로하게 하는 것이란 말이 아닌가.

몇 해 전 어느 날 대구의 한 대학교 근처에서 카페를 운영하고 있던 친구에게서 전화가 왔다. 반갑게 전화를 받았더니, 카페가 비어 있는 낮에 그곳에서 도덕경 강의를 해 줬으면 좋겠다고 말했다. 흔쾌히 승낙했더니, 그는 곧바로 주간지에 강의 안내도 내고 또 따로 팸플릿도 만들어 학교 여기저기에 붙이고 다녔다. 강의를 시작하는 날, 카페를 찾아온 몇몇 사람들과 인사를 나누고 또 강의에 대해 이런저런 이야기도 하고 나서 마무리를 하는데, 조금 떨어진 자리에서 낮술을 마시고 있던 한 아가씨를 내 친구가 부르더니, 자기 카페에 자주 오는 사람이라며 나에게 인사시켜 주었다.

그렇게 나와 수정이(가명)의 인연은 시작되었다. 그런데 처음 그 얼굴을 마주할 때의 내 마음은 무언지 모를 안타까움으로 먹먹해졌다. 서로 인사하며 나이를 물으니 스물아홉 살이라고 하는데, 그 얼굴에는 스물아홉 살의 나이가 주는 생기나 탄력은 하나도 없고, 깡마르고 푸석한 피부에 눈동자는 설명할 길 없는 불안감으로 연신 두리번거리고 있었다.

'아, 삶이 참 힘든 사람이구나……'

잠시 얘기를 나누다 보니 반갑게도 그는 나와 같은 대학의 같은 학과를 졸업한 10년 후배임을 알게 되었다. 그도 내가 같은 학과 선배라는 사실이 반가웠는지, 별다른 경계심 없이 자신의 힘들었던 이야기를 하기 시작했다. 이런저런 이야기를 하면서 간간이 맥주잔을 들이키는 그 얼굴에는 설명할 수 없는 분노 같은 것이 가득했고, 마음에서는 어떤 궁극적인 '답'을 찾는 목마름이 짙게 배어 나왔다. 나는 애틋한 마음으로 한참을 듣다가 말했다.

"수정아, 너 앞으로 여섯 달만 나를 따라 다니거라. 내 강의도 듣고, 또 내가 여러 지역을 다니며 많은 사람을 만날 텐데, 그때마다 네게 연락할 테니 함께 가자꾸나. 그렇게 하다 보면 네 마음의 무거운 짐들을 내려놓을 수 있을 거야……"

수정이는 반가운 얼굴로 꼭 그러겠다고 약속했다. 그러나 그것은 말뿐 1년이 지나도록 그는 내 앞에 모습을 나타내지 않았다. 그 카페에서의 강의는 물론이거니와 시내에 있는 어느 전통찻집에서 매주 하던 도덕경 강의 모임에도 그는 나타나지 않았다. 그 사이 딱 한 번 우연히 대구 시립 도서관에서 마주친 적이 있는데, 더욱 초췌하고 어두운 모습에 병색마저 완연해 나는 깜짝 놀라며 물었다.

"아니, 수정이 아니냐! 이게 어찌 된 일이냐? 너 어디 아프니?"

그랬더니 수면제 없이는 잠을 못 자는데, 돈이 없어서 값싼 수면제를 계속 먹었더니 간을 다쳤단다. 그래서 요즘엔 서울로 치료하러 다닌다고 했다. 아! 더욱 안타깝고 애틋한 마음에 꼭 한 번 강의에 나오라고 힘주어 말하기도 하고, 시간이 되는 대로 자주 보자고도 하고, 또 그 후에 몇 번 통화도 했지만 인연이 닿지는 않았다.

꼭 1년이 지난 어느 날 그가 불쑥 전통찻집 강의 모임에 나타났다. 건강은 좀 좋아진 듯 보였고, 옷매무새도 무척 신경을 쓴 듯 말쑥했다. 얼마나 반갑던지!

"아니, 수정이 아니냐! 어서 오너라! 난 이 자리에서 1년 동안이나 널 기다렸단다."

그렇게 우리는 다시 만났다. 자리에 앉으면서 다른 도덕경 식구들과 가벼운 눈인사를 나누고, 또 강의가 끝난 후에 사람들이 주고받는 얘기를 아무 말 없이 듣고 있던 수정이는 갑자기 더는 못 참겠다는 듯 짜증 섞인 투로 불쑥 내뱉었다.

"쳇, 여긴 나름대로 '한 소식' 하지 못하는 사람은 끼지도 못하겠네요! 입으로는 사랑이다 뭐다 말하지만, 사실은 군림하려는 자들의 역겨운 오만과 값싼 동정에 불과할 뿐인 이런 모든 말과 제스처가 제겐 그저 역겹고 같잖게 보일 뿐입니다!"

갑자기 분위기는 썰렁해졌고, 어색한 침묵만이 짧은 순간 모두를 헤집고 다녔다. 그 어색한 분위기를 깨고 내가 말했다.

"수정아, 네 눈엔 그런 것들밖에 보이지 않는지 모르지만, 내가 진정으로 말할 수 있는 것은, 여기 이 모임에 그런 것은 없단다. 오히려 그렇기는커녕 여긴 사랑과 따뜻함과 진심 어린 위로가 흐르고 있단다. 조금만 더 기다려 보렴. 지금 네 눈에 보이는 게 전부가 아니야. 그러나 정말 아니다 싶으면 지금이라도 당장 돌아가면 돼. 그런 스트레스를 받아가면서까지 여기 앉아 있을 필요는 없으니까……."

그러나 그는 일어서지 않았고, 공부 모임을 마치고 찻집을 나와 뒤풀이를 위해 좀 더 편안한 자리로 옮겼을 때 그는 오히려 기다렸다는 듯 바로 내 옆에 앉아서 다그치듯 물었다.

"선배님, 저는 지난 10년 동안 사실은 오직 '절제'만을 위해 살아왔습니다. 열여덟 살 때 출가하려고 어느 절에 찾아간 적이 있는데, 아직 너무 어리다며 그곳 스님이 받아주지 않아서 돌아설 수밖에 없었지만, 그때 이후 지금까지 저는 마음으로는 언제나 출가승처럼 절제하며 살았습니다. 매일 아침 일어나 108배를 했고, 계戒를 지키려고 애썼으며, 참선도 열심히 했습니다. 그러다 보니 제 나름대로 어떤 체험도 하게 되었습니다. 그러나 때로 그러한 체험과 앎이 지속되지 않고 또 마음먹은 대로 제대로 절제가 되지 않을 땐 형언할 수 없는 절망감에 사로잡힌 채 끊임없이 저 자신을 학대하며 아무렇게나 내팽개치듯 살았습니다. 그 모든 노력과 몸부림에도 불구하고 제 영혼은 아직 자유롭지 못하며, 여전한 굴레와 구속에서 허덕이고 있습니다. 도대체 어떻게 하면 좋습니까?"

"수정아, 그렇다면 하나 물어보자. 너는 지난 10년 동안 오직 절제를 위해 몸부림쳤다고 하지만, 단 한 순간이라도 '진정으로' 절제가 되더냐?"

"아뇨……."

"또 절제되지 않을 땐 커다란 절망감 속에서 너 자신을 쓰레기 취급하며 내팽개쳤다고 하지만, '진정으로' 내팽개쳐지더냐?"

"아뇨……."

"그래, 그런 거란다. 우리의 마음으로는 '진정으로' 할 수 있는 게 아무것도 없어. 말하자면 절제의 모양은 있으나 절제는 없고, 내팽개침의 모양은 있으나 진정한 내팽개침은 없었던 게지. 존재의 참된 자유와 해방은 그러한 노력과 몸부림을 통해 오는 것이 아니야. 엄밀히 말하자면, 인간은 자신의 노력으로써 스스로를 완전하게 할 수 없어. 왜냐하면 우리는 지금 이대로 이미 완전하니까! 이미 완전한 것을 무슨 노력으로 다시 완전하게 할 수 있겠니? 너 자신을 한번 보렴. 지난 10년간 그 애틋한 노력에도 불구하고 지금 네 안에는 단 한 톨의 진정한 평화도 자유도 없지 않니? 다시 말해 너는 지금껏 단 한 발짝도 나아가지 못했다는 거야. 그건 지금의 네 삶이 이미 충분한 증거가 되고 있고, 그렇지 않니?"

이 대목에서 수정인 결코 인정하고 싶지 않았던 자신의 깊은 위선과 우쭐거림이 들켜 버렸다는 부끄러움과 함께 심히 자존심 상해하는 표정이 일순간 그 얼굴을 스쳐 지나갔다. 나중에 들은 얘기지만, 그 순간 수정이는 자신이 마지막으로 부여잡고 있던 한 뼘 남짓한 내면의 땅마저 와르르 무너지는 듯한 소리를 들었다고 한다. 짧은 순간이지만, 자신의 몰골을 있는 그대로 분명하게 봤던 것이다. 어쨌든 나는 그런 수정이의 표정을 놓치지 않으면서 계속해서 말했다.

"혹 너는 보다 열심히 하지 않아서 그렇지, 만약 지금보다 더욱더 열심히 노력하고 애쓰다 보면 그러한 것이 가능하지 않느냐고 항변할는지 모르지만, 아냐, 영혼의 자유란 그렇게 오는 것이 아니야. 자유란 '열심'을 통해 오는 것이 아니란다. 다른 통로가 있어. 말하자면 우리를 진정한 자유와 행복으로 인도하는 다른 통로가 말이다. 그 다른 통로를 알지 못했기에 네게는 그 오랜 세월 동안 자유를 향한 무한대의 수고와 몸부림만 있었지, 존재의 진정한 해방은 없었던 거야. 만약 네 안에서 어느 순간 문득 그 다른 통로가 열리기만 하면……"

이 대목에서 수정이는 마른침을 꿀꺽 삼키며 말했다.

"선배님, 그 다른 통로라는 게 뭐죠? 어떻게 하면 그리로 들어갈 수 있나요? 그리고 전 내일부터 한 달간 아르바이트를 해야 해서 모임에 나오지도 못하는데, 어떻게 하면 일을 하면서도 이 '마음공부'를 놓치지 않을 수 있나요? 제게 있어서 무엇보다도 소중하고 중요한 것은 바로 '진정한 나'를 찾는 것이에요!"

"그래, 좋아. 그럼 이렇게 한번 해 보렴. 지금까지 네가 해 오던 방식과는 정반대로 하는 거야. 즉 '마음공부'를 놓치지 않고 열심히 해 보려는 바로 그 마음을 놓아버리는 거지. 그리곤 적어도 네가 아르바이트를 하는 이 한 달 동안만이라도 그냥 먹고 자고 일만 하는 생활 ― 네 마음 깊은 오만 속에서 저급한 것으로 무시하거나 밀쳐났던 ― 만 하는 거야. '마음공부'에 관한 어떤 책도 읽지 말고, 108배도 걷어치우고, 참선도 하지 마. 영적 스승을 찾아가 무언가를 질문하는 일도 하지 말고.

말하자면 네가 지금까지 자기완성이나 깨달음을 위해 기울였던 그 모든 노력과 애씀을 멈추고, 다만 현실에서 주어지는 생존을 위한 일만 해 보라는 거야. 진리는 바로 그 '삶'과 '생활' 속에 있건만, 너는 어느새 '마음공부'라는 것에 갇혀서 삶과 생활로부터 유리되고 박제되어 있어. 그러니 이제 그만하라는 거야. 네가 기울이는 모든 노력은 마치 진리를 떠나 진리를 구하는 것과 같아."

수정이는 땅이 꺼지는 듯한 신음과 함께 막막한 표정으로 말했다.

"아……. 선배님, 그건 제게 너무 어려운 일인데요! 왜냐하면 저는 지금까지 단 한 번도, 단 한 순간도 그 마음을 놓아본 적이 없거든요!"

"봐, 어느새 네게는 '삶'과 '수행'이 분리되어 있어. 그리고 삶보다는 수행 쪽에 더 많은 의미와 가치와 무게가 부여되어 있고. 그래선 결코 네가 바라는 진리의 자리에 닿을 수 없어. 너는 깨달음과 진리를 향한 노력과 수행을 네 삶 속에서 결코 놓을 수 없는 '생명줄'로 생각하겠지만, 그것은 결코 너를 진정한 생명과 자유로 인도해 줄 수 없는 '썩은 동아줄'에 불과해. 그러니 진정으로 네가 자유로워지고자 하거든 자유를 향한 네 모든 노력과 마음과 몸짓을 정지해 봐. 그리곤 다만 매 순간의 '지금' 속에서 생존만 하는 거야. 그러면 돼. 그러면 너는 그 무위無爲 속에서 지금까지와는 전혀 다른 새로운 것을 네 안에서 발견하게 될 것이고, 그 발견들 속에서 네 영혼은 조금씩 자유로워질 거야. 정말로!"

나의 애틋하고 간절한 말들을 묵묵히 듣고 있던 수정이는 말했다.

"좋습니다, 선배님. 어렵겠지만 한번 해 보겠습니다."

그리곤 수정이는 자신의 일상으로 돌아갔고, 나는 다시 강의를 하거나 사람들을 만나면서 바쁘게 돌아다녔다. 가끔 수정이 생각이 날 때면 나와 약속한 한 달간의 '실험'을 잘하고 있겠지 하는 마음과 함께, 그 실험 속에서 문득 자신 속에 켜켜이 쌓여 있던 온갖 거짓과 위선과 오만이 하나씩 발견될 때마다 그가 겪게 될 놀라움과 힘겨움과 고통들이 못내 나에게도 느껴지면서 까닭 없이 안쓰럽기도 했다.

어느 날 그가 1년 만에 내 앞에 모습을 나타냈던 그때처럼 불쑥 찻집 모임에 들어섰다.

"아니, 수정이 아니냐! 벌써 한 달이 됐니?"

"아뇨, 3주 만입니다. 비록 한 달을 약속했지만, 더 계속하다가는 죽을 것만 같아서 도망쳐 왔습니다."

"그래? 그럼 마침 강의도 다 마쳤으니, 네가 한 실험 얘기를 한번 들어 보자꾸나."

그가 들려준 얘기는 이랬다. 비록 만족스러운 결과에 도달하진 못했지만 그래도 그동안 수많은 날 동안 깨달음과 진리와 '진정한 나'를 향한 끊이지 않는 노력과 마음이 있었기에 그것으로써 자신의 살아 있음을 확인할 수 있었고, 또한 그것들을 자신이 살아야 하는 분명한 이유로서 붙들고 있었는데, 비록 '실험'이라는 형태로나마 그 모든 것을 내려놓고 보니, 처음엔 너무나 초조하고 불안해서 견딜 수가 없었다고 한다. 도무지 하루를 산다는 게 사는 게 아니었고, 그 시간들의 막막함이란 이루 말할 수 없었단다. 그 고통 속에서 수정이는 순간순간 다시 열심을 내어 명상과 깨달음에 관한 책을 읽으며 자신을 추스르고 싶었고, 더 늦고 더 망가지기 전에 다시 자세를 가다듬며 참선이나 수행을 해야만 할 것 같았으며, 그도 못하면 미친 듯이 뛰쳐나가 술을 마시거나 짧은 여행이라도 갔다 와야 살 수 있을 것 같았는데, 그 모든 '탈출구'를 틀어막기로 약속했으니 그 답답함이야 오죽했겠는가. 그러나 수정이는 결코 달아나지 않았고, 그 처절한 맞닥뜨림 속에서 자신을 조금씩 들여다보기 시작했다. 그랬더니 이번엔 스스로에 대한 깊은 연민과 함께 견딜 수 없는 환멸감이 밀려오더란다.

태어나자마자 수정이는 자식이 없는 삼촌 집에 양자로 보내졌는데, 이후 생모와 길러준 엄마 사이를 오가며 어린것이 일찍부터 '눈치'와 사랑받기 위한 '몸짓'부터 먼저 배우게 된다. 이 눈치와 몸짓은 이후 31년 동안 자신도 모르는 사이에 더욱 깊어지고 내밀화되어 자기 삶의 토대가 되어 버렸는데, 그 뿌리 깊은 무의식이 이번 '실험'을 통하여 분명하게 드러나고 발견되면서 수정이는 그만 탄식하고 만다.

'아, 나는 31년 동안 연극만 하며 살아왔구나!'

'지금까지 나는 단 한 순간도 나 자신이 되어본 적이 없구나!'

그러면서 자신은 언제나 '일정한 거리'를 통해서만 사람들을 만나 왔고, 그 '거리' 속에서 그나마 파리한 자신을 지탱해 왔다는 사실을 깨닫게 된다. 그것은 곧 자신은 지금까지 단 한 번도 진정으로 사람을 만난 적이 없고, 어느 누구와도 진정으로 교통한 적이 없었음을 자각하게 했다. 그 자각 속에서 수정이는 처음으로 자신 속에 깊이 자리 잡고 있던 오랜 외로움을 발견하면서 통곡하게 된다. 그리고 그 통곡 속에서 수정이는 또 하나의 진실을 발견한다.

'아, 내가 진정으로 원했던 것은 도나 깨달음이 아니라, 따뜻함과 사

랑이었구나……!'

　그런데도 그것이 엉뚱하게 도니 깨달음이니 하는 쪽으로 흘러갔고, 그것으로써 자신의 끝없는 외로움과 공허를 채워 보려 했지만, 그 속에서 도리어 턱없는 우쭐거림, 겸손을 가장한 오만, 깨달음이니 도니 하는 허영으로써 세상과 사람들을 비아냥거리고 있었음을 문득 깨닫고는, 한없는 자괴감과 함께 스스로에 대한 깊은 환멸감에 사로잡히고 만다. 바로 그즈음 더는 견딜 수 없어 도망치듯 찻집 모임으로 왔던 것이다.

　나는 그 아뜩한 힘겨움 속에서도 3주 동안이나 '실험'을 계속해 준 수정이가 너무나 고맙고 대견스러워 몇 번이나 무릎을 쳤는지 모른다. 그리고 그 오랜 '실험' 얘기를 다 쏟아 놓고는 늦은 시각 집으로 돌아가다가, 수정인 태어나서 처음으로 눈물과 하나가 되고 울음 자체가 되어 동네 어귀에서부터 펑펑 울기 시작하는데, 그 울음은 먼동이 훤히 틀 때까지 그치질 않았다고 한다.

　그 후에도 수정인 시간만 되면 나와 만나서 오랜 시간 얘기를 나누기도 하고, 찻집이나 다른 지역의 모임에도 따라가 강의를 듣기도 했으며, 또 다른 '실험'을 하기도 했는데, 특히 코끝에 의식을 모아 자신의 호흡을 단지 바라보기만 하는 실험은 31년 동안이나 계속된 오랜 불면증을 단번에 고쳐놓기도 했다. 얼마나 감사한지!

　그렇게 그와 '실험'을 시작한 지 두 달 보름이 지날 무렵이었다. 어느 순간부터 수정인 조금씩 말이 달라지고 눈빛이 맑아지며 그 많던 질문들이 사라지는가 싶더니, 급기야 그의 삶 전체에서 어떤 아름다운 사자후獅子吼 같은 것이 뿜어져 나왔는데, 그 놀라움과 기쁨은 이루 말할 수가 없다. 그가 갇혀 있던 마음의 무게와 고통이 지독했기에 거기에서 빠져나온 뒤의 에너지가 그만큼 더 눈부시고 충만했는지도 모르지만, 제 한몸 가누기조차 힘들어하던 그가 다른 사람들의 마음의 짐과 아픔마저 어루만지며 따뜻이 품어 주곤 하는 모습을 보는 것은 더할 수 없는 감사로 다가왔다. 그렇게 수정이에게서 비로소 자기 자신과 삶에 대해 주인 된 자의 힘과 긍정의 에너지를 보는 것도 너무나 좋았지만, 자신의 눈에 완전히 새롭게 보이기 시작한 '지금'과, 세상과, 사람들과, 관계에 대해 그가 모임 때마다 들려준 많은 이야기들은 둘러앉은 우리 모두를 감동으로 일렁이게 하기에 충분했다.

다음의 글은 그가 마음의 '변화'를 겪고 난 뒤에 내게 보내온 것인데, 감사한 마음으로 여기에 옮겨 본다.

(전략)

이제 와서 생각해 보면 지난 나의 삶은 너무나 아름다운 나날들이었는데, 나는 왜 그 모든 것을 악몽으로만 생각했을까? 나를 돌아보는 글을 한번 써 보라는 기태 선배님의 전화를 받았을 땐 부모님의 이혼 소송 조정이 있던 날 아침이었다. 31년 동안의 지긋지긋했던 부모님의 불화의 끝자락에서마저 나의 일말의 마지막 기대도 외면하고 돌아서는 부모님을 보고 무척 가슴이 아팠다. 부모님 역시 나처럼 상처받고 왜곡되어 비틀어진 영혼이었구나……. 이상하게도 그 순간에 와서야 부모님을 증오한다고 믿었던 것이 지독한 착각이었음을 느꼈고, 오히려 내가 진정한 어른이 될 때까지 오래 서로를 참고 견뎌 준 두 분에게 한없이 감사한 마음이 들었다.

막상 내가 살아온 날들을 글로 쓰려고 하니 정말 어려웠다. 우선 지나간 사실을 아무리 객관적으로 나열한다고 해도, 또는 나의 방황이 얼마나 절절하고 고통스러웠는지를 멋지게 표현한다고 해도 결국은 또한 번 껍데기를 뒤집어쓰는 것 같아서 두려웠다. 또 언어의 한계를 잘 알고 있기 때문에 아무 말 하지 않는 것이 가장 낫다는 것을 알지만, 전부를 말하진 못하더라도 내 나름대로 최선을 다하고 싶다.

초대받지 못한 손님

부모님은 원하지 않는 결혼을 집안 어른들의 뜻에 따라 억지로 한데다가 성격 차이도 굉장히 심해서 함께 있는 것이 고통일 정도였다. 난 넷째로 태어났는데, 그것도 아이를 낳지 못하는 삼촌 집에 입양 보내기 위해서 일부러 낳은 자식이었다. 그러나 내가 태어난 지 2년인가 있다가 숙모가 늦은 나이에 임신하는 바람에 나는 되돌려졌다.

지금도 생생히 기억하는 건, 내가 다섯 살 정도밖에 안 된 나이임에도 불구하고 부모님의 사랑과 인정을 받으려고 미친 듯이 '예쁜 짓'을 했던 것이다. 밤에 오줌을 이불에 안 싸려고 얼마나 신경을 썼던지 나중엔 온몸이 퉁퉁 붓고 오줌도 제대로 못 눠서 약을 먹었고, 똥도 일주일에 한 번씩 누려고 애써서 나중엔 병원에 가서 관장을 받아야 할 지경이었다. 그러나 나의 이런 노력도 오히려 역효과가 나서 항상 우울했던 엄마를 더 화나게 만들었다. 엄마가 아버지와 갈라서지 못하고 이렇게 구질구질하게 사는 게 다 나를 낳았기 때문이라는 원망만 들었다.

처음 자살을 꿈꾼 건 정확하게 여덟 살 때였다. 그땐 몽유병이 심했을 때인데, 밤만 되면 일어나서 새벽이 올 때까지 맨발로 거리를 걷고 또 걸어 다녔다. 그러나 내 딴에는 높다고 생각했던, 예전에 살았던 이층집은 너무 낮았고, 난 다시 아무렇지 않은 척하면서 잘 살았다.

수타니파타

내가 열세 살이었을 때 큰언니가 대학생이었는데, 우연히 큰언니 책장에서 발견한 『수타니파타』[34]를 보고 밤새 충격에 빠졌다. 그땐 책으로 도피를 하던 시기여서 어린이들이 읽는 책뿐만 아니라 큰언니의 영향으로 라즈니쉬, 까뮈, 사르트르의 책들을 제대로 이해도 못하면서 닥치는 대로 읽었는데, 『수타니파타』만큼 나를 황홀하게 한 책은 없었다. 그 후 중·고교를 다니면서 큰언니와 함께 가거나 혼자 절의 선방에 찾아다니면서 참선했고, 큰스님을 찾아다니면서 진리를 구걸했다. 그때는 해탈하고 싶다는 열망이 극에 달해서 삼매(三昧)에도 자주 빠지고, 가끔 유체이탈 같은 현상도 경험했다. 그러고 나니 세상일이 하찮게 보이고, 내가 그렇게 사랑을 애걸했던 부모님이 한심한 인간으로 보였으며, 연예인에 목숨 거는 내 친구들이 같잖게 느껴졌다. 그래서 말을 해도 현학적이고 지적이고 초월적인 단어만 골라 쓰면서, 마음으로는 '너희가 진리를 아느냐?' 하는 자세로 일관했다. 그 마음을 유지하기 위해 물리학 서적을 탐독하여 불교와 물리학의 상관관계를 분

---

34 팔리어(語) 경전 가운데 가장 오래된 경전의 하나. 수타(sutta)는 경(經)이란 말이고 니파타(nipāta)는 모음(集)이란 뜻으로, 부처님 말씀을 모아 놓은 것이란 뜻이다.

석하고, 세상사가 얼마나 덧없는지에 대해 주위 사람들에게 항상 설명하고 싶어 했다. 그러다 나의 갈 길은 지저분한 사바세계에 있는 것이 아니라 고매한 승려에 있다고 생각하고, 지리산 화엄사에 가서 온몸이 법열(法悅)로 가득 찬 스님을 만나서 출가하고 싶다고 간청했다. 그러자 그 스님이 나를 가만히 들여다보면서, 지금은 때가 아니니 몇 년 더 있다가 오라고 했다. 문득 세상에 대한 호기심이 들기 시작했다.

술, 담배, 그리고…….

나를 잊기 위해 대학 시절부터 선택한 것은 여행과 책, 그리고 술이었다. 그러나 그것도 오래가지 않아 지겨워졌다. 삶은 권태였고, 더 이상 새로울 게 전혀 없었다. 처음엔 신기하고 설레던 해외여행도 나중엔 시들해지고, 책도 마치 미궁처럼 나를 끌고 들어갈 뿐 나가는 길은 말해 주지 않았다. 진리를 노래하는 책은 많았지만 그 누구도 거기에 이르는 길은 제대로 설명해 주지 않았으며, 그렇게 해 봐도 나는 점점 더 심한 갈증을 느꼈고, 마침내 나 자신에게도 회의가 들었다. 그러면서 그토록 집착해 왔던 출가자의 삶이 단지 라이프스타일의 차이일 뿐, 그 이상의 의미가 없다는 생각이 들었고, 그러고 나니 무척 허탈해졌다. 그래서 자해를 시작했는데 생각보다 신선했다. 다리와 팔 안쪽에 칼로 상처를 내어 흐르는 피를 보고 있으면 마음이 안정되었고, 상처가 주는 쓰린 고통에 번민을 잊을 수 있었다. 나중엔 피에 대한 집착이 심해져 대구 동성로에 가서 헌혈을 하는 게 유일한 낙이었다. 서랍에 쌓여 가는 헌혈증을 보면서 차츰 회의를 느낄 때쯤 지친 나는 이

지긋지긋한 땅을 떠나 미국으로 유학을 가려는 계획을 세웠다. 그런데 그것마저 아버지의 반대로 물거품이 되자 마침내 부모님을 저주하면서 알코올중독에 빠져들었다. 술에 만취한 채로 중앙선을 넘어 역주행하며 달리기를 예사로 하고, 어느 날엔가는 아버지를 각목으로 때리다가 경찰이 출동하는 사태까지 벌어졌다. 그 사건 이후 지독한 분열감과 자괴감에 빠져 거식증과 불면증에 시달렸다. 거의 사는 게 지옥이었다.

그러다가 방황의 마지막에 만난 사람이 열일곱 살짜리 소년이었다. 그 애는 냉소적이고 차갑고 철저하게 삐딱한 나를 진심으로 사랑했고, 너무나도 헌신적인 사랑을 주었다. 첨엔 장난 좀 쳐 볼까 하는 생각이 있었는데, 나중엔 내가 술을 끊게 되고, 마침내 나도 나 자신을 사랑해 보고 싶다는 충동을 불러일으켰다. 사랑이란 걸 몰랐고 태어난 걸 저주했었는데, 처음으로 태어나길 잘했다는 생각이 들었다. 그 애와 작별하고 나자 갑자기 기태 선배님이 간절히 생각났다. 한 해 전에 술집에서 우연히 기태 선배님을 만나 얘기를 나누었지만, 그땐 나 자신을 구하고 싶다는 생각이 전혀 없었다. 그러나 그 짧은 우연한 만남 속에서도 나를 정확하게 간파하는 기태 선배님에게서 약간의 희망을 보았다.

그녀가 나를 보네

1년 만에 찾아간 전통찻집 공부방 문을 들어서는 순간 기태 선배님의 첫 마디는 "1년 동안 여기서 너를 기다렸다."였다. 그는 내가 이때까지 본 사람 중에 가장 독특한 사람이었다. 내가 어떤 말이나 행동을 해도 나를 되비춰 줄 뿐이었다. 어떤 간섭이나 결정도 하지 않았고, 심오하고 난해한 이론을 끌고 다니지도 않았다. 그러면서 순간순간 에고에 매몰되려는 나를 건져내 주었다. 그와 처음으로 한 '실험'은 독서와 일체의 수행을 중단하는 것이었다. 무척 고통스럽고 초조하고 불안했다. 약속한 한 달을 못 채우고 3주 만에 실패했노라고 실토했다. 근데 그 후 얼마가 지나자 내 머릿속에서 수많은 관념의 집이 와르르 무너지는 소리가 들리면서, 하늘이 보이고 개미가 보이고 버스가 보이고 나무와 꽃들이 보였다. 너무나 선명하게…….

돌이켜보니 나는 그랬다. 누가 나를 인정해 주기를, 사랑해 주기를, 이해해 주기를, 배려해 주기를 갈망했다. 뜻대로 되지 않으면 분노, 좌절, 원망, 우울이 왔다. 정말 끔찍한 다람쥐 쳇바퀴였다. 겉으론 그럴듯하게, 당당하게, 인생의 주체로 사는 척했지만 속으론 완전히 땅거지였다. 타인의 사랑을, 관심을, 이해를 얻기 위해서 나 자신을 속여 가며 원하는 것을 얻고자 피눈물 나는 노력을 했다. 그런데 어느 날 가만히 생각해 보니 첨에는 이런 내가 너무 비참하다는 생각이 들었다. 깨달음을 얻으면 이런 내가 좀 더 당당한 인생을 살 수 있지 않을까 싶어서 이번엔 열나게 깨달음이라는 것의 비위를 맞추기 시작했다. 힘든 수행도 하려고 몸부림치고, 소위 '한 소식' 했다는 사람들의 말씀을 밑줄 좍좍 그어가며 읽고 또 읽었다.

근데 이상하게도 나는 점점 더 황폐해지고 편협한 인간이 되었다. 결국 내 욕망을 채우기 위해 저쪽에서 안 되니까 다른 쪽에 빌붙어서 깡통 들고 구걸을 한 것이었다. 도를 구한다는 그럴 듯한 명분 아래서 난 여전히 뭔가를 채우지 못해 환장이었다.

정말 구역질이 났다. 그리고 어느 날 새벽에 대성통곡하면서 절규했다. 온 동네 사람들이 다 찾아오고, 놀란 가족들이 아무리 그만하라고 해도 울음이 그치질 않았다. 새벽 6시가 넘어서야 겨우 멈췄다. 마치 조강지처 버리고 창녀한테 수십 년간 순정을 바치다 버림받은 것 같은 심정이었다.

그리곤 알았다.

그냥 이대로가 가장 완전하고 너무나 아름다운 나였음을······! 뭔가 더하려고 했기 때문에 마음의 병이 생기고 찌들기 시작했었다는 것을······!

그러고 세상을 보니 얼마나 아름다운지······! 그랬다, 비 오는 날이면 예쁜 빗방울 소리가 똑똑 들렸고, 맑은 날엔 나무들이 선명한 초록이어서 눈이 부셨다. 손가락 사이를 비집고 지나가는 바람은 또 얼마나 감미로운지! 그 뒤에 엄마를 찾아갔는데, 나는 난생처음 가슴이 저릴 정도로 엄마에게 사랑을 느꼈다. 또 보수적이고 완고하지만 한평생 교직에 있으면서 당신 나름대로 최선을 다하신 아버지가 나 같은 딸 때문에 얼마나 마음고생을 했을까 생각하니 너무나 죄송스러웠다.

이런 글을 쓰고 나니 좀 쑥스럽다. 내가 어떤 경지에 도달했다거나 진리를 아는 게 아니기 때문이다. 난 여전히 그런 건 모른다. 아니, 이젠 그런 데 별로 관심이 없다. 오히려 옛날보다 더더욱 무식해지고 단순해졌다. 그리고 중요한 건 깨달음이나 진리를 좇지 않아도 삶이 불안하거나 공허하지 않다는 것이다. 마지막으로, 나의 술친구이자 스승이신 기태 선배님께 다시 한 번 깊은 감사를 드린다.

예, 그 마음이면 됩니다

38~39수

38

한 수레를 얻고자 하거든
육진(六塵)을 싫어하지 말라

욕취일승欲取一乘 물오육진勿惡六塵

『마조어록』에 보면 다음과 같은 재미있는 이야기가 있다.

백장 스님이 스승인 마조 스님을 모시고 산에 다녀왔다. 그리곤 자기 방에 들어가서는 갑자기 슬피 울었다. 옆에 있던 수행승이 깜짝 놀라며 물었다.

"아니, 왜 우십니까?"

"……."

"스승님과 무슨 일이 있었습니까?"

"……."

"무슨 창피한 일이라도 당하셨습니까?"

"……."

"아니, 도대체 왜 그렇게 슬피 우십니까?"

그제야 백장은 입을 열고 말했다.

"스승님에게 가서 물어보게."

스승님과 무슨 안 좋은 일이 있었구나 생각하며 마조에게 달려간 수행승은 백장 스님이 슬피 우는 연유를 물었다. 그러자 마조가 대답했다.

"그에게 가서 다시 물어보거라."

어안이 벙벙해진 수행승은 터덜터덜 방으로 돌아와 백장에게 다시 물었다.

"아니, 도대체 왜 우십니까?"

그러자 백장은 갑자기 울음을 뚝 그치더니 이번엔 깔깔거리며 크게 웃었다.

"아니, 아까는 슬피 울더니 이제는 어째서 웃으십니까?"

그러자 백장이 말했다.

"아까는 슬펐고, 지금은 우스워서 그런다네."

노자는 또 『도덕경』에서 이렇게 말한다.

장욕취천하이위지 오견기부득이

將欲取天下而爲之 吾見其不得已

천하신기 불가위야

天下神器 不可爲也

위자패지 집자실지

爲者敗之 執者失之

물혹행혹수 혹구혹취 혹강혹리 혹재혹휴

物或行或隨 或呴或吹 或强或羸 或載或隳

장차 '나'라는 천하 혹은 '마음'이라는 천하를 얻고자 하여

무언가를 하는 사람은 그 뜻을 이루지 못함을 볼 뿐이다.

'나' 혹은 '마음'이라는 천하는 참 신비한 그릇과 같은 것이어서

어떻게 할 수 있는 것이 아니다.

그럼에도 불구하고 무언가를 하는 자는 실패하기 마련이고

부여잡는 자는 잃어버리게 되어 있다.

도(道)라는 것은 앞서기도 하고 뒤처지기도 하며

따뜻하기도 하고 차갑기도 하며, 강하기도 하고 약하기도 하며

위로 실리기도 하고 아래로 무너지기도 하는 것이다.

한 수레란 모든 것이 둘이 없는 '하나'임을 가리키는 말이다. 이것을 일승법一乘法 혹은 불이법不二法이라고도 하는데, 우리가 이 '하나'인 실상에 눈뜨게 되면 우리 마음 안에서 어떤 근본적이고도 질적인 변화가 일어나, 언제나 둘로 나누어 보던 이원성이 사라지면서 모든 것을 있는 그대로 보게 된다. 그래서 동일한 대상을 보더라도 이전과는 전혀 다르게 보게 되는 것이다. 이를테면 자신의 마음 안에서 이런저런 번뇌와 망상이 죽 끓듯 일어나더라도 그것이 '번뇌'라고도 생각되지 않고 '망

상'이라고 여겨지지도 않아 다만 그 순간을 있는 그대로 경험할 뿐, 그 것이 아닌 다른 무엇 — 깨달음이나 해탈 — 을 찾거나 구하는 마음이 사라져, 온갖 번뇌와 망상 속에서도 번뇌와 망상에 물들지 않는 고요와 평화를 누리게 되는 것이다.

즉 본래 번뇌와 망상이 있는 것이 아니라 다만 매 순간순간 이런저런 모양으로 마음의 작용과 흐름이 있을 뿐이다. 다만 우리가 그것을 있는 그대로 받아들이며 경험하지 못하고 싫어하거나 좋아함으로 말미암아 번뇌니 망상이니 하고 분별함으로써 없애거나 버려야 할 대상으로 잘못 보는 것이다. 이것을 착각 혹은 미망迷妄[35]이라고도 하는데, 우리는 그 착각이나 미망이 보여 주는 것을 실재라고 믿음으로써 있지도 않은 번뇌와 망상을 버리거나 없애려고 헛되이 애쓰고, 또한 그런 노력의 연장선상에서 마침내 마음의 평화를 얻으려고 허망하게 몸부림치게 되는 것이다.

우리의 그런 어리석은 몸짓을 가리켜 "한바탕 꿈을 꾼다."라고 말하기도 한다. 이는 마치 꿈속에서 두려워하고 떨며 자신을 해하려고 달려드는 무언가로부터 벗어나고 달아나기 위해 이리저리 몸부림치며 애를 쓰는 것과 같이, 우리 마음이 만들어 낸 '둘'이라는 허구 속에서 하나는 버리려 애를 쓰고 다른 하나는 취하려 헛되이 노력하고 있기 때문이다. 그러나 꿈은 실재가 아니다. 그러므로 다만 꿈을 깨기만 하면 될 뿐 꿈속에서 그렇게 고군분투하며 애쓸 일이 아니다.

---

35 미망 (사리에 어두워) 실제로는 없는 것을 있는 것처럼 생각하는 일, 또는 그런 잘못된 생각.

승찬 스님은 말한다. "한 수레를 얻고자 하거든……" 즉 꿈에서 깨어나 모든 것이 '하나'인 실상을 보고 참된 마음의 평화와 자유를 얻고자 하거든 "육진을 싫어하지 말라."고. 육진이란 우리의 여섯 가지 감각 기관인 눈·귀·코·혀·몸·의식을 통하여 경험하게 되는 색깔·소리·냄새·맛·촉감·법의 감각 대상을 가리키는데, 한마디로 물질적인 대상뿐만 아니라 정신적인 모든 경험 대상을 통틀어 육진이라 한다. 그것을 싫어하지 말라는 것은 곧 그러한 경험들로 인해 우리 안에서 일어나는 모든 감정, 느낌, 생각을 가려서 택하지 말고 매 순간 있는 그대로 받아들이고 껴안으라는 말이다. 그것이 슬픔이든 불안이든 초라함이든 괴로움이든 우울이든 미움이든 열등감이든 공허든 그 밖의 무엇이든 그 하나하나가 온전히 '한 수레' 위에 올려진 것이기에, 다만 싫어하지 않으면 그 모든 것이 본래 '하나'임을 저절로 알게 되어 진정 자유롭고 행복하게 살아갈 것이라는 말이다.

도란 바로 지금 이 순간 있는 그대로의 '현존' 이외에 다른 무엇이 아니기에, 우리가 육진을 싫어하지 않으며 매 순간의 '지금' 속에 온전히 존재할 때, 꿈은 갑자기 끝나 버리고 우리는 환한 실상의 세계 속으로 문득 깨어나게 되는 것이다. 우리 마음이 만들어 내는 이원의 꿈과 허구로부터 깨어날 수 있는 유일한 시점은 오직 '지금'뿐이기 때문이다.

이 진실을 알았던 노자도 우리에게 애틋하게 말하고 있지 않은가. "도를 얻기 위하여 무언가를 하는 사람은 그 뜻을 이루지 못할 뿐이다. 도는 신비한 그릇과 같은 것이어서 어떻게 할 수 있는 것이 아니다. 그럼에도 불구하고 무언가를 하는 사람은 실패하기 마련이고, 부여잡는 자는 잃어버리게 되어 있다."라고. 그러면서 또 친절하게도 "도라는 것은 앞서기도 하고 뒤처지기도 하며, 따뜻하기도 하고 차갑기도 하며, 강하기도 하고 약하기도 하고, 위로 실리기도 하고 아래로 무너지기도 하는 것이다."라는 말로써 매 순간 있는 그대로의 '현존'이 바로 도임을 분명하게 밝혀 주고 있지 않은가. 『마조어록』에서도 슬프니까 울었고 우스우니까 크게 웃었던 백장 스님의 일화를 통하여, 깨달음이란 따로 있는 것이 아니라 우리가 매 순간 경험하고 있는 '바로 지금 이것'임을 보여 준 것이다.

39

육진을 싫어하지 말아야
바른 깨달음과 같아진다

육진불오六塵不惡 환동정각還同正覺

육진을 싫어하지 않음으로 말미암아 '지금'이라는 실상의 세계 속으로 아름답게 깨어나는 한 영혼을 본다는 것은 얼마나 감사하고 가슴 벅찬 일인지!

서울 도덕경 모임에 나오는 서정만이라는 청년에게서 나는 그 진실을 분명하게 보았다. 그는 어느 날 도덕경 모임 홈페이지 '김기태의 경전 다시 읽기' 질의응답 방에 '도움을 부탁드립니다.'라는 제목으로 글을 올렸다. 그 글에 답변하면서 두어 번 글을 주고받는 가운데 그는 문득 자신의 오랜 잠에서 깨어났다. 여기에 그 글들을 옮겨 봄으로써, 육진 번뇌를 싫어하지 않음으로 말미암아 깨달음에 이르는 '길'을 함께 나누고 싶다.

게시글 1 : 도움을 부탁드립니다.

선생님, 추운 겨울 잘 보내시는지요. 글쓰기가 참 두렵습니다. 제 이야기를 하자면, 저는 어릴 적부터 종교적인 이유로 많이 힘들어했습니다. 초등학교 5학년 때부터 군대 가기 전까지 부모님 손에 끌려 억지로 교회에 다녔습니다. 예배 시간에는 반항의 의미로 잠을 자는 등 무성의하게 행동했고, 교회가 불타 없어졌으면 좋겠다는 생각도 자주 했습니다. 한편으로는 그런 생각을 했다는 사실 때문에 고등학교에 입학하기까지 심한 죄책감에 시달렸습니다. 또 부모님과 사회, 신에 대한 심한 분노와 욕설 등이 (표현은 안 했지만) 제 안에 많이 올라왔습니다. 그럴 때마다 신이 나를 지옥에 떨어뜨릴 거라는 생각에 두려움을 느끼며 억눌렀습니다.

군대에 갔다 온 후로는 서울로 올라와서 새 출발을 하려고 가게(자영업)를 시작하였으나, 항상 일보다는 사무실에 앉아 엄청난 양의 책을 읽기에 바빴습니다. 돈이 생기는 족족 중독된 것처럼 서점으로 뛰어가서 책을 사서 보지 않으면 불안했습니다. 자부심이 강해서 1등한 사람이나 위대한 사람의 책만 골라 읽었습니다. 그 외의 책은 저는 필요 없다고 생각했습니다.

그러다 보니 경제적인 상황이 악화되어 장사에 실패하고 말았습니다. 그후에는 다시 서점에 가서 책을 읽고 도서관에 다니는 게 유일한 낙이었습니다. 그즈음에 깨달음과 치유 등에 관해 관심을 두게 되었고, 엄청난 양의 책을 다시 보았습니다. 그러나 실질적인 노력이나 수행은 그리 오래가지 못했습니다. 또 다른 새로운 것, 더 완벽한 것, 더욱더 완벽한 것……. 지금의 저를 보면 완벽주의자 같습니다. 끊임없이 뭔가를 해야 할 것 같아요. 비슷한 빛깔의 글도 많이 읽었지만, 어떻게 해야 할지 모르겠습니다. 도움을 부탁드립니다, 선생님.

답변 1 : 궤도 수정을 한번 해 보세요.

안녕하세요?

질문을 주셔서 감사합니다.

이젠 책을 그만 읽으세요. 그리고 영적 진화나 성취를 위한 모든 노력도 정지하십시오. 당신이 얻고자 하는 깨달음 혹은 치유는 무언가를 '함'을 통하여 도달하는 곳이 아닙니다. 오히려 아무것도 하지 않고 다만 매 순간 있는 그대로 맞닥뜨릴 때 그 세계는 열릴 수 있습니다. 그런 의미에서 책은 오히려 독이 될 수 있습니다. 책은 '지금'이 아니라 '미래'의 어느 순간을, '여기'가 아니라 '저기'를 꿈꾸게 하고 동경하게 하니까요.

궤도 수정을 한번 해 보세요. 당신의 마음이 언제나 '지금'을 목표로 하고, '저기'가 아니라 '여기'에 머무르도록 해 보세요. 그런데 '지금' 그리고 '여기'에는 어떤 것들이 있나요? "책을 사서 보지 않으면 불안했습니다."라는 말씀처럼, '지금' 속에는 불안이 있습니다. 그리고 당신이 언제나 더 완벽한 것을 추구했다는 것은 곧 '지금' '여기'에는 온갖 모양의 불완전함과 부족과 초라함과 결핍이 있다는 것입니다.

지금 여기에 있는 것, 그것이 바로 당신 자신입니다. 자신을 만나십시오. 지금 여기 있는 그대로의 자신을 만나지 않고서 맞이할 수 있는 깨달음이나 치유는 존재하지 않습니다. 왜냐하면, 지금의 당신 자신이 이미 그대로 답이요 약이기 때문입니다. 모든 의문에 대한 답과, 모든 상처를 치유할 수 있는 약은 오직 '지금' 속에만 있답니다.

게시글 2 : 혼란스럽고 힘듭니다.

안녕하세요, 기태 선생님. 얼마 전에 글을 올렸었지요. 선생님의 답변을 듣고 완벽하진 않지만 최선을 다해 현재 나 자신과 있으려고 했습니다. 진정으로 그런 마음을 먹어 보니 전 많은 것을 감추고 두려워하고 있었습니다. 그리고 영적인 것으로 다른 사람을 끊임없이 판단하고, 나는 고귀한 사람이고 다른 사람들은 그렇지 않다는 감정과 생각이 계속 올라옵니다. 이렇게 끊임없이 잘난 척하는 저 자신을 멈출 수가 없습니다.

선생님 조언대로 책을 읽지 않는 동안 며칠간은 그 침묵이 답답해서 TV를 보았습니다. 책 대신 TV로 도망가는 것 같아서 나흘 전부터는 집에 오면 아무것도 하지 않고 앉아 있었습니다. 그러니 이게 뭐 하는 거지? 현재에 있다는 게 이런 건가? 이런저런 생각들이 올라오고, 의심이 듭니다. 이제까지 읽은 수많은 영적 지식들도 올라오고 또 정의 내리려고 합니다. 혼란스럽고, 끝날 것 같지 않은 두려움과 답답함…….

며칠간 느낀 것은, 제가 남들을 매우 의식하고 잘난 척하는 걸 좋아하며 비판적이라는 사실입니다. 그리고 사소한 일에도 이게 맞는지, 저게 맞는지 끊임없이 판단하고 혼란스러워합니다. TV를 봐야 하나? 가만히 있어야 하나? 웃어야 하나? 지금 자야 하나? 사실 어제는 힘들어서 이런 생각이 들었습니다. '그냥 아무것도 모르면 편할 텐데…….'

선생님 사이트에 갈 때마다 '비원단상' 방에 있는 글들을 반복해서 읽었습니다. 그분들의 글을 보니 부러웠습니다. 나도 저렇게 될 수 있을까 하고. 그러면 안 되는데 하면서도 불안할 때마다 그분들의 글을 읽었습니다.

적다 보니 슬퍼집니다. 여기에 글을 적는 것도 옳은 건지 틀린 건지 불안해하는 저 자신이요……. 그냥 잘하고 있다고, 그 말이 듣고 싶었습니다. 조금만 어긋나도 실패할까 봐, 욕먹을까 봐 두려워서요. 뭔가를 물어보려 했는데, 횡설수설했습니다. 선생님, 고맙습니다.

답변 2: 당신은 정말 잘하고 있습니다.

당신은 정말 잘하고 있습니다. 지난번에 올려 주신 글과 저의 답변을 다시 읽어 보았습니다. "선생님의 답변을 듣고 완벽하진 않지만 최선을 다해 현재 나 자신과 있으려고 했습니다. 진정으로 그런 마음을 먹어 보니……."라고 말씀하셨듯이, 힘들지만 '현재'에 있는 실험을, 있는 그대로 자신을 만나는 실험을 해 주셔서 진심으로 감사드립니다.

며칠간의 실험을 통하여 당신은 자신에 대하여 많은 것을 알게 되었습니다. 많은 것을 감추고 두려워하고 있다는 것을 알았고, 영적인 것으로 다른 사람을 끊임없이 판단하고 있다는 것도 알았으며, 나는 고귀한 사람이고 다른 사람은 그렇지 않다는 감정과 생각이 계속해서 올라옴도 알았습니다. 그렇게 끊임없이 잘난 척하고 있음도 알았고, 끝없이 뭔가를 정의 내리려는 자신도 보았습니다. 또한 남들을 매우 의식하고, 잘난 척 하는 걸 좋아하고 비판적이라는 것도 알았습니다.

고맙습니다. 그렇게 당신 자신에게 눈길을 돌려, 이전에 알지 못하고 보지 못했던 자신에 관한 많은 것을 알게 되고 보게 되고 느끼게 되어서, 고맙습니다. 더구나 책을 읽지 말라는 조언대로 책을 읽지 않았더니 어느새 TV로 도망간 자신을 문득 발견하고는, 일을 마치고 집에 와서는 아무것도 하지 않고 그냥 앉아만 계셨다니, 눈물겹도록 고맙습니다.

당신은 정말 잘하고 계십니다. 그러면서 당신은 "혼란스럽고 힘듭니다."라는 제목으로 다시 글을 올리고는 다음과 같은 어려움도 토로하셨습니다.

"이게 뭐하는 거지? 현재에 있다는 게 이런 건가? 이런저런 생각들이 올라오고 의심이 듭니다."

"혼란스럽고, 끝날 것 같지 않은 두려움과 답답함……."

"사소한 일에도 이게 맞는지, 저게 맞는지 끝없이 판단하고 혼란스러워합니다."

"TV를 봐야 하나? 가만히 있어야 하나? 웃어야 하나? 지금 자야 하나?"

"적다 보니 슬픕니다. 여기에 선생님께 글을 적는 것도 옳은 건지 틀린 건지 불안해하는 저 자신이요……."

예, 그렇게 조금만 더 불안해하고 혼란스러워 하십시오. 조금만 더, 끝날 것 같지 않은 그 두려움과 답답함 속에 있으십시오. '지금' 당신에게 있는 그 두려움과 답답함, 혼란과 불안을 얼른 정리하고 해결하려 하지 마시고, 얼른 그것으로부터 빠져나와 편안하려 하지 마시고, 조금만 더 그 뒤죽박죽과 헝클어짐 속에 그냥 있으십시오. 조금만 더 'TV를 봐야 하나? 가만히 있어야 하나? 웃어야 하나? 지금 자야 하나? 이게 맞는지, 저게 맞는지?' 하는 혼란 속에 있으십시오. 당신이 그 혼란과 불안을 향해 아무것도 하지 않을 때, 그것들이 스스로 당신을 향해 무언가를 말할 때가 있을 것입니다. 그때까지 기다리십시오. 아, 당신은 지금 너무나 잘하고 계십니다.

게시글 3 : 일을 해 보려고 합니다.

선생님, 굉장히 춥네요. 잘 지내시나요? 짧은 시간이지만 너무 힘들었습니다. 가끔 좋아하는 드라마를 보긴 했지만, 나름 최선을 다했습니다. 힘들 때마다 선생님께서 기다려 주라고 남겨 주신 글이 큰 도움이 됐습니다. 기다려 주라……. 참 좋은 말 같아요.

실험 중에 가장 힘들었던 것은 저의 오만함이었습니다. 두려워서 인정하기 싫었던 부분입니다. 열등감에서 비롯된 것 같아요. 어릴 때부터 혼자 지내면서 언젠가는 이 가난을, 나의 부족한 외모를, 학벌을 극복해서 당당히 자랑하고 싶은 열망이 무척이나 강했어요. 그만큼 더 아프고 힘들었어요. 지금 느끼는 건 전 한번도 '지금'의 삶을 살아 보지 못한 것 같아요. 모든 게 미래의 성공과 깨달음, 진리라는 관념 안에서 살았어요. 인터넷을 할 때나 TV를 볼 때나 심지어 샤워를 할 때도 오로지 목적은 미래의 깨달음이었어요. 실험 중에 가장 크게 느낀 것은,

이런 평범한 것들을 하는 저 자신을 극도로 혐오하고 그 상황을 벗어나려 한다는 것이었어요. 이런 하찮은 것은 되도록 빨리 끝내고, 책을 보거나 명상을 해야 한다는 생각이 저를 너무 힘들게 했어요.

저 자신한테 정말 미안해요. 근 20년간 박제되어 살아온 자신에게 너무 미안합니다. 전 항상 웃고 다녀서 사람들이 이해심이 넓다, 평정심이 있다, 즐거워 보인다고들 말해 주었지만, 이것이 얼마나 거짓이었는지……. 지금이라도 느껴서 다행입니다. 다른 사람들이 보면 이상하다고 하겠지만, 어제 태어나서 처음으로 울고 화내고 했어요. 고등학교 이후로 슬픔이나 분노는 꾹 누르고 살아서요. 그러면 버려질 것 같아 두려웠나 봐요.

선생님, 저 이제는 어머니, 아버지를 용서하려고요. 그분들의 아픔이 이해가 돼요. 눈물이 나네요. 우리 부모님도 진리를 구하려는 그 열망에……. 저에게 아무런 악의도 없었는데, 다만 제게 지나치게 강요하는 실수를 했을 뿐인데……. 제가 할 수 있는 일이 아니라 다시 돌아올 수 있을지는 모르지만, 다만 그분들이 건강하고 행복하길 바라는 마음입니다.

지금까지도 많은 사람을 만나고 일을 해 왔지만, 이제는 '그냥' 일을 해 보려고요. 깨달음을 위해, 성공을 위해 하는 일 말고요. 그리고 경제적인 부분도 회복하고, 이제 옷도 사 입고, 맛있는 것도 먹으려고요. 수행한다고 저한테 10년간 신발 하나 옷 하나 사 준 적이 없어요. 그리고 제 룸메이트, 친구, 동료 모두에게 미안하고 고마워요. 현실을 외면한 채 살아왔지만 그래도 절 기다려 준 사람들에게 정말 감사합니다.

어색하고 떨리긴 하지만 조금씩 배워 나가려고요. 미래가 아닌 지금 저 자신으로 살아가도 괜찮을 것 같아요. 선생님, 정말 감사드립니다. 대가 없이 베풀어 준 사랑에 감사드려요.

답변 3 : 예, 그 마음이면 됩니다.

감사합니다, 감사합니다. 너무너무 감사합니다. 그 힘든 '실험'을 너무나 잘 치러내 주셔서요. 당신은 참으로 많은 것들을 들여다보았네요! 감사합니다.

"어색하고 떨리긴 하지만, 조금씩 배워 나가려고요."

예, 그 마음이면 됩니다. 그렇게 조금씩 배워 나가려는 마음이라면 어느새 자신 위에 우뚝우뚝 서 가고 있는 자신을 발견하고는 기뻐하고 즐거워하게 될 것입니다. 감사합니다. 저도 멀리서나마 힘차게 응원하겠습니다. 파이팅!

그는 그렇게 '지금' 자신 안에서 올라오는 불안과 두려움과 혼란과 답답함과 뒤죽박죽을 있는 그대로 받아들이고 껴안음으로써 존재의 진정한 자유 속으로 성큼 걸어 들어갈 수 있었다.

승찬 스님은 우리에게 말한다.

"육진을 싫어하지 않아야 바른 깨달음과 같아진다."고.

5부

나로서 살아가는 행복

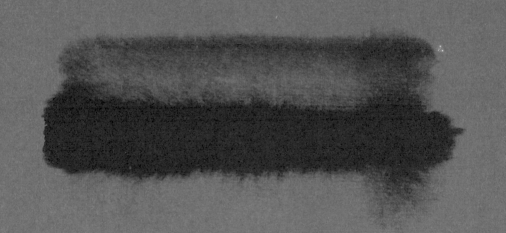

마음의 속박에서 벗어나면

40~48수

40

지혜로운 사람은 일부러 하는 일이 없지만
어리석은 사람은 스스로를 얽어맨다

지자무위 智者無爲 우인자박 愚人自縛

지혜로운 사람이란 '한 수레'를 얻은 사람을 가리킨다. 그렇기에 그는 다만 매 순간 있는 그대로 존재할 뿐 일부러 하는 일이 없다. 백장 스님처럼 슬프면 울고 우스우면 웃고, 배고프면 밥 먹고 자고 싶으면 자고, 피곤하면 눕는다. 즐거울 땐 즐거워하고 우울할 땐 우울해하고, 재미있을 땐 재미있어하다가도 심심할 땐 그냥 좀 심심해한다. 혼란스럽고 답답할 땐 그 혼란과 답답함을 받아들이며 그 속에 가만히 있어 볼 뿐 그것을 못 견뎌 하며 벗어나거나 극복하려 노력하지도 않고, 강할 땐 강하고 약할 땐 약하고, 따뜻할 땐 따뜻하고 차가울 땐 차갑고, 사랑할 땐 한없이 사랑하지만 누군가가 미울 땐 그냥 미워할 뿐 그 마음을 용서나 사랑으로 바꾸려 애쓰지 않고, 넉넉할 땐 넉넉하고 초라할 땐 초라하고, 편안할 땐 편안해하지만 불편할 땐 또 좀 불편해하고, 당당할 땐 당당하고 경직될 땐 경직되고, 분명할 땐 분명하고 모호할 땐 모호하고…….

그렇듯 그는 일부러 하는 일 없이 다만 매 순간 있는 그대로 존재할 뿐인데 그 어느 것에도 물들지 않는 참된 평화와 고요와 자유를 누리게 되는 것이다. 그러니 삶이 얼마나 쉽고 가볍겠는가! 우리 안에서 매 순간 일어나는 온갖 다양한 것들을 조금도 더하거나 빼지 않고 있는 그대로 경험하니, 그 마음이 얼마나 풍요롭겠는가!

반면에 어리석은 사람은 잠시도 가만히 있지를 못하고 늘 바쁘게 무언가를 하려고 하면서 끊임없이 자신을 스스로 얽어맨다. 슬픔을 기쁨으로 만들려 애쓰고, 약함을 강함으로 고치려 노력하고, 게으름을 성실로 변화시키려 다짐하고, 미움을 용서나 사랑으로 바꾸려고 몸부림치고, 내면의 혼란과 답답함을 얼른 정리하려 안달한다. 외로움을 달래려 어딘가로 달려가고, 들끓는 잡생각과 망상을 고요하게 하려 수행하고, 초라함을 채워서 충만하게 하려 하고, 불편함을 못 견뎌 하며 언제나 어느 순간에나 편안한 존재가 되려 노력하고, 번뇌를 못 견뎌 하며 깨달음을 구하고, 중생을 버리고 부처가 되려 하고…….

그러나 그는 그 모든 노력과 수고에도 불구하고 다만 메마르기만 할 뿐 진정한 평화와 고요와 자유를 알지 못한다. 왜냐하면 그가 떠나고 고치고 바꾸려 하는 '지금' 있는 그대로의 '이것' 속에 그가 얻고자 하는 모든 것이 넘치도록 들어 있기 때문이다. 그렇듯 자신을 영원토록 자유롭고 행복하게 해 줄 보물들을 스스로 버리고 떠났으니 그 마음이 몹시도 가난하고 메마르게 살 수밖에 없지 않겠는가.

성경 『누가복음』에 보면 이런 진실을 드러내 보여 주는 아름다운 비유가 하나 있다. 이른바 '돌아온 탕자' 이야기인데, 이 비유를 통하여 성경은 우리를 영원히 자유롭게 해 줄 '하나님의 나라', 곧 '진리'가 어디에 있는지를 분명하게 가리켜 보여 준다.

또 이르시되, 어떤 사람에게 두 아들이 있는데 그 둘째가 아버지에게 말하되, 아버지여 재산 중에서 내게 돌아올 몫을 내게 주소서 하는지라. 아버지가 그 살림을 각각 나눠 주었더니, 그 후 며칠이 안 되어 둘째 아들이 재물을 다 모아 가지고 먼 나라에 가 거기서 허랑방탕하여 그 재산을 낭비하더니, 다 없앤 후 그 나라에 크게 흉년이 들어 그가 비로소 궁핍한지라. 가서 그 나라 백성 중 한 사람에게 붙여 사니 그가 그를 들로 보내어 돼지를 치게 하였는데, 그가 돼지 먹는 쥐엄열매로 배를 채우고자 하되 주는 자가 없는지라. 이에 스스로 돌이켜 이르되, 내 아버지에게는 양식이 풍족한 품꾼이 얼마나 많은가. 나는 여기서 주려 죽는구나. 내가 일어나 아버지께 가서 이르기를, 아버지 내가 하늘과 아버지께 죄를 지었사오니 지금부터는 아버지의 아들이라 일컬음을 감당하지 못하겠나이다. 나를 품꾼의 하나로 보소서 하리라 하고, 이에 일어나서 아버지께로 돌아가니라.

아직도 거리가 먼데 아버지가 그를 보고 측은히 여겨 달려가 목을 안고 입을 맞추니, 아들이 이르되, 아버지 내가 하늘과 아버지께 죄를 지었사오니 지금부터는 아버지의 아들이라 일컬음을 감당하지 못하겠나이다 하나, 아버지는 종들에게 이르되, 제일 좋은 옷을 내어다가 입히고 손에 가락지를 끼우고 발에 신을 신기라. 그리고 살진 송아지를 끌어다가 잡으라. 우리가 먹고 즐기자. 이 내 아들은 죽었다가 다시 살아났으며 내가 잃었다가 다시 얻었노라 하니, 그들이 즐거워하더라.

맏아들은 밭에 있다가 돌아와 집에 가까이 왔을 때 풍악과 춤추는 소리를 듣고 한 종을 불러 이 무슨 일인가 물은데, 대답하되 당신의 동생이 돌아왔으매 당신의 아버지가 건강한 그를 다시 맞아들이게 됨으로 인하여 살진 송아지를 잡았나이다 하니, 그가 노하여 들어가고자 하지 아니하거늘, 아버지가 나와서 권한대 아버지께 대답하여 이르되, 내가 여러 해 아버지를 섬겨 명을 어김이 없거늘 내게는 염소 새끼라도 주어 나와 내 벗으로 즐기게 하신 일이 없더니, 아버지의 살림을 창녀들과 함께 삼켜 버린 이 아들이 돌아오매 이를 위하여 살진 송아지를 잡으셨나이다. 아버지가 이르되, 얘 너는 항상 나와 함께 있으니 내 것이 다 네 것이로되, 이 네 동생은 죽었다가 살아났으며 내가 잃었다가 얻었기로 우리가 즐거워하고 기뻐하는 것이 마땅하다 하니라.(누가복음 15:11~32)

이 말씀은 "모든 세리와 죄인들이 말씀을 들으러 가까이 나아왔을 때에"(누가복음 15:1) 예수가 하신 여러 비유 중의 하나다. 그런데 이 말씀을 지금 이 순간의 우리 자신 '안', 곧 '우리 내면의 이야기'로 돌이켜 읽어 보자. 이렇게 읽어 보고자 하는 것은, 성경이 말하고 있는 시점은 언제나 '현재'이기 때문이며, 성경이 그 모든 이야기와 비유들 속에서 항상 그 중심에 두고 있는 진정한 주인공은 바로 우리 자신이기 때문이다.

어떤 사람에게 두 아들이 있었는데, 어느 날 둘째 아들이 아버지에게 찾아와 느닷없이 아버지의 재산 가운데에서 자신에게 돌아올 몫의 재산을 달라고 말한다. 아마 그는 모든 것을 다 가진 부유한 아버지의 아들이었음에도 불구하고 그냥 그렇게 사는 것이 뭔가 좀 재미없고, 밋밋하고, 불만족스럽고, 답답하고, 이건 아닌데 싶고, 그래서 그 이상의 더 재미있고 활기차고 신명나고 자유롭고 행복한 삶을 살고 싶었던 모양이다. 그런데 그 말을 들은 아버지는 두말 않고 그의 몫의 재산을 다 내주는데, 며칠 후 그는 자기 재산을 다 모아서 가급적 집으로부터 멀리 떨어진 곳을 찾아 '먼 나라'(누가복음 15:13)로 가서 정말 신나게 자유롭게 행복하게 살아 보려고 한다. 그런데 결과는, 가진 재산을 다 탕진하고 남에게 붙여 사는 신세가 되었으며, 그것도 모자라 "나는 여기서 주려 죽는구나."(누가복음 15:17)라고 고백하고 있듯이, 먹을 것도 입을 것도 편안히 몸을 눕힐 곳도 없는 거지가 돼 버리고 말았다.

이때 '모든 것을 다 가진 부유한 아버지'를 영적으로 말해 보면 하나님, 진리, 도, 깨달음, 부처 등등의 이름으로 부를 수 있는데, 그것은 곧 지금 여기 있는 그대로의 우리 자신을 가리킨다. 왜냐하면 하나님은 언제나 지금 여기에 계시고, 진리 혹은 도란 바로 매 순간 있는 그대로의 '현존' 이외에 다른 것이 아니며, 지금 이 순간 우리 안에서 올라오는 온갖 번뇌가 그대로 깨달음이요, 이 중생의 마음 그대로가 바로 부처의 마음이기 때문이다. 그러니 지금 이대로 이미 부처요, 하나님이요, 도요, 깨달음인 우리는 얼마나 부유한 존재인가!

그런데 아버지의 집을 나와 멀리 떠난 '탕자'가 그랬듯이, 우리도 지금 여기 있는 그대로의 자신을 떠나 가급적 멀리 가려고 하지 않는가. '지금'의 자신을 보면 뭔가 부족하고, 결핍되고, 모자라고, 답답하고, 불만족스럽고, 이건 아닌데 싶고, 그래서 그 이상의 무언가 더 충만하고 지혜롭고 자유로운 것으로 채워야만 할 것 같은 존재로 보이지 않는가. 우리 자신이 모든 것을 다 가진 부처로 보이기는커녕 온갖 번뇌와 괴로움으로 뒤범벅이 된 못난 중생으로밖에 보이지 않아 어떻게든 그런 자신으로부터 멀리 떠나 진정 평화롭고 행복한 존재가 되고 싶어 하지 않는가. 그리고 그 '떠남'의 끝자락 속에서 참된 영혼의 자유와 해방을 구하고 있지 않은가.

그러나 그렇게 떠난 '탕자'가 자신이 가진 모든 것을 다 잃어버리고 더할 나위 없이 궁핍하고 메마른 존재가 되었듯이, 더욱이 먹을 것이 없어 돼지가 먹는 쥐엄열매라도 먹으려고 하지만 그것조차 주는 이가 없어 마침내 "내가 여기서 주려 죽는구나."라고 탄식했듯이, 우리 또한 그와 똑같이 되지 않던가? '지금'의 초라하고 못난 자신이 싫어서 더 가득 차고 더 완전한 존재가 되고 싶어서 길을 떠났건만, 이상하게도 자꾸만 더 메마르고 더 배고프고 더 목마른 존재가 되어 가지 않던가? 때로 이런저런 모양으로 채워지고, 기쁨과 행복이 솟구치고, 마침내 도달했구나 할 때도 있지만, 곧 비워지고 사라져서 다시 텅 빈 쭉정이가 되곤 하지 않던가? 영원히 끝날 것 같지 않은 그 존재의 수레바퀴 속에서 너무나 아득한 나머지 길게 탄식하게 되지 않던가?

나 또한 그랬다. 아무리 봐도 내 안에는 단 한 톨의 진정한 평화도 자유도 지혜도 사랑도 없어서, 아무것도 아닌 나를 못 견뎌 하며 미친 듯이 길을 떠나 참된 깨달음과 충만을 찾아 나섰다. 정말 멀리 갔고, 많은 길을 다녔으며, 오랜 시간이 걸렸다. 단식과 명상과 만행萬行을 하며 온갖 모양으로 몸부림쳤다. 그러나 아무리 그렇게 해 보아도 그 '길'은 닿을 듯 닿지 않았고, 내 영혼의 오랜 방황과 목마름과 괴로움을 끝내고 나를 진정으로 자유롭게 해 줄 '답'은 잡힐 듯 잡히지 않았다. 그러는 사이 나는 점점 더 메말라 갔고, 나를 진정으로 배부르게 해 줄 참된 영혼의 양식은 단 한 톨도 먹지 못하고 마시지도 못한 채 나는 점점 더 주려가고 있었다.

"아, 나는 여기서 주려 죽는구나……."

'탕자'는 바로 나 자신이었다.

그러던 어느 순간 갑자기 내 안에서 '답'을 찾는 바로 그 마음이 사라져 버렸다! '지금'의 나는 답일 수가 없고, 답은 언제나 따로 보다 완전한 모습으로 어딘가에 있을 것이라고 생각했던 바로 그 마음, 그래서 그것을 얻으려면 쉼 없는 노력과 아낌없는 수고를 해야만 한다고 철석같이 믿었던 바로 그 마음이 온데간데없이 사라진 것이다. 그리곤 갑자기 '지금'으로 돌아오고 '있는 그대로의 나'로 돌아왔는데, 아! 내가 그토록 찾고 구하던 모든 것은 이미 처음부터 내 안에 완전하게 갖춰져 있었다. 아니, 그냥 나 자신이었다. 내가 곧 그것이었다. 나는 이미 처음부터 완전했고, 본래 부처였으며, '모든 것을 다 가진 부유한 아버지'였다. 그런데도 그것을 알지 못했기에 아버지 집을 멀리 떠난 '탕자'처럼,

모든 것을 다 가진 나를 떠나 스스로 메마르고 목마르고 한없이 주렸던 것이다.

"내 아버지에게는 양식이 풍족한 품꾼이 얼마나 많은가. 나는 여기서 주려 죽는구나. 내가 일어나 아버지께 가서 이르기를, 아버지 내가 하늘과 아버지께 죄[36]를 지었사오니 지금부터는 아버지의 아들이라 일컬음을 감당하지 못하겠나이다. 나를 품꾼의 하나로 보소서 하리라." 하고 그가 아버지께로 돌아왔을 때, 아버지는 그를 보고 측은히 여겨 달려가 목을 안고 입을 맞추면서 종들에게 이르되, "제일 좋은 옷을 내어다가 입히고 손에 가락지를 끼우고 발에 신을 신기라. 그리고 살진 송아지를 끌어다가 잡으라. 우리가 먹고 즐기자. 이 내 아들은 죽었다가 다시 살아났으며, 내가 잃었다가 다시 얻었노라." 하며 그를 위하여 큰 잔치를 베풀었을 때 모두가 기뻐하며 즐거워했듯이, 내가 '지금'으로 돌아오고 '있는 그대로의 나'로 돌아왔을 때 내 영혼은 비로소 안식하며 한없이 평화로웠고, 무한히 기뻐 뛰었으며, 삶이 즐겁고 행복해지기 시작했고, 그와 동시에 모든 의문과 갈증과 방황이 끝났고, 더할 수 없는 만족감에 배고픔을 잊었으며, 단 한 번도 경험하지 못한 참된 사랑이 끊임없이 내 안에서 솟구쳤다.

아, 나는 단지 '지금'으로 돌아오고 '있는 그대로의 나'로 돌아온 것밖에 없는데, 영원한 잔치가 내 앞에 놀랍도록 풍성하게 펼쳐져 있었다. 이 얼마나 감사한 일인가!

---

36 지금 여기 있는 그대로의 자기 자신을 떠나는 것이 바로 '죄'다.

그런데 그때 밭에서 돌아온 맏아들은 그 광경을 보고 심히 분노하며 집에 들어가려고 하지 않는다. 자신을 달래기 위해 뛰어나온 아버지에게 그는 오히려 "내가 여러 해 아버지를 섬겨 명을 어김이 없거늘 내게는 염소 새끼라도 주어 나와 내 벗으로 즐기게 하신 일이 없더니, 아버지의 살림을 창녀들과 함께 삼켜 버린 이 아들이 돌아오매 이를 위하여 살진 송아지를 잡으셨나이다." 하며 투덜거린다. 이에 아버지는 따뜻이 그를 감싸며 "얘, 너는 항상 나와 함께 있으니 내 것이 다 네 것이로되, 이 네 동생은 죽었다가 살아났으며 내가 잃었다가 얻었기로 우리가 즐거워하고 기뻐하는 것이 마땅하니라." 하고 말한다. 그러면서 이 기쁜 잔치에 함께 참여하기를 권한다.

이때 '맏아들'은 우리 자신의 또 다른 모습을 가리켜 보여 주고 있다. 즉 아버지가 그에게 "얘, 너는 항상 나와 함께 있으니 내 것이 다 네 것이 아니냐."라고 말했지만 그는 이 진실을 조금도 알지 못하고 그저 불평불만으로 가득한 채 집 안으로 들어가려고 하지 않았듯이, 우리 또한 지금 이 순간 있는 그대로의 우리 자신 안에 우리가 원하는 모든 것들이 넘치도록 들어 있다는 진실을 조금도 알지 못한 채 그저 스스로를 못마땅해하며 얼마나 불평불만으로 가득한가. 지금 이 순간 우리 안에서 펼쳐지고 있는 영원한 잔치에 참여하기는커녕 얼마나 투덜거리며 그 밖에서만 머물려고 하는가.

승찬 스님은 말한다.

"지혜로운 사람은 일부러 하는 일이 없지만, 어리석은 사람은 스스로를 얽어맨다."고.

길은 멀리 있지 않다. 지금 여기 있는 그대로의 우리 자신이 바로 길이요 진리요 생명이다. 그러니 그 길을 떠나 스스로 '탕자'가 되지 말라. 그렇게 스스로를 얽어매지 말라.

41

법에는 다른 법이 없는데
허망하게 스스로 좋아하고 집착한다

법무이법法無異法 망자애착妄自愛着

법法에는 다른 법이 없다. 오직 지금 이 순간 있는 그대로의 이것! 이 현존밖에 없다. 그러므로 다만 '가려서 택하는' 마음을 내려놓고, 허망하게 스스로 좋아하고 집착하지 말고 단지 매 순간 있는 그대로 존재하라. 그러면 즉시 우리는 영원한 천국 잔치에 참여할 수 있다. 온갖 번뇌로 들끓는 우리 안의 이 사바세계가 바로 불국토佛國土요, 지금 이 순간 바로 여기가 영원한 천국이기 때문이다. 우리 모두는 지금 이대로 이미 그 자리에 있다.

42

마음을 가지고서 마음을 쓰니
어찌 커다란 잘못이 아니겠는가?

장심용심將心用心 기비대착豈非大錯

마음 너머의 자리는 마음으로는 갈 수 없다. 분별 너머의 자리는 분별을 통해서는 결코 도달할 수 없다. 왜냐하면 그 자리는 바로 그 마음과 분별이 우리 안에서 사라질 때 저절로 드러나는 것인데, 오히려 그 마음을 가지고서 그 자리에 도달하려고 마음을 쓰니 어찌 커다란 잘못이 아니겠는가?

예수도 말한다.

"또 옛 사람에게 말한 바 헛맹세를 하지 말고 네 맹세한 것을 주께 지키라 하였다는 것을 너희가 들었으나, 나는 너희에게 이르노니, 도무지 맹세하지 말지니, 하늘로도 하지 말라. 이는 하나님의 보좌임이요, 땅으로도 하지 말라. 이는 하나님의 발등상임이요, 예루살렘으로도 하지 말라. 이는 큰 임금의 성城임이요, 네 머리로도 하지 말라. 이는 네가 한 터럭도 희고 검게 할 수 없음이라. 오직 너희 말은 옳다 옳다, 아니라 아니라 하라. 이에서 지나는 것은 악으로부터 나느니라."(마태복음 5:33~37)

맹세란 무언가를 위해 결심하고 다짐하고 실천하는 것을 가리키는데, 우리는 늘 그런 것을 통하여 불법을 구하고 깨달음을 얻으려 애를 쓴다. 그러나 진리는 우리의 결심과 다짐과 실천의 영역이 아니다. 우리가 무언가를 얻기 위해 결심하고 다짐하고 실천한다면 그것은 필연적으로 그 목표를 미래에 두기 마련이지만, 진리는 언제나 지금 여기에 있기 때문이다. 도는 매 순간 있는 그대로의 현존이다. 그렇기에 예수는 "도무지 맹세하지 말라."라는 말로써 마음을 가지고서 그렇게 무언가를 얻으려 헛되이 마음을 쓰지 말고 다만 '지금'으로 돌아오라고 말하는 것이다. 결심과 다짐과 실천이라는 행위를 통해서는 결코 지금 여기에 온전히 드러나 있는 깨달음을 볼 수도 얻을 수도 없기 때문이다. 진리는 '소유'의 영역이 아니다.

또 예수는 말한다. "네 머리로도 말라. 이는 네가 한 터럭도 희고 검게 할 수 없음이라." 그렇지 않은가? 우리 안에 있는 교만을 우리의 결심과 다짐과 실천으로써 겸손으로 바꿀 수 있겠는가? 얼핏 가능할 것도 같지만, 그러나 아무리 노력하고 애를 써도 '겸손의 모양'은 만들 수 있을지언정 진정으로 겸손해지지는 않는다. 진정한 겸손은 노력을 통해 오는 것이 아니기 때문이다. 또 겉과 속이 다른 나를 하늘을 우러러 한 점 부끄러움이 없는 사람으로 만들 수 있겠는가? 게으른 나를 온전히 성실한 사람으로 빚어낼 수 있겠는가? 온갖 잡생각이 잠시도 가만히 있지 않고 끊임없이 일어나는 내 머릿속을 언제나 고요하게 할 수 있겠는가? 느닷없이 우리 안에서 올라와 우리를 힘들게 하는 불안과 우울, 외로움, 미움, 열등감 등을 맹세를 통해 고치고 바꾸어서 언제나 평화롭고 당당한 사람으로 만들 수 있겠는가? 예수는 말한다. "이제 그만하라."고. "그렇게 마음을 가지고 마음을 쓰니 어찌 커다란 잘못이 아니겠는가?"라고. "이는 네가 한 터럭도 희고 검게 할 수 없기 때문이니라."고.

예수는 "오직 너희 말은 옳다 옳다, 아니라 아니라 하라. 이에서 지나는 것은 악으로부터 나느니라."라고 우리에게 힘주어 말한다. 즉 매 순간 있는 그대로 존재하라는 말이다. 그런 것은 그렇다 하고 아닌 것은 아니다 하며, 있는 것은 있다 하고 없는 것은 없다 하라는 말이다. 우리 안에서 어느 순간 문득 불안, 우울, 수치심, 외로움, 열등감 등의 번뇌가 올라올 때 애써 그것을 덮고 가리고 숨기려고 하거나, 다른 감정으로 바꾸려고 하거나, 그것을 못 견뎌 하며 벗어나고 극복하려 하는 모양으로 그 '있음'을 '없다' 하려고 할 것이 아니라, 한순간만이라도 있는 그대로를 받아들여 다만 그 순간 속에 존재해 보라는 말이다.

다시 말해 불안할 때 그것이 내 안에 '있음'을 '있다'고 스스로에게 있는 그대로 인정하고 시인해 보라는 말이다. 그렇지 않고 그것을 어떻게 해 보려고 마음을 가지고 헛되이 마음을 쓰지 말라는 것이다. 또 누군가가 몹시도 미울 때 대뜸 인류나 사람의 마땅한 도리 같은 것을 앞세워 자신을 정죄하며 죄책감에 사로잡힐 것 아니라, 그 미움에 대해 스스로 '예스'하며 자신 안에서 온전히 허용해 보라는 말이다. 갑자기 찾아온 수치심에 사로잡혀 사람들을 눈치 보며 안절부절못하게 될 때 바로 그 순간, 그 소중한 감정을 있는 그대로 받아들여 잠시만이라도 그 속에 그냥 있어 보라는 말이다.

그렇게 다만 매 순간 있는 그대로 존재할 때, '지금 있는 것'에 대한 마음의 모든 저항을 그칠 때 뜻밖에도 그것은 스스로 힘을 잃게 된다. 그리곤 하늘의 구름과도 같이 우리 마음이라는 빈 하늘에 잠시 머물러 있다가 곧 사라져 버린다. 우리 안에서 일어나는 모든 감정, 느낌, 생각은 다만 그때그때 인연 따라 잠시 생겼다가 사라지는, 실체가 없는 것이기 때문이다. 그렇기에 그 일어남과 사라짐에 우리가 아무런 힘을 가하지 않으면, 거기에 저항하지만 않으면 그 일어남과 사라짐에 조금도 물들지 않는 참된 마음의 평화와 자유를 누리게 된다. 마침내 도, 진리, 하나님, 불법, 깨달음 등의 온갖 이름으로 불리는 '그것'을 만나게 되는 것이다. 나는 아무것도 하지 않았는데, 다만 옳다 옳다 아니라 아니라 하며 매 순간 있는 그대로 존재했을 뿐인데, 그 무위 속에서, 그 받아들임 속에서, 그 참된 인정과 시인 속에서 진리는 저절로 우리 앞에 나타나는 것이다. 이 얼마나 쉽고 간단한가!

43

어리석으면 고요함과 시끄러움이 생기지만
깨달으면 좋아함과 싫어함이 없다

미생적난迷生寂亂 오무호오悟無好惡

어리석으면, 즉 이원의 분별심에 사로잡힌 채 자꾸만 '가려서 택하려' 하면 매 순간 좋은 것과 나쁜 것, 택할 것과 버릴 것, 고요함과 시끄러움이 생긴다. 하지만 깨달으면, 즉 그 한 마음을 내려놓고 매 순간 있는 그대로 존재하면 좋아함과 싫어함이 영원히 사라진다. 다만 '지금'을 살며 사랑하며 배우며 성장하며 나누며 너울너울 삶을 춤추며 아름답게 노래할 뿐이다.

깨달음이란 얼마나 단순한가! 다만 지금 이것, 오직 이것, 우리가 지금 이 순간 경험하고 있는 이것일 뿐이니 말이다. 이 낱낱의 번뇌가 그대로 깨달음이요, 지금이 곧 영원이기 때문이다.

그러니 다시 무엇을 찾을 것이 있는가? 찾으려 하면 할수록 어긋날 뿐이며, 구할수록 멀어질 뿐이다. 그러니 물속에서 물을 찾고, 불을 가지고 있으면서 불을 구하는 헛된 몸부림은 이제 그만해야 하지 않겠는가.

44

모든 두 가지 경계는
오직 헤아려 보기 때문에 생긴다.

일체이변一切二邊 양유짐작良由斟酌

며칠 전 밤 11시 늦은 시간에 야간 자습을 마치고 나오는 딸아이를 태우러 갔을 때의 일이다. 올해 고등학교 2학년인 딸아이는 아침 7시 40분이면 벌써 학교에 도착해서 밤 11시까지 야간 자습을 하고 나오는데, 세상의 많은 아버지들처럼 나도 늘 그 시간에 딸아이를 태워 주고 태워 오곤 한다. 그 날도 여느 때처럼 학교 가까이에 차를 세워 두고 교문 앞에서 기다리고 있다가 조금 지친 모습으로 나오는 딸아이를 반갑게 맞이하며, 오늘은 어땠느냐, 힘들진 않았느냐, 저녁은 따뜻하게 맛있게 먹었느냐 하고 말을 건네며 차로 걸어가고 있었다. 그런데 그날따라 딸아이는 왠지 모르게 시무룩했고, 아빠가 묻는 말에 대답도 잘 하지 않았으며, 차에 타서는 아빠를 외면하는 듯한 얼굴로 말없이 그저 어두운 차창 밖을 내다볼 뿐이었다.

교문 앞에서 딸아이를 만나 차에 타서 시동을 걸기까지 고작 2~3분밖에 되지 않은 짧은 순간이었지만, 나는 어느새 그런 딸아이의 모습에 '거부당한 아이'의 마음이 되어 경직되고 긴장하며 가볍게 숨마저 막혀 오는 것을 발견했다. 그리곤 곧 안절부절못하며, 무거운 표정으로 차창 밖을 내다보고 있는 딸아이에게 감히 말을 붙이는 것조차 무서워 벌벌 떨 만큼 마음이 한순간 얼어붙는 것도 느꼈다.

나는 아버지의 네 명의 부인에게서 태어난 열두 명의 자식 중 막내였다. 아버지는 늘 셋째 어머니 집에 사셨기 때문에 넷째 부인인 우리 어머니 집에는 아주 가끔씩만 오셨다. 다섯 명의 아들을 모두 법대에 보내 검·판사로 만들어 집안을 일으켜 보려는 욕심을 갖고 있던 아버지는 가끔 오실 때도 언제나 나에게 공부를 열심히 해야 한다며 엄하게 꾸짖듯 소리 높여 말씀하시곤 했다. 그런 환경 속에서 자란 나는 어릴 적부터 아버지의 잦은 부재와 더불어 그저 무섭고 두렵고 어색한 아버지만을 경험했다. 그것이 나도 모르게 커다란 상처와 결핍으로 남아 더 이상 성장하지 못하고 주눅 든 '내면 아이'로 자리 잡게 되었고, 그로 인해 나는 오랜 세월 동안 스스로도 이해할 수 없는 불안과 고통 속에서 삶을 괴로워하며 방황하게 되었다. 다행히 그 방황의 어느 한 시점에서 존재의 완전한 해방과 영혼의 참된 자유도 얻게 되었지만, 그 '내면 아이'는 50년이 흐른 지금도 가끔 거부에 대한 두려움, 비난에 대한 두려움, 야단에 대한 두려움, 내쳐짐에 대한 두려움 등으로 나를 사로잡으며 거침없이 내 안을 흘러 다니곤 한다. 그랬기에 딸아이의 그 시무룩

한 표정과 눈빛 하나에도 나는 대번에 '거부당한 아이'의 마음이 되어 경직되고 긴장하며 어쩔 줄 몰라 했던 것이다.

그런데 나는 그런 내가 참 좋다. 예전 같으면 딸아이의 눈빛 하나에도 무너지며 한순간 마음의 평화를 잃어버리는 나를 초라하다, 못났다, 보잘것없다, 수치스럽다, 번뇌다, 아직 가야 할 길이 아득한 중생이다 하고 판단하고 분별하며 괴로워했을 터다. 지금은 그것 또한 나요, 내 안에서 올라오는 모든 것이 나 아님이 없음을 알기에, 그저 그 순간을 있는 그대로 받아들이며 경험할 뿐이다. 또한 바로 그러하기에, 내 안에서 커다란 자비심과 사랑과 지혜와 흔들리지 않는 마음을 경험할 때도 그것이 '나'라는 생각도, '내가 했다'는 마음도 없이 그 순간을 다만 있는 그대로 경험할 뿐이다. 『금강경』에서 "마땅히 머무르는 바 없이 그 마음을 내라."고 말하고 있듯이, 하늘에 온갖 구름들이 이런저런 모양으로 일었다가 사라지지만 하늘은 그 어느 구름에도 물들지 않고 집착하지 않듯이, 내 마음의 하늘에도 온갖 감정, 느낌, 생각의 구름이 일어났다가 사라지지만 다만 그러할 뿐, 그 어느 것에도 머무르거나 물들지 않는 평화와 자유가 있음을 알기 때문이다.

어쨌든 그렇게 시무룩하고 말이 없던 딸아이가 얼마 지나지 않아 자신의 힘들었던 하루를 주섬주섬 얘기하기 시작하는데, 종일 언짢은 일들만 계속 일어나서 얼마나 짜증이 났는지 모른단다. 아침부터 알람 소리를 듣지 못해 늦게 일어나는 바람에 머리도 못 감고 밥도 못 먹고 허겁지겁 집을 나선 것에서부터, 2교시가 체육시간이고 또 마침 자습이어서 책상에 엎드려 잠을 좀 자려고 나름 생각하고 있었는데 갑자기 시간표가 바뀌어 국어 선생님이 들어오신 것 하며, 점심시간에도 길게 늘어선 줄의 제법 앞자리에 서 있었는데 갑자기 수능 시험 준비에 여념이 없는 고3들을 위해 차례를 양보하라는 학생부장 선생님의 말씀에 한참을 기다려서 맛없는 점심을 먹었던 일, 그리고 저녁에는 친구들과 심하게 다투기까지 해 몹시도 기분이 나빴는데, 그러고서도 자습을 할 수밖에 없었던 그날 하루의 일과는 그야말로 엉망이었단다. 그러니 시무룩할 수밖에 없었고, 아빠의 이런저런 말에 대답할 기분이 아니었던 건 당연한 일이었다.

나는 그렇게 무거운 침묵을 깨고 자신의 힘든 마음을 얘기해 준 딸아이가 너무 고마워 약간의 방정마저 떨면서, 늦은 시간이지만 아직 문이 열려 있는 카페에 들어가 딸아이가 좋아하는 초코라떼와 아메리카노 한 잔을 테이크아웃해서, 기분이 제법 좋아진 딸아이와 함께 즐겁게 마시고 얘기하며 행복하게 집으로 돌아왔다.

딸아이의 눈빛 하나에도 경직되고 긴장하며 어쩔 줄 몰라 하는 것은 부끄러운 일인가? 초라한 것인가? 잘못된 것인가? 흔들림 없는 무엇으로 더 많이 채워야 하는 결핍되고 모자란 마음인가? 번뇌에 사로잡힌 보잘것없는 중생의 모습인가? 아니, 그냥 '그것'일 뿐이다. 또 커다란 자비심과 사랑과 지혜와 흔들림 없는 마음은 좋은 것인가? 본받을 만한 것인가? 추구해야 하는 목표인가? 완전한 것인가? 깨달은 부처의 마음인가? 아니, 그것 또한 그냥 '그것'일 뿐이다. 헤아리고 분별하면 좋다-나쁘다, 크다-작다, 됐다-안 됐다, 부족하다-완전하다, 번뇌-깨달음, 중생-부처가 생기지만, 다만 그 한 마음만 내려놓으면 모든 것은 다만 있는 그대로일 뿐 아무것도 아니다.

승찬 스님은 말한다.

"모든 두 가지 경계는 오직 헤아려 보기 때문에 생긴다."

45

꿈같고 환상 같고 헛꽃 같은데
어찌 애써 잡으려고 하는가?

몽환허화夢幻虛華 하로파착何勞把捉

우리 안에서 일어나는 모든 감정, 느낌, 생각은 마치 꿈같고 환영 같고 물거품 같으며 그림자 같고 이슬 같고 또한 번갯불 같아서 잡을 수도 없고 버릴 수도 없으며 모아 쌓아 둘 수도 없는, 그때그때의 인연 따라 잠시 생겼다가 사라질 뿐인 실체가 없는 것이다. 그러니 그냥 그 순간 있는 그대로 받아들이고 다만 경험하면 그것들은 제 스스로 왔다가 제 스스로 간다. 그러니 우리가 따로 해야 할 일은 아무것도 없다. 다만 매 순간 있는 그대로 존재하면 된다.

그래서 마음이 아플 땐 그냥 좀 아파하면 되고, 힘들 때는 그 힘겨움을 진정으로 받아들여 좀 힘들어하면 되며, 슬플 땐 또 그 슬픔과 하나가 되고, 우울하거나 불안할 땐 그것에 저항하거나 거부하려는 마음을 잠시 내려놓으며, 초라할 땐 그 초라함을 한껏 껴안아 보고, 약할 땐 다만 약할 뿐이면 된다. 그와 같이 다만 지금 여기에 존재하는 것, 그것이 바로 완전한 깨달음이요 영원한 자유다. 얼마나 단순한가! 매 순간 있는 그대로의 현존, 그것이 바로 도이기 때문이다. 지금 이 순간의 중생의 마음 그대로가 바로 완전한 부처의 마음이다. 그러니 깨달음이란 얼마나 쉬운가! 지금 이대로이니 말이다.

그런데 우리는 그렇게 살지 않는다. 우리 안에서 일어나는 모든 감정, 느낌, 생각의 '전체'를 통째로 받아들여 다만 매 순간 있는 그대로 존재하기보다는, 어떤 것은 사랑하고 어떤 것은 미워하면서 끊임없이 가려서 택하는 가운데 자신의 노력과 수고로써 마음의 참된 평화와 자유를 이루려고 한다. 그러나 우리가 미워하여 버리려고 애쓰는 이 자리가 바로 우리가 그토록 도달하려고 하는 진리의 자리인데, 그래서 우리는 이미 지금 이대로 완전하게 도달해 있는데,[37] 어떻게 미래의 어느 한순간을 목표로 하고 있는 우리의 노력과 수고가 우리를 완전한 자유와 해방으로 인도해 줄 수 있겠는가. 그게 가능한 일이겠는가?

승찬 스님도 애틋하게 말하고 있다. "꿈같고 환상 같고 헛꽃[38] 같은데, 어찌 애써 잡으려고 하는가?"라고.

---

37 이런 말이 있다.
"깨닫고 나니 도리어 깨닫지 못한 사람과 같구나."
38 눈을 세게 비비거나 눈에 가벼운 충격이 주어졌을 때 한순간 눈앞에서 꽃 모양의 환상이 이러저리 나타났다가 사라지는 것이 보이는데, 그렇게 헛되이 나타났다가 사라지는 것을 헛꽃이라고 한다.

46

얻고 잃음과 옳고 그름을
일시에 놓아 버려라

득실시비得失是非 **일시방각**一時放却

옛날 중국에 법안法眼 스님 문하에 현칙玄則이라는 교만한 제자가 한 명 있었다. 그는 스스로 이미 깨달음을 얻었다고 생각하고는 예불도 참선도 하지 않고 질문도 하지 않았다. 어느 날 법안 스님이 그에게 다가가 물었다.

"자네는 이곳에 얼마나 있었는가?"

"3년쯤 됐습니다."

법안 스님은 조금 놀라는 듯한 표정을 지으며 말했다.

"그런데 그동안 나에게 왜 아무것도 묻지 않았느냐?"

"실은 제가 이곳에 오기 전에 청림靑林 선사를 모시고 있을 때 이미 깨달음을 얻어 마음의 모든 의문과 질문이 사라졌기 때문입니다."

현칙이 자랑하듯 대답했다.

"그래? 그렇다면 청림 선사에게서 어떻게 깨달음을 얻었는지 들려줄 수 있겠느냐?"

현칙은 목소리를 높여 말했다.

"제가 청림 선사께 '어찌해야 부처가 될 수 있습니까?' 하고 물었더니, 선사께서는 제게 '병정동자래구화!丙丁童子來求火, 불을 가진 동자가 불을 구하러 왔구나!'라고 말씀해 주셨습니다. 그 순간 깨달음을 얻었습니다."

그 말을 들은 법안 스님은 고개를 끄덕이며 눈을 지그시 감은 채 말했다.

"그래……. 그런데 자네가 그 뜻을 잘못 알아들었을까 두렵구나. 청림 선사의 그 말씀을 어떻게 이해했는지 내게 설명해 줄 수 있겠느냐?"

그러자 현칙은 신이 난 듯 말했다.

"병정丙丁은 오행五行에 따르면 불火에 해당합니다. 그래서 병정동자란 곧 불을 가진 동자라는 뜻이지요. 불을 가진 동자가 또 불을 구하러 왔다고 했으니, 그것은 곧 부처가 다시 부처를 구한다는 뜻이 됩니다. 다시 말해 제가 이미 성불해 있다는 말씀이지요. 이미 성불해 있는데 다시 부처를 구해 뭣하겠습니까? 그 순간 저는 마음을 쉬었습니다."

법안 스님이 무릎을 치며 말했다.

"과연 너는 잘못 알았구나! 너는 깨달은 것이 아니다."

법안 스님이 단호하게 말하자 교만했던 현칙은 눈을 휘둥그레 뜨며 그만 화가 나서 짐 보따리를 싸서 절을 나가 버렸다. 그런데 한참 길을 가다가 곰곰이 생각해 보니, 법안 스님은 큰 선지식인데 여기에는 분명 무슨 깊은 뜻이 있을지도 모른다는 생각이 들어 다시 돌아가 법안 스님을 찾았다.

이번에는 법안 스님이 눈을 휘둥그레 뜨며 물었다.

"아니, 자네가 어찌하여 다시 돌아왔느냐?"

"스님께 묻고 싶습니다."

"그래, 나에게 물어라. 너를 위하여 답해 주리라."

"어찌해야 부처가 될 수 있습니까?"

법안 스님이 말했다.

"불을 가진 동자가 불을 구하러 왔구나!"

이 말에 현칙은 크게 깨달았다.

얻고 잃음과 옳고 그름의 시비분별로써는 결코 깨달음을 얻을 수 없다. 영혼의 자유는 그렇게 오는 것이 아니다. 진리는 분별과 헤아림의 끝 혹은 노력의 끝에서 알게 되는 것이 아니라 오히려 그 모든 것을 가능하게 하는 근본 토대요 바탕 같은 것이다. 그렇기에 다만 놓아 버리기만 하면 진리는 저절로 드러난다. 우리는 이미 그 토대 위에 서 있기 때문이다.

현칙은 헤아림 속에서 깨달음을 붙들고 있었다. 얻고 잃음과 옳고 그름의 분별 속에 묶여 있었던 것이다. 그러다가 법안 스님과의 대화 속에서 그것이 드러남과 동시에 진정으로 묻게 되면서 영원히 질문이 사라진 아름다운 존재가 된 것이다.

47

눈이 잠들지 않으면
모든 꿈은 저절로 사라진다

안약불수眼若不睡 제몽자제諸夢自除

마음의 이원성 안에서 끊임없이 분별하고 헤아리면서 이리저리 매이고 꺼둘려 다니는 것을 '잠들어 있다.' 혹은 '꿈꾼다.'라고 말한다. 왜냐하면 마치 꿈속에서처럼 있지도 않은 허구 속에서 스스로 두려워하며 이것을 버리려 애를 쓰고 저것을 손에 쥐려 몸부림치고 있기 때문이다. 그런데 꿈속에서 아무리 발버둥 치며 그렇게 해 본들 아무런 소용이 없다. 그렇지 않은가? 그 모든 몸짓은 다만 꿈속에서의 일일 뿐이다.

눈이 잠들지 않으면, 즉 우리 마음 안에서 그 이원의 분별심 하나가 사라져 모든 것을 있는 그대로 보게 되면 꿈은 저절로 사라진다. 다시 말해 '지금' 우리 안에서 올라오는 온갖 감정, 느낌, 생각을 이런 모양 저런 모양으로 가리고 택하려고 할 것이 아니라, 그렇게 여전히 꿈속에서 허망하게 몸부림칠 것이 아니라, 그 하나하나를 있는 그대로 받아들여 통째로 경험할 수만 있다면 마음의 이원성은 저절로 사라지고 모든 허망한 꿈 또한 남김없이 자취를 감춘다. 매 순간의 '지금'이야말로 우리가 꿈을 깰 수 있는 유일한 기회이기 때문이다. 그런데 우리는 늘 '지금' 속에서 살며 움직이며 존재하고 있지 않은가? 그렇기에 우리가 깨달음을 얻고 자유할 수 있다는 것은 이미 따 놓은 당상이다. 이보다 더 확실하고 분명한 진리의 '길'이 어디에 있는가!

48

마음이 만약 다르지 않으면
만 가지 법이 한결같다

심약불이心若不異 만법일여萬法一如

물 위에서 일렁이는 물결이 잠잠하든 거칠든 약하든 힘차든 고요하든 격렬하든 아름답든 추하든 그밖에 어떤 모양으로 일어났다가 사라지든 그 모두가 다만 물일 뿐이듯이, 내 마음 안에서 어떤 감정, 느낌, 생각이라는 물결이 무슨 모양으로 일어났다가 사라지든 그 모든 것이 다만 내 마음일 뿐임을 알아, 모양相으로써 헤아리고 분별하는 가운데 어떤 것은 좋아하고 어떤 것은 싫어하며, 어떤 것은 택하고 어떤 것은 버리려는 그 허망한 몸짓만 정지할 수 있다면, 우리는 지금 이대로 완전하며 지금 이대로 자유롭다는 실상에 문득 눈을 뜨게 될 것이다.

얼마 전 서울에서 어떤 분이 상담을 하고 싶다며 나를 찾아왔다. 서울 '도덕경 모임'에도 한 번 왔던 사람이라 잠시 얘기를 나누면 되겠지 생각했는데, 오전 10시에 만나 오후 6시가 넘어서야 헤어졌다. 그가 오랫동안 힘들어했던 문제는 바로 열등감이었다. 그것은 그의 아버지가 평생을 안고 살았던 열등감을 자신도 모르게 그대로 물려받은 것이었다.

그는 힘들고 괴로웠던 자신의 마음을 이야기하면서 때로는 울기도 하고 때로는 억울해하거나 분노하기도 하면서, 그 문제를 해결하고 벗어나기 위해 필사적으로 기울였던 자신의 온갖 몸짓과 노력을 절절하게 나에게 들려줬다. 그 이야기는 점심을 먹고 난 뒤에도 끊임없이 이어졌는데, 나중에는 우리나라에 있는 많은 수행 단체를 찾아가 거기서 가르쳐주는 대로 열심히 수행하며 마음의 참된 평화와 진정한 자기다움을 얻기 위해 정말 많이 노력했다고 했다. 그러는 동안 이런저런 체험도 하며 한때는 세상을 다 가진 듯 엄청난 자신감을 갖기도 했지만 그것은 오래 지속되지 않았고, 자신은 여전히 그 문제를 해결하지 못한 채 살고 있다고 했다.

"왜 그런지 아세요?"

내가 물었다.

"그 열등감을 극복하거나 해결하기 위해 그렇게 오랫동안 온갖 모양으로 마음을 쓰며 절절한 노력을 기울였지만 왜 아직도 해결하지 못한 채 여전한지 아세요? 열등감을 해결할 수 있는 유일한 열쇠는 바로 그 열등감 안에 있건만 당신은 오직 그 밖에서만 길을 찾았기 때문입니다. 마음을 돌이켜, 당신 안에 있는 그 열등감을 만나야 합니다. 자신 안에 깊은 열등감이 있다는 사실을 인정하고 시인해야 합니다."

그 순간 그는 갑자기 몸을 뒤로 젖히며 말했다.

"이상해요, 선생님. 갑자기 선생님의 목소리가 작아졌어요! 선생님의 말씀이 잘 들리지 않아요."

그의 모습에 시선을 고정시키며 내가 말했다.

"아뇨, 내 목소리가 작아진 것이 아니라, 사실은 나의 말을 듣고 싶지 않은 것이지요."

말하자면 자신이 결코 인정하기 싫고 받아들일 수 없는 것을 건드리며 들쳐 내려 하자, 갑자기 그 사람 안에 있던 어떤 방어 기제가 작용한 것이다. 의자 등받이 깊숙이 물러 앉은 그를 보며 나는 계속해서 말했다.

"정말로 그 문제를 해결하고 싶다면, 그래서 그 문제로부터 영원히 자유로운 존재가 되고 싶다면 자신에 대해 진실하고 정직해야 합니다. 있는 건 있다 하고 없는 건 없다 할 수 있어야 한다는 말이지요. 지금 당신 안에는 열등감이 있습니다. 그것을 아무리 덮고 가리고 숨기며 그렇지 않은 체해도 그 '있음'은 부정할 수 없습니다. 그렇지 않나요? 그것을 없애 보려고 그렇게도 많은 노력을 기울이고 또 오랜 시간에 걸쳐 온갖 시도들을 해 보았지만 사실 아무런 소용이 없었다는 것은 지금 당신의 마음이 그 증거가 되고 있습니다. 이 사실을 인정하고 시인해야 합니다. '지금'의 당신을 있는 그대로 받아들일 수 있어야 해요."

그는 굳은 표정으로 찻잔을 응시한 채 조용히 듣고 있었다.

"이젠 그만할 수 있기를 바랍니다. 열등감 밖에서 답을 찾으려는 그 마음을 이젠 그만 내려놓으시라는 말이지요. 당신이 그토록 찾는 답은 바로 그 열등감 안에 있기 때문입니다. 그러니 어느 순간 또다시 열등감이 올라오거든 그것을 외면하거나 달아나려고 할 것이 아니라 오히려 그 열등감을 '향해' 눈길을 돌리고, 또 그 열등감으로 인해 자신도 모르게 하게 되는 온갖 몸짓과 마음에 대해서도 깨어 있어서, 그 순간을 있는 그대로 맞닥뜨리고, 있는 그대로 받아들이십시오. 오직 그 길밖에 없답니다. 열등감에 대해 아무것도 하지 않는 것! 단 한 순간만이라도 이렇게 할 수 있다면, 진정 그렇게 열등감에 대한 모든 저항을 내려놓을 수만 있다면 당신은 즉시 영원하고도 완전한 해방을 맞이하게 될 것입니다."

그의 얼굴은 어느새 이완되어 있었고, 좀 더 솔직하게 자신의 얘기를 털어놓을 마음의 준비가 되어 있었다. 우리는 두어 시간을 더 대화를 나누다가 먼 길을 가야 하는 그의 시간이 너무 늦으면 안 되겠기에 그만 자리에서 일어섰다. 그런데 찻값을 치르고 나오던 그가 불쑥 한마디 했다.

"선생님, 아까 찻값을 치르기 위해 카드를 꺼내면서도 계산대에 서 있는 아가씨를 의식하는 저를 봤어요."

그때 내가 무릎을 치면서 말했다.

"바로 그겁니다! 그 순간의 자신에 대해 깨어 있는 것! 한갓 계산대 앞에서조차 남을 의식하며 멋있게 보이려는 자신을 내치지 않고 있는 그대로 인정하며 받아들이는 것! 그렇게 늘 '지금'에 깨어 있는 것! 그 마음의 눈이 안에서 열려 있다면 오래지 않아 자신으로부터 자유롭게 될 것입니다."

그는 고맙다는 말을 남기고는 자신의 삶터로 돌아갔는데, 열흘쯤 지났을 무렵 다시 내게 전화를 했다. 반갑게 전화를 받으며 그간 어떻게 지냈느냐고 물었더니, 할 얘기가 무척 많다는 듯 들뜬 목소리로 말했다.

"선생님, 이제 알겠어요! 책에서 읽은 내용들이 무슨 의미였던가를 이제 알겠어요! 모두가 하나일 뿐이요. 둘이 없다는 것, 내가 우주의 주인이요 주인공이라는 것, 그리고……"

그밖에도 그는 많은 말을 했는데, 그 모두는 그저 바람에 나는 겨와 같이 공허하고 메마른 말에 지나지 않았다. 말하자면 그는 얼른 병이 나은 자가 되고 싶어서, 이미 모든 문제를 해결한 자이고 싶어서, 이제는 정녕 아는 자요 모든 것을 이루어 낸 자라고 인정받고 칭찬받고 싶어서 자신이 경험했던 이런저런 내적 체험과 읽은 책의 내용을 꿰맞추어 무슨 훈장처럼 부여잡고 있었던 것이다. 한참 그의 말을 듣다가 말고 내가 말했다.

"그렇게 애쓰지 마십시오. 자유는 그렇게 애씀을 통하여 오는 것이 아닙니다."

그는 곧 입을 다물었고, 울먹이는 소리가 수화기 너머에서 들렸다.

"예, 선생님……"

그러다가 얼마 뒤에 그에게서 다시 한 통의 문자가 왔다. 아, 이 문자가 나를 얼마나 감동케 하고 얼마나 들뜨게 했는지! 그는 이 문자 속에서 말한 바로 그 경험으로 인해 마침내 영혼의 자유를 얻게 된 것이다! 그 문자는 이렇게 말하고 있었다.

"선생님……. 오늘 한없는 열등감이 몰려왔어요. 팔이 어깨에서 쑥 잘려 나가고 내장이 끝없이 자유낙하 하는 듯한 느낌이 나를 덮쳤어요. 평생 피하고 살았던 그 공포스러운 느낌을 '죽으면 죽어 버리자, 잃을 것도 없다.'는 마음으로 아무 저항 없이 무방비 상태로 있었습니다. 그 느낌은 지나갔고, 저는 죽지 않고 살았는데, 또 그 느낌은 약한 파도로 몰려와서 제 심장을 들었다 놨다 합니다. 오고 감을 느끼며, 아무것도 할 수 있는 게 없었고 또 아무것도 할 것이 없네요. 이 마음을 문 열고 받아들이지 못해서 미친 듯이 남을 비난했던 거군요……."

그는 그 순간 비로소 자신의 열등감을 있는 그대로 맞닥뜨렸던 것이다. 나는 기쁨을 감추지 못하며 그에게 문자했다.

"아, 감사합니다! 그 느낌……. 팔이 어깨에서 쑥 잘려 나가고 내장이 끝없이 자유낙하 하는 것 같은 그 느낌……. 저도 그 느낌을 너무나 잘 압니다. 달아나지 않아 주셔서 감사합니다. 있는 그대로 맞닥뜨려 주셔서 너무나 고맙습니다……."

여러 날에 걸쳐 그는 감동적인 문자를 보내 왔는데, 그 가운데 몇 가지만 여기에 소개하고 싶다.

"지금 이 모습 이대로, 과거의 일그러졌다 생각한 그 모습 그대로, 또 미래의 미지의 어떠한 모습으로로……. 그 어떤 모습으로 존재해도 괜찮네요! 그렇다는 것은 또 얼마나 큰 사랑인가요!"

"있는 그대로의 나를 있게 해 준 것이 사랑이고 또한 이미 나를 찾아와 있는 그것을 저항하지 않고 있는 그대로 흠뻑 받아들이는 것, 그것이 최고의 사랑이네요! 사랑을 받았고, 사랑을 하는 법을 알겠습니다.

저는 한번도 사랑받지 못했다고 생각했는데 오히려 한번도 사랑받지 않은 적이 없음을 알겠습니다. 아, 고맙습니다!"

"마음껏 느낄 수 있음을 거부하지 않는 삶은 얼마나 진한 삶인지요. 모든 것이 내 것일 수 있고 또 내 것이 아니니 얼마나 자유로운가요! 모두 가졌으나 하나도 머무르는 것이 없어요⋯⋯!"

"주어진 지금, 왔다 갔다 하는 모든 마음이 선물이네요!"

내가 그에게 보냈던 문자도 하나 소개하고 싶다.

"그렇지요. 도저히 사랑할 수 없었던 나를 있는 그대로 껴안음으로써 우리는 비로소 진정한 사랑에 눈뜨게 된답니다. 우리는 그렇게 사랑을 배우기 위해 그토록 오랫동안 결핍 속에 갇혀 있었던 것이지요. 자신이 곧 알파요 오메가로서의 사랑이었음을 깨닫게 되셔서 저도 정말 기쁘고 감사합니다."

그렇게 문자를 주고받다가 문득 소식이 끊어진 채 한 달 남짓의 시간이 훌쩍 지났을 무렵 이번엔 내가 먼저 문자를 했다. 그동안의 소식이 궁금했던 것이다. 그랬더니 그가 전화를 했다. 이런저런 얘기를 반갑게 주고받던 중에 그가 이런 말을 했다.

"선생님, 단 한 순간 열리니 모든 것이 열리네요. 사는 게 너무 재미있어요! 요즘엔 늘 살던 우리 동네가 처음 와 보는 곳 같고, 익숙했던 것들이 멀어지고 멀게만 느껴졌던 것들이 분리감을 느낄 수 없을 만큼 가깝게 다가와요. 하루하루가 새로워요!"

그래서 내가 말했다.

"그렇지요. 단 한 순간, 단 한 번만으로 족하답니다. 고맙습니다."

승찬 스님은 앞에서 이렇게 말했다.

"(지금 이 마음에 찾아오는 열등감에 오롯이 담긴) 현묘한 뜻은 알지 못하고 헛되이 생각만 고요히 하려 애쓴다."라고.

또 이번엔 이렇게 말한다.

"마음이 만약 다르지 않으면 만 가지 법이 한결같다."라고.

본래 부족한 것이 없었다

49~63수

49

한결같은 바탕은 현묘하니
그윽이 차별 인연을 잊는다

일여체현一如體玄 올이망연兀爾忘緣

　지금 이 글을 쓰고 있는 책상 위에는 여러 가지 물건들이 올라와 있다. 우선 18년 동안 계속해 오던 전국의 모든 강의를 잠시 접으며 책을 집필한다고 했더니 어느 고마운 분이 선뜻 보내 주셔서 잘 쓰고 있는 노트북이 내 앞에 있고, 그 옆으로 국어사전과 성경이 나란히 놓여 있다. 노트북 곁에는 스탠드가 다정하게 서서 이 자판을 환하게 비추어 주고 있으며, 프린터도 그 옆에 한 자리를 떡 하니 차지하고 있다. 책상 왼쪽으로는 책이 몇 권 꽂혀 있고, 대나무 통으로 된 볼펜 꽂이며 메모지, 손목시계, 휴대폰, 몇 장의 인쇄물 등이 나름의 질서를 유지하며 누워 있거나 앉아 있다. 또 오른쪽으로는 여행용 화장지와 빨간 볼펜 한 자루, 몇 개의 USB를 담아서 보관하는 자그마한 명함 통, 그리고 조금

전 입술에 바른 연초록의 립밤이 수줍은 듯 서 있다.

　이런 것들은 지금 이 순간 책상 위에 올라와 있다. 그러나 오후에 내가 도서관에 가서 작업하려고 일어서면서 노트북을 가방에 넣고 국어사전과 성경도 챙기고 손목시계도 차고 휴대폰을 집으며 책을 책꽂이에 꽂고 여행용 화장지와 립밤을 호주머니에 넣고 스탠드 불도 끄게 되면 책상 위에는 다시 아무것도 남지 않고 휑한 어둠만이 있을 것이다.

　또 어느 날에는 집필과 점심 준비를 함께 하다 보면 요리를 하면서도 머릿속으로는 항상 글 생각뿐이라 자주 책상 앞으로 돌아와서 앉고는 한다. 그러다 보면 책상 위에는 때로는 시퍼런 식칼이 올라오기도 하고 물 젖은 고무장갑과 행주뿐만 아니라, 썰면서 묻혀 온 청양고추 씨와 파 부스러기가 올라오기도 하고, 설거지할 땐 주방 세제 거품도 몇 방울 책상 위에 떨어지기도 한다.

　식사를 다하고 나면 뜨거운 커피 한 잔을 들고 책상 앞에 앉아 다음 문장을 어떻게 이어갈까 생각하며 홀린 듯 모니터를 바라본다. 그러다 보면 나도 모르게 그만 커피를 책상 위에 엎지르기도 한다.

　또 여기까지 쓰다 말고 조금 전에는 사과를 하나 먹고 싶어서 냉장고에서 꺼내어 과도와 함께 접시에 담아 와서 깎아 먹었는데, 책상 위에는 이렇게 예측할 수 없는 때 예측할 수 없는 이런저런 물건들이 올라왔다가 또 언제 그랬냐는 듯 사라져 텅 비기도 한다.

　그 모든 것이 올려지거나 사라짐에 대해 책상은 조금도 아랑곳하지 않는다. 그냥 묵묵히 무엇이 올라오든 무엇이 사라지든 그 순간을 있는 그대로 받아들일 뿐이다. 자신 위에 올려진 이런저런 것들에 대해 어떤 것은 좋다 하며 잡아 두려 하지도 않고, 어떤 것은 싫다 하며 거부하거나 밀어내려 애쓰지도 않는다. 책상은 다만 여기 이렇게 있을 뿐이다.

문득 중국 오대五代 때의 승려인 용아화상龍牙和尙이 쓴 선시禪詩가 생각난다.

심념문전수 능령조박서

深念門前樹 能令鳥泊棲

내자무심환 거자불모귀

來者無心喚 去者不慕歸

약인심사수 여도불상위

若人心似樹 與道不相違

문 앞에 서 있는 한 그루 나무를 바라보며 생각에 잠기노라.

선선히 새들에게 그 둥지를 내주고

오는 자 무심(無心)히 맞아 주며

가는 자 돌아오기를 바라지 않는구나.

만약 사람의 마음이 이 나무와 같다면

도(道)와 더불어 어긋나지 않으리.

우리 마음 안에도 이 책상과 같은 '판板'이 하나 있다. 이런저런 삶의 상황과 형편에 따라 온갖 감정, 느낌, 생각이 이 '마음의 판' 위에 올려지거나 사라지기도 하지만, 그 어느 것에 대해서도 다만 있는 그대로 받아들이며 그 순간을 경험할 뿐 어떤 것은 좋다 하며 집착하거나 어떤 것은 싫다 하며 버리려고 하지 않는 '무분별無分別 혹은 무간택無揀擇의 판' 같은 것 말이다.

지금 이 순간 모든 사람들의 마음 안에도 이 '판'이 있지만, 그러나 이 '판'은 마치 감추어져 있는 듯 사람들에게 잘 발견되지도 않고, 묻혀 있는 듯 잘 드러나지도 않는다. 그래서 사람들은 이 '판'을 자신 안에 엄연히 갖고 있으면서도 조금도 그것을 사용하지 못한 채 그 '판' 위에 올라오는 온갖 감정, 느낌, 생각을 끊임없이 가려서 택하면서 좋아하고 싫어하느라 그저 분주하기만 하다. 그러면서 스스로 괴로움과 고통을 불러들이고 있다.

만약 우리가 지금 내 앞에 있는 이 책상과 같은 마음이 되어 우리 '내면의 판' 위에 무엇이 올라오든 무엇이 사라지든 다만 있는 그대로 받아들일 수만 있다면, 용아화상이 선시에서 노래한 한 그루 나무처럼 어떤 것이 우리 안에 찾아오든 막지 않고 어떤 것이 사라져 가든 잡지 않을 수만 있다면, 그것이 바로 도道요 깨달음이며 자유인 것이다.

사실 책상의 입장에서 보면 무엇이 올라오든 그것은 그냥 물건일 뿐 아무런 차별이 없다. 책상은 무정물無情物이지만, 우리 마음은 매 순간 생생하게 살아 있고 깨어 있으면서도 책상과 같은, 한 그루 나무와 같은 무분별과 무간택으로 존재할 수 있다. 그리하여 모든 것을 다만 있는 그대로 경험할 뿐 그 어느 것도 가려서 택하지 않음으로 말미암아 어떤 것에도 매이거나 물들지 않는 완전한 자유와 해방을 이 일상의 삶 속에서 낱낱이 맛보며 누릴 수 있다. 우리 안에 본래 있는 그 '판'이 발견되거나 깨어나기만 하면 말이다.

사실 나도 그 '판'을 알기 전에는 내 안에서 올라오는 온갖 것들을 좋다-나쁘다, 됐다-안 됐다, 잘났다-못났다, 완전하다-부족하다, 깨끗하다-더럽다 하고 끊임없이 분별하며 가려서 택하느라 언제나 괴롭고 힘들었다. 아무리 애를 쓰고 몸부림치며 좋은 것, 잘난 것, 완전한 것, 멋있는 것만을 내 것으로 하려 해도 잘 안 되었고, 아무리 결심하고 다짐하며 나쁘다고 생각되는 것, 못난 것, 부족하고 초라한 것, 뒤처진 것, 볼품없는 내 안의 많은 '나'를 버리고 극복하려 해도 잘 안 되었다. 아, 그 수고와 고통과 괴로움은 끝날 줄을 몰랐다.

그러다가 어느 순간 문득 그 모든 애씀을 그침과 동시에 내 안의 그 '판'이 드러나게 되었을 때, 나는 비로소 모든 차별 인연을 잊고 고요해졌으며, 삶의 모든 순간에 생생하게 깨어 있는 가운데 그 하나하나를 낱낱이 경험하면서도 그 어디에도 물들거나 함몰되지 않는 완전하고도 한결같은 자유를 누리게 된 것이다. 삶의 희로애락애오욕을 하루하루 일상 속에서 경험하는 것은 이전과 똑같으나 그 어느 것에도 매이거나 물들지 않으니, 이 한결같은 바탕은 참으로 현묘하기가 그지없다.

승찬 스님의 한마디 한마디는 문자 속에만 있는 것이 아니라, 지금 이 순간 속에 생생하게 살아 있다.

50

만법을 평등하게 보면
본래 그러함으로 돌아간다

만법제관萬法齊觀 귀복자연歸復自然

만법[39]을 평등하게 보면, 즉 마음이 다르지 않아서 우리 안에서 올라오는 모든 것을 있는 그대로 보면 본래 그러함으로 돌아간다는 말이다. 사실 우리 안의 모든 것은 이미 처음부터 본래 그러했다. 슬픔은 그냥 슬픔일 뿐이요 기쁨은 그냥 기쁨일 뿐이어서, 슬픔이 반드시 나쁜 것도 아니고 경험하지 말아야 할 것도 아니며, 기쁨이 항상 좋은 것도 아니고 내 곁에 오래 머물러 있어야 하는 것도 아닌, 단지 그 순간의 인연에 따라 잠시 잠깐 경험하는 감정일 뿐이다. 또 충만감을 느낄 땐 한껏 뿌듯해지기도 하지만 어느 순간 문득 초라한 자신을 경험할 땐 몹시 씁

---

39 **만법** 우주에 있는 모든 유·무형의 것.

쓸해지기도 하는데, 그 둘 가운데 어느 하나만을 택하고 다른 하나는 버려야 할 아무런 까닭이나 이유가 본래 없다. 불안도 어느 순간 갑자기 내 안에서 올라오는 내 마음이요, 편안함도 내 안에서 느끼게 되는 내 마음일 뿐이어서 어느 것 하나 소중하지 않은 것이 없다. 그렇게 만법을 평등하게 보게 되면 내 안에서 순간순간 올라왔다가 사라지는 모든 것들은 너무나 자연스럽고 당연한 생生-멸滅일 뿐 아무런 차별이 없는 것들임을 깨닫게 된다. 그래서 생멸법生滅法 그대로가 바로 불법佛法이라고 말하는 것이다.

몇 년 전 어느 날 오랜만에 한 후배한테서 전화가 왔다. 그는 나보다 한 살 아래였고 인연이 된 지는 오래되었지만, 자주 만나는 사이가 아니어서 아주 가끔 마치 내게 자신의 존재를 확인시켜 주기라도 하려는 듯 전화를 하곤 했다. 그날도 거의 3년 만에 온 전화였다.

반갑게 전화를 받았더니 대뜸 하는 말이, 자기가 이제 비전 가득한 사업을 시작하려고 하는데, 이 일이 너무 좋고 확실한 것 같아서 인생의 전부를 바치려고 한다는 것이다. 그러면서 그 분야에 대해 자신에게 조언해 줄 수 있는 사람을 급히 소개해 달라고 했다. 뜬금없기는 했지만, 마침 친구 중에 ― 친구라고는 하지만 서로 말을 높이고 있었다 ― 그 분야에 자신의 전부를 걸었던 사람이 있어서 소개해 주기로 했다. 친구의 직장 가까이에 있는 어느 다방에서 만나기로 하고 전화를 끊었다. 그리곤 친구에게 전화를 했더니 흔쾌히 그렇게 해 주겠다고 해서 우리는 다음날 저녁 무렵 만났다. 셋이서 만나 인사를 나누고 마주

앉아서 후배가 궁금해하는 부분에 대해 마음껏 물어보며 두 사람이 대화를 나눌 수 있도록 해 주었다. 후배의 질문에 이렇게 저렇게 친절하게 대답을 해 주던 내 친구가 갑자기 그에게 이런 말을 하는 것이었다.

"그런데 무엇보다도 말입니다, 후배님이 그 일을 힘차고 성공적으로 하시려면 김기태 이 사람을 먼저 회원으로 가입시키십시오. 그게 제일 빠르고도 확실한 길이 될 것입니다."

아마 그 친구는 내가 서울 부산 등 전국으로 강의를 하러 다니니까 나를 회원으로 가입시키면 이미 형성된 전국적인 인맥(?)을 통하여 빠르게 사업을 확장킬 수 있을 것이고, 그러면 성공도 그다지 먼 일이 아닐 것이라고 생각한 모양이었다. 사실 그는 자신이 그 일에 완전히 매진하고 있을 때 나를 포섭(?)하려고 무진 애를 썼었다.

나는 갑작스러운 친구의 말에 눈을 휘둥그레 뜨며 놀란 얼굴을 하고 있는데, 그 말을 들은 후배는 대뜸 고개를 가로저으며, 얼굴에는 어림없다는 표정을 지으며 이렇게 말했다.

"에이, 기태 형은 안 됩니다. 돈에는 관심도 없을 뿐만 아니라 돈하고는 아예 상관이 없는 사람인 걸요, 뭘!"

그 말을 들은 내 친구는 갑자기 정색을 하며, 나를 향해 돌아앉아서는 또박또박 따지듯이 이렇게 말했다.

"아니, 김기태 씨! 당신은 이 세상 사람이 아닙니까? 도대체 김기태 씨 자신을 어떤 사람으로 후배에게 인식시켜 놓았기에 이 사람이 이런 말을 하는 겁니까? 돈하고는 상관없는 사람이라니요! 아니, 이 세상을 살아가면서 어떻게 돈하고 아무런 상관없이 살아갈 수 있다는 말입니까? 김기태 씨는 아직도 도니 진리니 깨달음이니 하면서 뜬구름 잡으며 살아가고 있습니까?"

갑자기 대화의 화살이 내게로 향한 것에 나는 약간 당황하며 말했다.
"아니, 그게 아니라…… 이 후배는……."

그때부터 나는 친구에게 그간의 상황을 차근차근 설명하기 시작했다. 나는 결코 그런 사람이 아니라는 것과, 이 후배와는 근 3년 만에 만났기에 아직 내 삶의 '변화'를 알지 못할 것이라는 것, 그의 기억 속에는 내가 여전히 지리산으로 수도원으로 암자로 하염없이 돌아다니며 단식하고 명상하고 깨달음만을 추구하는 사람으로 각인되어 있을 것이지만, 나는 이미 모든 방황을 끝내고 현실로 돌아와 건강하게 직장 생활을 하고 열심히 돈을 벌며 주어진 현재에 감사하며 살고 있다는 것, 그 사실을 전혀 모르기에 후배는 뜬금없이 그런 말을 했을 뿐이라는 것 등을 힘주어 말했다.

그런데 처음엔 단순히 후배가 한 말로 인해 나에 대해 뭔가 오해한 듯한 친구의 이해를 바로잡기 위해 시작한 나의 '설명'이 시간이 흐르고 말이 길어지면서 점점 더 나를 '변호'하고 '변명'하는 쪽으로 흘러갔다. 그러면서 나의 마음도 점점 더 거칠어지고 잔인해져 갔는데, 나는 후배가 말한 그런 사람이 결코 아니라는 것을 친구에게 증명해 보이기 위해, 후배와 나 사이의 관계를 가급적 멀리 띄워 아무런 관계도 아닌 것처럼 만들려고 애썼다. 그는 내가 누구인지 전혀 모르는 사람이며, 심지어 그를 좀 이상한 성격의 소유자로까지 몰고 갔다. 나는 그렇게 나를 변명하고 변호하기 위해 오랜만에 찾아온 후배를 심리적으로 멸시하며 짓뭉개 버리기까지 했던 것이다.

그렇게 한참 나를 변명하고 있는데, 친구는 시계를 한번 흘깃 보더니 야간 근무 시간이 다 되어서 그만 들어가 봐야겠다며 갑자기 자리에서 일어서는 것이 아닌가. 그런데 표정을 가만히 보니 아직 충분히 내 말을 이해하고 납득한 것 같지가 않아 나도 얼른 따라 일어섰다. 그리곤 친구가 직장을 향해 걸어가는 그 얼마 되지 않는 시간에도 나는 거의 목을 매듯이 그의 곁에 바싹 따라붙어서는 손짓 발짓까지 해 가며 더욱더 열을 내어 나를 변명하고 또 변명했다.

듣는 건지 마는 건지 아무런 표정 없이 걸어가던 친구는 자신의 직장 앞에 다다르자 가타부타 한마디 말도 없이 갑자기 차갑게 돌아서며 "그만 들어가겠습니다."라는 말만을 어둠 속에 남기고 휑하니 들어가 버리는 것이 아닌가. 나도 엉겁결에 작별 인사를 하긴 했지만, 갑자기 나는 나를 변명할 대상을 잃어버린 채 그저 멍하니 서 있을 수밖에 없었다. 그때의 내 마음은 이미 설명할 수 없는 혼란으로 한없이 뒤죽박죽 되어 있었다.

'아니, 내가 나를 변명하다니! 더욱이 아무것도 모르는 후배를 심리적으로 무시하고 멸시하며 잔인하게 짓이겨 버리기까지 하면서! 인생의 모든 방황을 끝내고 비로소 깨달음을 얻어 참된 평화와 무아無我의 자리에 들었다는 내가 나를 변명하다니……. 이럴 수가!'

그렇게 몹시도 혼란스러워하며 복잡한 마음으로 우두커니 서 있는데, 곧 뒤따라온 후배가 내 손을 잡아끌며 친절하게 집까지 태워 주겠다고 자기 차를 타란다.

"응, 그래. 고마워⋯⋯."

참담한 심정으로 뒷좌석에 앉아 어둠이 무겁게 내려앉은 차창 밖을 망연자실하게 바라보고 있는데, 묵묵히 앞을 보며 한참을 말없이 운전하던 후배는 이윽고 내 기억을 되돌려 주기라도 하려는 듯 이런저런 지난 이야기를 끄집어냈다. 그러면서 가끔 "형, 그때 그거 기억 안 납니까?" 하며 확인까지 한다. 아마도 그는 내가 기억을 잘 못 하고 있다고 생각한 모양이다.

바로 그 순간 나는, 이번엔 후배의 비위를 맞추려고 그에게 짐짓 다정스럽게 맞장구 치고 있는 나의 교사스러운 마음을 보았다. 바로 조금 전까지만 해도 나를 온전히 변명하고 변호하기 위해 가능한 한 멀리 밀쳐 놓으며 나와는 아무런 상관이 없는 사람으로 만들려고 했을 뿐만 아니라 성격이 이상한 사람으로까지 몰고 갔으면서, 내 변명의 대상이 갑자기 사라져 버리자 이번엔 오히려 그에게 비위를 맞추려 애쓰는 나 자신을 본 것이다.

'아니, 이럴 수가! 사람이 도대체 어떻게 이런 몰골일 수가 있나!'

밤늦은 시간인데도 집 앞까지 나를 태워다 주고는 차창 밖으로 다정스레 손을 흔들며 돌아가는 후배를 보면서, 내 마음은 더욱 착잡해졌다.

'이게 뭔가⋯⋯. 도대체 나는 무엇이지?'

나는 그렇게 집에 들어와서도 새벽녘까지 잠들지 못한 채 그저 어안이 벙벙하기만 했다.

그런데 바로 다음 날 아침 눈을 떴을 때, 완전히 다른 세계가 갑자기 내 앞에 펼쳐져 있었다! 아침에 잠에서 깨어 눈을 뜨니 문득 어젯밤의 일이 생각났고, 그와 동시에 전율하듯 어떤 깨달음이 밀려오면서 하나의 '상相'이 내게서 떨어져 나가는 것을 나는 분명하게 보았다. 그것은 바로 '깨달은 사람에게서는 이러이러한 모습은 나타날 수 없다.'는 상이었다. 즉 나는 나도 모르게 미세하게 '진리와 깨달음에 대한 상'을 갖고 있었던 것이다. 말하자면 진리란 깨끗하고 거룩하고 아름답고 충만하고 완전한 무엇이어서 거기엔 어떤 자그마한 티끌이나 허물, 더러움도 있을 수 없고, 부족하거나 못나고 결핍된 모습은 더더욱 있을 수 없다는 상이 그것이었다. 바로 그 순간 그 상이 확연하게 나에게서 떨어져나가는 것을 느꼈던 것이다. 나는 외마디 비명을 질렀다.

"그렇구나! 천상천하유아독존이요 나 외에 다른 것이 없다더니, 어젯밤의 그 교사스러움이 바로 나요, 혀를 내두를 만큼의 간교하고 간악하기 그지없는 마음이 바로 나구나! 그렇듯 천변만화千變萬化하는 그것이 바로 나요, 매 순간 있는 그대로의 이 마음 이외에 다른 것이 없구나! 진리란 깨끗하고 아름답고 지혜롭기만 한 무엇이 아니라 어리석고 볼품없고 어처구니없기도 한 그냥 그때그때 있는 그대로의 이것일 따름이로구나! 모습을 따라가면 몇 억겁劫을 돌아다녀도 찾을 수 없는 것을 모습을 떠나니 바로 지금 이 순간 이 자리로구나! 오, 이럴 수가!"

나는 한동안 자리에서 일어날 수가 없었다.

51

그 까닭을 없애 버리면
견주어 비교할 수 없다

민기소이泯其所以 불가방비不可方比

까닭이란 본래 없다. 그냥 단지 매 순간 우리 안에서 일어났다가 사라지는 이런저런 감정, 느낌, 생각이 있을 뿐이다. 그것은 마치 어느 순간 무심히 나뭇가지로 날아와 앉았다가 다음 순간 미련 없이 떠나는 한 마리 새와도 같고, 텅 빈 하늘에 문득 피어올랐다가 언제 그랬냐는 듯 사라지고 없는 한 무리의 구름과도 같다. 그렇기에 까닭을 찾지도 말고 이유를 묻지도 말고 다만 있는 그대로를 받아들이며 매 순간의 '지금' 속에 존재하기만 한다면, 우리는 곧 지극한 마음의 평화와 새로운 힘 속에서 비로소 삶을 즐거워하고 기뻐하며 자기 자신에 대해 진정으로 만족하게 될 것이다. 오직 매 순간의 '지금' 속에 존재하지 못하고 있는 그대로 받아들이지 못하기 때문에 온갖 까닭이 생기고 불만족과 욕망이 생기는 것이다.

중국 송나라 때의 선승인 차암수정此庵守靜의 시에 이런 것이 있다.

유수하산비유의

流水下山非有意

편운귀동본무심

片雲歸洞本無心

인생약득여운수

人生若得如雲水

철수개화편계춘

鐵樹開花遍界春

흐르는 물이 산 아래로 내려감은 무슨 뜻이 있어서가 아니요
한 조각구름이 마을에 드리움은 본디 무슨 마음이 있어서가 아니니라.
사람 살아가는 일이 만약 구름과 물 같다면
쇠나무에 꽃이 피어 온 세상에 봄기운 가득하리.

그렇듯 지금 이 순간 우리 안에서 어떤 감정과 느낌이 일어나 이런저런 모양으로 흘러감은 무슨 까닭이 있어서가 아니요, 문득 어떤 생각이 우리 마음에 드리움은 본디 무슨 이유가 있어서가 아니니라. 우리가 만약 저 구름과 물과 같은 마음이 된다면, 언제나 견주고 비교하며 가려서 택하느라 쇠처럼 딱딱해지고 차가워진 우리의 영혼에 아름답고 눈

부신 생명의 꽃이 피어 삶의 모든 순간 속에 가득하리라.

그렇게 다만 매 순간을 있는 그대로 받아들이며 '지금' 속에 존재해 보면 모든 것은 본래 그러할 뿐이어서 까닭도 없고 견주어 비교할 것이 아무것도 없음을 알게 된다. 그렇기에 매 순간 자족하고 자유로우며 행복하게 살아가게 되는 것이다.[40]

---

40 예수는 말한다.
"진실로 너희에게 이르노니, 너희가 돌이켜 어린아이들과 같이 되지 아니하면 결단코 천국에 들어가지 못하리라." (마태복음 18:3)
어린아이들 마음 안에는 까닭도 없고, 견주어 비교할 수 있는 것이 없다. 그들은 다만 매 순간 있는 그대로 존재할 뿐이다. 그렇기에 어린아이들은 언제나 자유롭고 행복하다.

52

그침에서 움직이니 움직임이 따로 없고
움직임에서 그치니 그침이 따로 없다

지동무동止動無動 동지무지動止無止

삶의 실상은 '흐름'이다. 모든 것은 다만 흐를 뿐, 잠시도 멈추어 있는 것은 아무것도 없다. 슬픔은 다시 기쁨이 되고, 잃음은 다시 얻음이 되며, 흐림은 다시 맑음이 되고, 무너짐은 다시 일어섬이 된다. 힘겨움은 다시 평안이 되고, 혼란은 다시 고요가 되며, 움직임은 다시 그침이 된다. 그침에서 움직이니 움직임이 따로 없고, 움직임에서 그치니 그침이 따로 없는 것이다.

그 가운데 어느 하나를 막아 버리고 다른 하나만을 터놓을 수도 없으며, 하나는 택하고 다른 하나는 버릴 수도 없다. 왜냐하면 그것은 '둘'이 아니라 '하나'이기 때문이다.

그 집착과 욕망을 내려놓을 때, 우리는 언제나 번갈아가며 흘러오는

'둘' 속에서도 그것이 '하나'라는 분명한 앎에서 비롯되는, 흔들리지 않는 평화와 지복至福을 항상 맛보며 누릴 수 있게 된다.

53

둘이 이미 이루어지지 못하는데
하나가 어찌 이루어지겠는가?

양기불성兩旣不成 일하유이一何有爾

사실은 하나이기에 '둘'이 이미 이루어지지 못하는 것이다. 그런데 하나임을 알고 나면 '하나'라는 것도 사라진다. 다만 모든 것은 있는 그대로일 뿐 아무것도 아닌 것이다. 그리하여 삶은 온갖 다양한 것이 온갖 다양한 모양으로 흘러와서 나를 풍요롭게 하고 즐겁게 하며, 순간순간 깨닫게 하고 깊어지게 하며, 끝없이 성장하고 자유롭게 하는 감사한 것들로 가득하게 되는 것이다. 얼마나 살 만한 인생인가!

54

마지막 끝까지 결코
격식을 두지 말라

구경궁극究竟窮極 부존궤칙不存軌則

어느 화창한 봄날 책을 한 권 사기 위해 시내에 있는 불교 서점을 찾았을 때의 일이다. 매주 한 번씩 2년 가까이 계속해 오던 『도덕경』 강의를 거의 마무리할 때쯤 되자 어느 분이 다음번엔 『금강경』을 강의해 줬으면 좋겠다고 해서, 오랫동안 책꽂이에 꽂혀 있던 『금강반야바라밀경金剛般若波羅蜜經』을 꺼내어 한번 읽어 봤는데, 생소한 불교 용어가 많이 나와서 우선 그것들을 공부하지 않고서는 강의를 제대로 할 수 없을 것 같아 시간을 내어 『불교용어사전』을 사러 갔던 것이다.

"무슨 책을 찾으십니까?"

조금은 깐깐하고 예리하게 생긴 중년의 주인이 서점을 들어서는 나를 보자마자 약간 큰 목소리로 말했다.

"『불교용어사전』을 사러 왔습니다."

그러자 그는 잘 아는 책이라는 듯 옅은 미소를 지으며 자리에서 일어나더니 구석진 곳으로 가서 검은색 표지의 두꺼운 책 한 권을 꺼내어 들고 내 앞에 가져다주었다. 반가운 마음으로 그것을 진열대 위에 펼쳐 놓고 이리저리 뒤적이며 잠시 내용을 살펴보고 있는데, 조금 떨어진 곳에 있던 서점 주인이 말을 건네 왔다.

"왜 그 책을 찾으십니까?"

"아, 예⋯⋯. 함께 공부하는 분들이 금강경을 강의해 달라 하셔서 미리 책을 한번 읽어 보았는데, 모르는 용어가 많이 나와서 공부를 좀 하려고요."

그런데 갑자기 서점 주인은 약간 짜증 섞인 투로 이렇게 말하는 것이었다.

"아니, 불교 용어도 모르면서 어떻게 금강경을 강의한다는 말입니까!"

나는 그의 거친 말투에 조금 느닷없어하면서도 목소리를 부드럽게 하여 대답했다.

"말의 뜻은 반드시 말을 통해서만 알게 되는 것은 아닙니다. 말이나 용어는 몰라도 그것이 가리키는 참뜻은 언어나 문자를 통하지 않고서도 알 수 있습니다. 육조 혜능 대사가 일자무식꾼이었으면서도 어느 선비의 글 읽는 소리를 우연히 듣고는 한순간 문득 깨달음을 얻었듯이 말입니다⋯⋯."

그런데 나의 대답이 끝나자마자 서점 주인은 이번엔 화를 버럭 내며 목소리를 높였다.

"내, 당신같이 말하는 사람들 많이 봤어! 뭐 하나 알았다 싶으면 금세 남을 가르치려고 드는 사람들 말이야! 이런 돼먹지 않은……!"

서점 주인은 눈을 부라리며 금방이라도 멱살을 잡을 듯한 기세였다. 나는 그만 할 말을 잃어버리고는 가만히 책을 덮고 가벼운 목례를 하고는 서점을 나왔다.

또 이런 일도 있었다.

어느 지인의 소개로 '아봐타 코스'라는 자기계발 프로그램의 마스터 한 분을 만난 적이 있는데, 서로 반갑게 인사를 하고 이런저런 얘기를 나누던 중에 그가 나에게 이렇게 물었다.

"요즘에는 어떤 강의를 하십니까?"

"『중용』을 강의하고 있습니다."

그는 마침 잘 되었다는 듯 의자를 당겨 앉으며 말했다.

"그래요? 요즘 제가 무척 관심을 가지고 공부하고 있는 것이 바로 '중中'이라는 것인데, 선생님이 마침 중용을 강의하고 계신다니 잘 되었습니다. 하나 물어보십시다. '중'이 무엇입니까?"

내가 대답했다.

"'중'이란 이쪽도 아니요 저쪽도 아니며 그렇다고 가운데를 가리키는 것도 아닙니다. 이 말을 달리 표현하면, 이쪽도 '중'이요 저 쪽도 '중'이며 가운데도 '중'이라는 말입니다. 모든 곳이 '중'이요 온갖 것이 다 '중'이니, '중' 아님이 없는 것이지요."

그러자 그는 조금 뜻밖의 대답이라는 듯 의아한 표정을 지으며 말했다.

"그것 참 묘한 말이네……."

한 가지만 더 얘기해 보자.

석가모니가 보리수 아래서 깨달음을 얻고 난 뒤 다시 환속하는 길에 맨 처음 마주친 어느 수행자가 있었다. 그 수행자는 산길을 내려오는 석가모니가 비록 모습은 초췌하지만 뭔가 범상치 않은 사람임을 느끼고는 다가가 이렇게 물었다.

"보아 하니, 공부를 좀 하신 분 같습니다. 스승이 누구십니까?"

석가모니는 그윽한 눈길로 그를 바라보며 말했다.

"나는 일체지자─切知者, 모든 것을 아는 자요 일체승자─切勝者, 모든 것을 이긴 자이니, 스승이 없습니다."

그러자 그 수행자는 이상한 사람이라는 듯 석가모니를 아래위로 한 번 훑어보고는 그만 지나쳐 가 버렸다. 그는 '스승 없이는 결코 깨달음을 얻을 수 없다.'는 믿음을 갖고 있었기에 부처 ─ 진리를 깨달은 사람─를 앞에 두고도 알아보지 못했던 것이다.

승찬 스님은 말한다.

"마지막 끝까지究竟窮極 결코 격식을 두지 말라."고.

여기서 '구경究竟'이나 '궁극窮極'은 같은 뜻으로 쓰였는데, '끝까지', '끝내'라는 말이다. 궤칙軌則은 법칙法則, 혹은 격식格式을 가리킨다. "마지막 끝까지 결코 격식을 두지 말라."는 것은 곧 어떤 틀도 만들지 말라, 이런 것이다 저런 것이다 하고 정하지 말라, 상相 혹은 관념을 만들지 말라, 어떤 견해도 가지지 말라, 어디에도 머물지 말라는 뜻이다.

  승찬 스님이 이렇게 말한 것은 도나 진리 혹은 깨달음이 결코 "이것이다!" 하고 말할 수 있는 것이 아니기 때문이다. 그런데도 "진리란 이런 것이다."라고 하거나 "진리를 얻기 위해서는 오직 이 하나의 길밖에 없다."라거나 "이렇게 혹은 저렇게 하지 않으면 결코 깨달음에 이를 수 없다."라고 말한다면, 그것은 이미 격식을 만드는 것이고 궤칙을 세우는 것일 뿐 진리와는 거리가 멀다는 말이다. 『금강경오가해金剛經五家解』에 보면 이런 말이 있다.

    불부재색성 역불리색성
    佛不在色聲 亦不離色聲
    즉색성구불 역부득견
    卽色聲求佛 亦不得見
    이색성구불 역부득견
    離色聲求佛 亦不得見

    부처는 색(형상, 모습)과 소리에 있지 않고
    또한 색과 소리를 떠나 있지도 않다.
    색과 소리를 따라서 부처를 구해도 볼 수 없고
    색과 소리를 떠나서 부처를 구해도 또한 볼 수 없다.

다시 말해 진리에 이르는 '길'은 없다는 말이다. 그래서 '길 없는 길'이라고도 말하는 것이다. '길'은 없지만 분명히 도달할 수는 있다. 왜냐하면 우리는 지금 이 순간 이미 도달해 있기 때문이다. 어떻게 그것을 알수 있을까?

55

마음에 계합하면 평등하게 되어
하는 일이 모두 쉬워진다

계심평등契心平等 소작구식所作俱息

'계합契合'이라는 말을 국어사전에서 찾으면 '서로 조금도 틀림없이 꼭 들어맞음'이라는 뜻이다. 그래서 '마음에 계합하면'이라는 말은 곧 '지금 이 순간 우리 안에서 올라오는 이 마음과 하나가 되어 서로 조금도 틀림없이 꼭 들어맞게 되면'이라는 뜻이다. 그렇게 하나가 되어 매 순간 있는 그대로 존재하게 되면 우리 마음이 그 모든 것에 평등하게 되어 하는 일이 모두 쉬워진다는 것인데, 그것이 바로 도요 완전한 깨달음이라는 말이다. 황벽 스님도 이렇게 말한다.

유차일심즉시불 불여중생갱무별이

唯此一心卽是佛 佛與衆生更無別異

단시중생착상외구 구지전실

但是衆生着相外求 求之轉失

변불멱불 장심착심 궁겁진형 종불능득

便佛覓佛 將心捉心 窮劫盡形 終不能得

부지식념망려 불자현전

不知息念忘慮 佛自現前

오직 이 한 개 마음이 곧 부처이니

부처와 중생이 전혀 다름이 없다.

다만 중생은 모습에 집착하여 밖으로 구하니

구할수록 더욱 잃는다.

부처로 하여금 부처를 찾게 하고 마음을 가지고 마음을 잡으려 하니

아무리 오랜 세월이 지나더라도 끝내 얻을 수 없다.

이들 중생은 생각을 쉬고 헤아림을 잊으면

부처는 저절로 앞에 나타난다는 사실을 모른다.

오직 지금 이 순간 이 한 개의 마음, 곧 우울할 땐 그 우울과 계합하여 다만 우울할 뿐 그것 이외에 다른 것을 원하는 마음을 내려놓을 수 있다면 그것이 바로 도요, 외로울 땐 그냥 그 외로움과 하나가 되는 것이 바로 깨달음이며, 초라할 땐 그 초라함을 있는 그대로 받아들여 그냥 그 초라함으로 존재하는 것이 바로 완전한 자유요 진리라는 말이다. 다시 말해 우리가 매일 매 순간의 일상에서 경험하는 희로애락애오

욕의 중생의 마음 그대로가 바로 부처의 마음이요 진리의 마음이어서, 둘 사이에는 전혀 다름이 없다는 것이다. 그래서 따로 찾을 것이 없고 구할 것이 없으며 얻을 것이 조금도 없는 것이다. 그냥 이대로일 뿐 진리란 다른 것이 아니기 때문이다. 그러니 우리는 이미 완전하게 도달해 있지 않은가. 우리가 지금 이 순간 그렇게 살고 있으니 말이다.

마음에 계합하면, 그래서 매 순간 있는 그대로 존재하면, 모든 것이 다 내 마음일 뿐 본래 다른 것이 없음을 깨닫게 되어, 가려서 택하는 마음이 영원히 우리 안에서 사라지게 된다. 비로소 내가 나를 있는 그대로 보게 되고, 내 안에서 올라오는 모든 마음에 대해 평등하게 되어 삶이 가벼워지고 쉬워지고 즐거워지게 된다. 자기 자신과의 오랜 싸움도 끝이 나서 마음이 평화롭고 고요해지며, 어디를 가든 누구를 만나든 어느 순간에 있든 흔들리지 않는 마음 — 흔들리는 것도 내 마음이요 흔들리지 않는 것도 내 마음이라는 자각에서 비롯된 무분별 혹은 무간택의 마음 — 으로 진정 기뻐하며 감사하며 행복하게 살아가게 된다.

56

여우 같은 의심이 깨끗이 사라지면
올바른 믿음이 알맞고 바르게 된다

호의진정狐疑盡淨 정신조직正信調直

과연 지금 이것이 전부일까? 똥 누고 오줌 누며 옷 입고 밥 먹으며 피곤하면 눕는 이 하찮은 일상이 어떻게 불법佛法일 수 있는가? 늘 흔들리는 내 마음이 있을 뿐인데 그 마음과 계합할 때 영원히 흔들리지 않는 마음을 얻게 된다니, 어떻게 그럴 수 있다는 말인가? 웃고 울고 슬퍼하고 기뻐하며 우울해하고 긴장하며 또 죽 끓듯 하는 잡생각에 사로잡히기도 하는 지금 이대로가 어떻게 완전한 자유이며 진리일 수 있다는 것인가? 그렇게 생각하며 '그 이상의 것'을 찾고 구하는 마음이 바로 '여우 같은 의심'이다. 이 마음을 달리 말해 '분별심分別心'이라고도 하는데, 우리는 그렇듯 늘 '지금'을 믿지 못하는 바로 그 마음으로 인해 매 순간 있는 그대로의 자신을 받아들이지 못하는 것이다.

오직 여우같이 의심하는 그 마음 하나가 깨끗이 사라질 때 우리 안에는 비로소 올바른 믿음이 알맞고 바르게 된다. 동시에 우리 안팎의 모든 삶이 완전히 소생蘇生하게 되어 진실로 자유롭고 행복한 존재가 되는 것이다.[41]

---

41 예수도 이렇게 말한다.
"또 이르시되, 우리가 하나님의 나라를 어떻게 비교하며 또 무슨 비유로 나타낼까. 겨자씨 한 알과 같으니, 땅에 심길 때는 땅 위의 모든 씨보다 작은 것이로되 심긴 후에는 자라서 모든 풀보다 커지며 큰 가지를 내나니, 공중의 새들이 그 그늘에 깃들일 만큼 되느니라."(마가복음 4:30~32)
이것이 이른바 '겨자씨 비유'이다. "땅 위의 모든 씨보다 작은 것이로되"라는 예수의 말처럼, 겨자씨는 정말이지 티끌만큼 작다. 그래서 눈에 잘 보이지도 않는다. 그런데 이 비유를 우리 '내면의 이야기'로 돌이켜 읽어 보면, '땅'이란 바로 우리의 '마음'을 가리키고, '겨자씨가 땅에 심긴다.'는 것은 곧 여우같이 의심하며 늘 가려서 택하는 그 분별심이 우리 안에서 사라짐을 뜻한다. 그때 우리는 비로소 우리 안에서 올라오는 모든 감정, 느낌, 생각을 가려서 택하지 않고 있는 그대로 받아들여 경험함으로써 자신에 대한 올바른 믿음이 알맞고 바르게 되어, 자기 자신 위에 우뚝 서게 됨과 동시에 삶 속에서 진정으로 배울 줄 알게 되어 우리의 영혼은 무한히 성장한다.
그렇게 우리 안에서 '가려서 택하는' 마음이 사라져 참된 생명의 겨자씨가 심기는 것은 언뜻 겨자씨 크기만큼이나 작고 아무것도 아닌 일처럼 보일지 모르지만, 그러나 "자라서 모든 풀보다 커지며 큰 가지를 내나니, 공중의 새들이 그 그늘에 깃들일 만큼 되느니라."라는 예수의 말처럼, 우리 마음 안에는 분별이 사라진 데서 비롯된 완전한 평화와 자유와 사랑이 가득 차게 된다. 마침내 '하나님의 나라'가 지금 이 순간 우리 마음 안에 온전히 이루어지게 되는 것이다.

57

아무것도 머물러 두지 않으면
기억할 만한 것이 없다

일체불류一切不留 무가기억無可記憶

"아무것도 머물러 두지 않으면……"이라고 승찬 스님은 말하고 있지만, 사실은 잠시라도 머물러 있는 것은 아무것도 없다.

노자의 『도덕경』에는 이런 말이 있다.

반자도지동 약자도지용

反者道之動 弱者道之用

돌이키는 것이 도의 움직임이요

약한 것이 도의 쓰임이다.

'돌이킨다.反者'는 것을 한마디로 말하면, '모든 것은 변화한다.' 혹은 '영원한 것은 아무것도 없다.'는 말이다. 낮은 그 극점에서 돌이켜 밤으로 향하게 되고 밤은 다시 아침이 되며, 생生한 것은 돌이켜 멸滅로 가고 오르막은 다시 내리막이 되며, 흥興은 돌이켜 망亡이 되고 유有는 다시 무無가 된다. 슬픔은 오래지 않아 기쁨이 되고, 불안은 비록 잠시라 할지라도 다시 편안함이 되며, 우울이나 수치심도 어느 순간 망각하고 있을 때가 있고, 즐거움도 그리 오래 가지 않는다. 그렇게 모든 것이 고정되어 있지 않고 늘 변화한다는 것이 바로 '도의 움직임'이라는 말이다.[42]

그리고 '약한 것弱者'이란 곧 무위無爲를 가리킨다. 무위란 우리 안의 어떤 것을 억지로 바꾸고 고치고 극복해서 다른 것으로 만들려고 하는 것이 아니라, 그런 인위적인 마음과 노력을 그치고 다만 모든 것을 있는 그대로 받아들이며 매 순간 현존하는 것을 뜻한다. 다시 말해 모든 것은 변화하니 다만 집착을 내려놓고 그 '흐름'과 하나가 되라는 말인데, 그것이 바로 '도의 쓰임'이라는 것이다. 또 노자는 이런 말도 한다.

화혜 복지소의 복혜 화지소복 숙지기극

禍兮 福之所倚 福兮 禍之所伏 孰知其極

기무정 정부위기 선부위요

其無正 正復爲奇 善復爲妖

인지미 기일고구

---

42 석가모니의 정각(正覺)을 단적으로 보여주는 삼법인(三法印) 가운데 첫 번째가 바로 '제행무상(諸行無常)'인데, 이 또한 '모든 것은 변화한다.'는 말이다.

人之迷 其日固久

우리 눈에 나빠 보여서 멀리하려는 것(禍) 속에

정말 좋은 것(福)이 깃들어 있고,

우리 눈에 좋아 보여서 가까이하려는 것 안에

정말 좋은 것은 하나도 없을 수 있다.

누가 그 끝을 알겠는가?

기실 정해져 있는 것은 아무것도 없다.

바름(正)은 다시 기이한 것(奇)이 되고

좋은 것(善)은 다시 요상한 것(妖)이 되나니,

(그 둘이 따로 있는 것처럼 생각하는) 사람들의 어리석음이

진실로 오래되었구나!

우리 '안'의 모든 것은 끊임없이 흐르고 변화할 뿐 머물러 있는 것은 진실로 아무것도 없기에, 다만 가려서 택하는 그 한 마음을 내려놓고 '흐름'과 하나가 되어 매 순간 있는 그대로 존재하기만 하면, 그것이 바로 깨달음이요 자유요 해탈이라는 것이다. 그리하여 우리의 마음이 언제나 '현재'에 있으면 매 순간을 백 퍼센트로 살게 되기에, 아무것도 기억해 두려고 하지 않고 또한 그 무엇도 지키려고 하지 않아도 언제나 자유롭고 신선하며 에너지 넘치는 삶을 살 수 있게 되는 것이다. 삶의 진정한 힘은 '기억' 속에 있지 않고 매 순간 있는 그대로의 '존재' 속에 있기 때문이다.

58

텅 비고 밝아 스스로 비추니
애써 마음을 수고롭게 하지 않는다

허명자조虛明自照 불로심력不勞心力

무엇이 텅 비고 밝아 스스로 비추느냐 하면, 지금 이 순간 우리 안에서 올라오는 '이것'이 그렇다는 것이다. 즉 매 순간 있는 그대로의 모든 감정, 느낌, 생각은 다만 그때그때의 인연에 따라 잠시 일어났다가 사라질 뿐인 텅 빈 것이어서, 우리가 분별심을 일으켜 가려서 택하지만 않으면 그 번뇌 그대로가 밝고 스스로 비추는 보리菩提요, 지금의 이 중생의 마음이 바로 영원히 변치 않는 부처의 마음임을 깨닫게 되어, 다만 그냥 살 뿐 애써 마음을 수고롭게 하지 않는다는 말이다. 이런 선시禪詩가 있다.

생시적적불수생

生時的的不隨生

사거당당불수사

死去堂堂不隨死

생사거래불간섭

生死去來不干涉

정체당당재목전

正體堂堂在目前

내 안에서 어떤 번뇌 망상이 일어날지라도

적실히 그 일어남을 따라가지 않고

그것들이 사라져 갈 때도 당당히 그 사라짐을 좇지 않는다.

일어나고 사라지고 오고 감에 도무지 간섭하지 않으니

정체(正體)가 당당히 눈앞에 있구나!

59

생각으로 헤아릴 곳이 아니니
의식과 감정으로 측량키 어렵다

비사량처非思量處 식정난측識情難測

늦은 밤 자습하고 나오는 딸아이의 외면하는 듯한 눈빛 하나에도 긴장하고 경직되어 어쩔 줄 몰라 하던 나의 모습이 바로 자유요 해탈이라고 하면 이해하겠는가? 언제나 죽 끓듯 하는 잡생각과 망상이 바로 영원히 흔들리지 않는 마음이라고 말하면, 어느 순간 문득 찾아와 우리를 힘들고 지치게 하는 온갖 형태의 열등감이 바로 깨달음이라고 말하면, 그래서 다만 매 순간 있는 그대로 존재할 뿐 우리 안에서 올라오는 그 어떤 것도 거부하거나 저항하지 말라고 하면, 받아들일 수 있겠는가? 지금 이 순간 우리 안에서 올라오는 '이것'은 정녕 생각으로 헤아릴 것이 아니요, 의식과 감정으로 측량키 어려운 것이다.

그저께 오랜만에 시골에 사는 친구와 통화할 일이 있었다. 자주 만나는 편도 아니었지만 그간 책을 쓰느라 연락마저 뜸했던 터라 얼마나 반가웠는지 시간 가는 줄 모르고 한참을 통화했다. 그런데 친구와 이야기를 나누는 내내 수화기 저편에서는 정겨운 개구리 소리가 끊임없이 들려오고 있었다. 얼마나 오랜만에 들어보는 소리였는지! 그 청아한 소리에 친구와의 통화가 더욱 즐겁고 행복했다.

그런데 '개구리'라는 이름은 원래 그것이 '개구리'여서 우리가 '개구리'라고 부르는가, 아니면 우리가 '개구리'라고 이름 붙인 것인가? 분명 개굴개굴 우는 그 소리를 따서 우리가 '개구리'라고 이름 붙인 것이다. 그렇지 않은가? 그렇다면 우리가 '붙인' 이름이니, 그 이름을 한번 떼어내 보자. 그랬을 때 그것은 무엇인가?

뜻밖에도 조금 전까지 우리가 '개구리'로 알고 있었던 그 대상에서 우리가 '붙인' 이름 하나를 떼어 내고 나니, 대번에 우리는 그것이 무엇인지를 모른다. 우리는 언제나 '이름'과 '개념'을 통하여 대상과 세계를 인식하고 이해하는데, '이름'을 떼어 내 버렸으니 그것이 무엇인지 모르는 것은 어쩌면 당연한 일일 것이다.

비단 '개구리'뿐이겠는가. 하늘, 땅, 산, 바다, 바람, 꽃, 나무, 새, 물, 공기, 사람, 개미…… . 사실 세상에 존재하는 모든 것은 원래 이름이 없다. 모두가 우리가 붙인 '이름'만이 있을 뿐이다. 그래서 그 이름들을 떼어 내 보면 우리는 다만 알 수 없는 무언가가 거기에 있다는 것만 인식할 수 있을 뿐 그것이 무엇인지를 모른다.

어린아이가 바라보는 세계에도 '이름'이 없다. 딸아이가 네 살인가 다섯 살 때쯤이었을 것이다. 녀석은 아빠가 집으로 돌아오기만 하면 기다렸다는 듯이 아빠 무릎 위에 달랑 올라앉아서는 사진으로 된 그림책을 펼쳐 들며 언제나 이렇게 묻곤 했다.

"아빠, 이건 뭐야?"

"저건 뭐야?"

그러면 나는 너무나 행복해하며, 녀석의 고사리손이 가리키는 것들의 이름을 말해 주었다.

"응, 이건 수박, 그건 꽃, 그건 산, 이건 나무, 그건 고양이, 이건 얼룩말, 그건 개, 그건 하늘, 이건 구름, 그건 바다, 그건 고래, 그건 사자……."

나는 그렇게 끝없이 아이에게 대답해 주곤 했다.

우리 '안', 곧 우리 '내면'의 것들에 대해서도 이와 꼭 마찬가지로 말할 수 있다. 우리는 우리 '밖'의 대상에 대해 온갖 이름을 붙이듯이 우리 '안'의 것에 대해서도 온갖 이름을 붙여 둔다. 게으름, 짜증, 우울, 분노, 기쁨, 설렘, 불안, 잡생각, 우유부단, 즐거움, 사랑, 미움……. 우리 안에도 얼마나 많은 '이름'이 있는가. 그런데 그 이름 또한 우리가 '붙인' 이름이니, 그것들을 한번 떼어 내 보자. 게으름에서 '게으름'이라는 이름을 떼어 내 보면 거기에 무엇이 남는가. 그저 무어라 이름 붙일 수 없는, 그래서 그것이 무엇인지 알 수 없는 어떤 생명 에너지의 흐름만이 거기에 있을 뿐이다. 또 짜증이라는 것에서 '짜증'이라는 이름을 떼어내고, 미움에서 '미움'이라는 이름을 떼어내 보면 거기에는 단지 그런 상태의 마음의 흐름 ― '좋다' 혹은 '나쁘다'라고 판단할 수 없는 ― 만이 그 순간 우리 안에서 소용돌이치고 있을 뿐이다.

우리 '안'의 모든 감정, 느낌, 생각이 다 마찬가지다. 마치 하늘의 구름이 시시때때로 온갖 모양과 형태를 그리며 그저 일었다가 사라지듯이, 우리 '마음'이라는 하늘에도 온갖 모양의 감정, 느낌, 생각이 그때그때의 인연에 따라 시시로 때때로 일어났다가 사라지고 있을 뿐이다. 그런데 그 어떤 것에도 본래 '이름'이 없으니, 우리는 그것이 무엇인지를 알 수 없고 또 판단할 수도 없지 않은가. 그렇기에 다만 매 순간 있는 그대로 존재할 수 있을 뿐 우리가 할 수 있는 일은 아무것도 없다. 이런 무간택 혹은 무분별의 상태를 '깨달음'이라고 하는 것이다.

승찬 스님은 말한다.

"생각으로 헤아릴 곳이 아니니, 의식과 감정으로 측량키 어렵다."고.

바로 지금 이 순간이 그렇다는 말이다.

60

진실하고 변함없는 법계에는
남도 없고 나도 없다

진여법계眞如法界 무타무자無他無自

'진실하고 변함없는 법계法界'란 바로 '지금'을 가리킨다. 언제나 변화하고 잠시도 가만히 있지 않으며 늘 흔들리는 매 순간 있는 그대로의 '이것'이 바로 진실하고 변함없는 법계인 것이다.

앞에서 말한 구지 스님이 도니 깨달음이니 불법이니 하는 것이 어딘가 따로 있을 것이라고 생각하고는, 그것을 알고 있지 못하다고 생각했기에 한마디도 하지 못한 자신을 한탄하며 몇 날 며칠을 끙끙 앓다가 아무런 말없이 세운 천룡 스님의 손가락 하나에 문득 마음이 환하게 밝아져서 곧장 무분별의 '지금'으로 돌아와 영원한 마음의 평화와 지혜를 얻게 되었듯이, 이것과 저것, 여기와 저기, 있음과 없음, 앎과 모름, 번뇌와 깨달음 등 모든 것을 '둘'로 구별하고 헤아리며 하나는 택하고 다른 하나는 버리려는 바로 그 분별심 하나만 내려놓으면, 지금 이 순간 이대로가 바로 진실하고 변함없는 법계라는 것을 문득 깨닫게 된다.

그런데 이 자리에는 남도 없고 나도 없다고 승찬 스님은 말하고 있지만, 그러나 진실로 '없다'는 것을 알게 되면 그것은 동시에 '있다'는 것도 알게 된다. '나'와 '남'이라는 분별을 내려놓고 나면 다시 '나'와 '남'이라는 분별이 나타나 그 속에서 살게 되지만, 분별의 무게가 제로zero이기에 그 어떤 분별에도 매이지 않고 물들지 않는 대자유의 삶을 살게 되는 것이다. 그래서 승찬 스님은 이 신심명의 마지막 부분에서 이렇게 말하고 있다.

유즉시무 무즉시유
有卽是無 無卽是有
약불여차 필불수수
若不如此 必不須守

있음이 곧 없음이요 없음이 곧 있음이니
만약 이와 같지 않다면 모두 갖다 내버려라!

61

재빨리 상응하고자 한다면
오직 둘 아님만을 말하라

요급상응要急相應 유언불이唯言不二

상응相應이라는 말은 계합한다는 말과 같은데, '정확히 딱 들어맞다.' 혹은 '막힘없이 통한다.'는 뜻이다. 승찬 스님은 "재빨리 상응하고자 한다면"이라고 말했지만, 그러나 보다 정확하게 실상을 말해 보면, 우리는 이미 상응해 있다. 단 한 순간도 어긋나지 않고 우리는 이미 매 순간 도에 계합하고 있다. 우리가 아침에 눈 떠서 다음 날 아침 다시 눈 뜰 때까지 우리 안에서 경험하는 모든 감정, 느낌, 생각이 도 아님이 없기 때문이다. 우리는 단 한 순간도 도를 떠날 수가 없다.

그러니 다만 매 순간 있는 그대로 존재하기만 하면 된다. 이미 이대로가 도인 것을 다시 무슨 방법을 통하여 도에 상응하며, 무슨 노력을 통하여 도를 얻을 수 있다는 말인가? 그렇기에 승찬 스님이 "오직 둘 아님만을 말하라."고 말한 것처럼, 우리 안에서 올라오는 어떤 것도 거부하거나 저항하지 말고, 어떤 것도 잡아 두거나 쌓아 두려 하지 말고, 그렇게 우리 안을 끊임없이 가려서 택하려는 모든 몸짓과 노력을 정지하고, 다만 지금 이 순간의 '이것'을 있는 그대로 받아들이며 경험하면 된다. 우리는 이미 상응해 있기에, 상응하려는 모든 노력을 그치기만 하면 실상은 저절로 우리 앞에 드러날 것이기 때문이다.

도를 깨닫기란 얼마나 쉬운가? 우리 자신이 이미 도이니 아무것도 할 필요가 없고, 잃어버린 적이 없으니 새로이 얻을 무엇도 없으며, 매 순간 있는 그대로 '이것'이니 따로 찾거나 구하거나 알아야 할 것은 아무것도 없지 않은가. 이보다 더 단순하고 명쾌한 일이 또 어디에 있는가.

62

둘 아니니 모두가 같아서
품지 않는 것이 없다

불이개동不二皆同 무불포용無不包容

둘 아님을 알게 되면 비로소 마음이 고요해진다. 마치 꿈에서 깨어나 듯 '둘'이라는 착각 속에서 끝없이 내지르던 헛된 몸짓을 그만두게 되고, 무언가를 끊임없이 움켜쥐려던 손도 가만히 내려놓게 된다. 삶과 자신에 대한 모든 의문과 방황과 목마름도 끝이 나서 참된 마음의 평화와 자유를 얻게 되는 것이다. 그리곤 매 순간의 '지금'을 살면서 자신 안에서 올라오는 모든 것을 남김없이 품으며, 있는 그대로의 자신으로 존재하며, 모든 것으로부터 배우며, 끝없이 성장하며 사랑하며 살게 된다.

63

온 세상의 지혜로운 이들은
모두 이 근본으로 돌아온다

시방지자十方智者 개입차종皆入此宗

온 세상의 모든 지혜로운 이들이 돌아오는 근본의 자리란 바로 매 순간의 '지금'이다. 실재하는 것은 오직 '지금'밖에 없기 때문이다. 그런데 우리 모두는 바로 지금 이 순간 이미 그 자리에 도달해 있지 않은가? 매 순간의 현재 속에서 살고 있지 않은가? 어느 누구도 '지금'을 떠나서는 단 한 순간도 존재할 수 없기 때문이다. 그런데 무엇을 더 찾고 무엇을 더 구해야 하는가? 무엇이 부족한가? 다만 매 순간 있는 그대로 존재하기만 하면 될 뿐!

지공화상은 『대승찬』에서 이렇게 말하고 있다.

몽시몽중조작 각시각경도무

夢時夢中造作 覺時覺境都無

번사각시여몽 전도이견불수

翻思覺時與夢 顚倒二見不殊

득리반관어행 시지왕용공부

得理返觀於行 始知枉用工夫

단무일체희구 번뇌자연소락

但無一切希求 煩惱自然消落

꿈꿀 때는 꿈속에서 조작하지만

깨어난 때는 깨어난 표시가 전혀 없다.

깨어난 때와 꿈꿀 때를 뒤집어 생각해 보니

뒤집힌 두 견해가 다르지 않구나.

이치를 깨닫고 돌이켜 수행을 살펴본다면

공부한다고 헛되이 애쓴 줄 비로소 알리라.

다만 아무것도 바라거나 찾지 않으면

번뇌는 저절로 없어지리라.

내가
곧
사랑
이기
에

64~73수

64

근본은 빠르지도 않고 늦지도 않아
한순간이 곧 만년이다

종비촉연宗非促延 일념만년一念萬年

우리는 언제나 스크린을 통해 영화를 감상한다. 스크린에 이런저런 영상과 장면이 비치면 우리는 그것을 보며 때론 웃으면서 행복해하기도 하고, 때론 슬픔에 젖어 하염없이 눈물 흘리기도 하며, 또 때로는 두려움과 공포에 사로잡혀 자신도 모르게 소리 지르며 벌벌 떨기도 한다. 그러나 영화가 끝나 실내에 다시 불이 들어오고, 사람들이 각자 상기된 표정으로 한마디씩 하며 영화관을 빠져나가고 나면, 스크린은 언제 그런 일이 있었느냐는 듯 처음의 말간 표정 그대로 무대 위에 하얗게 펼쳐져 있다. 스크린에서는 많은 일이 일어났지만 사실은 아무 일도 일어나지 않았던 것이다. 또 우리가 웃고 울고 소리 질렀던 그 모든 장면에도 불구하고 스크린은 그 어느 것에 조금도 물들지 않았다. 스크린은

그냥 스크린일 뿐이기 때문이다.

우리의 삶 속에도 이와 같은 스크린이 하나 있다. 모든 일이 일어나지만 사실은 아무 일도 일어나지 않으며, 그 어떤 것에도 물들지 않는 하얀 스크린 같은 것 말이다. 그것은 바로 '지금'이라는 순간이다. 우리 안팎의 모든 삶은 바로 '지금'이라는 이 순간 속에서 일어나기도 하고 사라지기도 하지만 사실은 매 순간의 '지금'은 언제나 처음처럼 새로우며, 우리가 웃고 울고 괴로움에 몸부림친 그 모든 삶의 내용과 이야기에도 불구하고 '지금'이라는 이 순간은 그 어느 것에도 물들지 않는다. 단 한 순간도 머물러 있지 않고 끊임없이 흐르는 것이 바로 매 순간의 '지금'이기 때문이다. 우리의 마음이 만약 매 순간의 '지금'에 존재할 수 있다면, 삶의 모든 희로애락애오욕을 낱낱이 경험하고 치르면서도 우리는 그 어느 것에도 물들지 않고 언제나 처음처럼 새롭게, 자유롭게, 평화롭게, 행복하게 살아갈 수 있다. '지금'은 언제나 새로운 모습으로 우리에게 다가오고 있으니 말이다.

그런데 안타깝게도 우리의 마음은 너무나 쉽게 과거로 달려가 스스로 거기에 매여 버리거나, 미래로 달려가 닿을 듯 닿지 않는 희망에 스스로 고문당하며 괴로워하기도 한다. 그래서 누구나 '지금' 속에 살고 있지만 진정 매 순간 '지금' 속에 존재함으로 말미암아 영원한 자유를 누리는 사람은 지극히 드문 것이다. 그 아이러니가 참 놀랍다.[43]

승찬 스님이 말한 '근본'이라는 것을 달리 표현해 보면 도道, 진리, 깨

---

43 공자도 이런 말을 한다.
"사람이라면 누구든 마시고 먹지 않는 자가 없지만, 그러나 진정 그 맛을 아는 이는 드물다."

달음, 불법, 참나眞我, 근원, 모든 것의 궁극, 영원히 변치 않고 흔들리지 않는 무엇 등으로 말할 수 있다. 그러나 그 모든 것은 단지 이름일 뿐 실상은 '하나'다.

그런데 그 근본이란 다름 아닌 바로 '지금'을 가리킨다. '지금'은 매 순간순간의 현재를 가리키는 것이니, 승찬 스님의 말처럼 빠르지도 않고 늦지도 않는 것이다. 빠르다 혹은 늦다고 하는 것은 전적으로 우리의 감정 혹은 분별일 뿐 실재하는 것이 아니다.

그렇기에 우리가 매 순간의 '지금'에 존재하게 되면 우리의 마음이 만들어 내는 그와 같은 모든 이원적이고도 허구적인 분별로부터 놓여나게 됨과 동시에 '시간'이라는 관념으로부터도 벗어나게 되어 진정 자유롭게, 지금 이 순간 속에서 영원을 살게 된다.

그런데 가만히 보면, 우리 모두는 이미 매 순간의 '지금' 속에서 말하고 침묵하고 보고 듣고 느끼고 똥 누고 오줌 누고 밥 먹고 자고 생각하고 행동하고 있으니, 우리는 근본을 떠나 있지 않으며, 우리 자신이 곧 근본이다. 따라서 매 순간 우리 안에서 일어나는 모든 감정, 느낌, 생각도 낱낱이 근본이다. 우울도 근본이요 불안도 근본이며 잡생각과 망상도 근본이다. 다시 말해 우리 자신이 이미 이대로 부처요 진리다.

다만 한 가지, 우리 안의 것들을 스스로가 가려서 택하거나 버리는 일만 하지 않으면 된다. 스크린이 자신 위에서 펼쳐지는 온갖 영상과 장면을 다만 있는 그대로 비추기만 할 뿐이듯 말이다. 오직 그렇게만 할 수 있다면 우리는 단 한 순간도 떠난 적 없는 '근본'으로 돌아와 그것이 갖는 영원한 힘을 완전히 회복할 수 있다.

65

있거나 있지 않음이 없어
온 세상이 바로 눈앞이다

무재부재無在不在 시방목전十方目前

중국 당나라 때의 선승인 남전南泉이 어느 날 낮잠을 자다가 깨어나 보니 옆에 어린 사미승 하나가 앉아 있었다. 그가 깨어나자 사미승은 기다렸다는 듯 넙죽 큰절을 하였다. 골격이 뛰어나고 영민해 보이는 아이였다. 남전은 팔베개를 하고 누운 채 사미승에게 물었다.

"몇 살이냐?"

"열네 살입니다."

"어디서 왔느냐?"

"서상원瑞象院에서 왔습니다."

서상원은 서상에 있는 절 이름이었다.

"그래, 거기서 부처님 흔적이라도 보았느냐?"

괴팍하고 장난기 많은 남전의 얼굴에 옅은 웃음이 감돌았다.

어린 사미승이 대답했다.

"부처님 흔적은 보지 못했지만, 누워 있는 부처님은 보았습니다."

이 말에 남전이 벌떡 일어나 앉았다.

'허, 요놈 봐라?'

누워 있는 부처란 다름 아닌 남전 자신을 가리키는 말이었기 때문이다.

"너는 스승이 있느냐?"

제자 욕심이 많은 남전이었기에 제 발로 걸어 들어온 재목이 탐났던 것이다.

"예, 스승이 있습니다."

남전의 얼굴에 일순간 옅은 안타까움이 스쳐 지나갔다.

"그래, 네 스승이 누구냐?"

남전은 사미승의 대답을 기다렸다. 그런데 사미승이 대답은 않고 자리에서 조용히 일어나더니 남전을 향해 넙죽 큰절을 하는 것이 아닌가. 그리곤 이렇게 말했다.

"동짓달 날씨가 매우 추운데, 건강은 괜찮으신지요?"

남전의 얼굴에 웃음꽃이 활짝 피었다.

이 어린 사미승이 바로 조주趙州다. 그는 어린 나이에 출가했지만 자신을 거두어 줄 만한 스승을 찾지 못했다. 그래서 직접 찾아 나서서 얻은 스승이 바로 남전이었던 것이다. 조주는 이후 20년 동안 남전을 의

지하다가, 그가 죽고 난 뒤부터 본격적으로 가르침을 펴기 시작해 40여 년 동안 선풍禪風을 크게 일으켰다.

어느 날 제자 하나가 조주에게 찾아와 심각한 얼굴로 물었다.

"스님, 개한테도 불성佛性이 있습니까?"

조주가 주저 없이 대답했다.

"없어!"

그런데 다음 날 또 다른 제자가 찾아와서 똑같이 물었다.

"스님, 개에게도 불성이 있습니까?"

조주가 주저 없이 대답했다.

"있지!"

이번엔 제자가 의아한 듯 다시 물었다.

"개에게도 불성이 있을진대, 그럼 개는 왜 사람이 되지 못했습니까?"

조주가 말했다.

"그건 개한테 물어봐!"

이 조주 스님이 늘 마음에 새기고 다녔다는 『신심명』을 쓴 승찬 스님은 말한다. "있거나 있지 않음이 없어 온 세상이 바로 눈앞이다."라고. 즉 도는 있다거나 없다 하는 이원의 분별과 개념 속에 있지 않다는 말이다. 그렇게 헤아리며 찾을수록 도는 점점 더 멀어질 뿐이다. 도는 언제나 우리 눈앞에 훤히 드러나 있다. 지금 이것! 바로 이것! 우리가 매일 매 순간 쓰고 있는 이것! 그렇기에 단 한 순간도 떠나 있지 않은 바로 이것! 말하고 생각하고 움직이고 호흡하고 앉고 눕고 서고 밥 먹는 이것! 바로 지금 이 순간의 나!

그런데 이 너무나 단순하고 명확한 진실이 알려 하고 찾으려 하는 마음 때문에 다 묻혀 버리고 아무것도 보이지 않게 된다. 도는 알려고 하는 노력 속에서 알게 되는 것이 아니라, 다만 매 순간 있는 그대로 존재함으로 말미암아 드러나는 것이기 때문이다. 그러니 이제 그만 찾으라. 온 세상이 바로 지금 우리 눈앞에 있다.

66

지극히 작은 것이 곧 큰 것과 같으니
상대적인 경계를 모두 잊고 끊는다

극소동대 極小同大 망절경계 忘絶境界

지극히 작은 것이란 지금 이 순간 우리가 경험하는 온갖 모양의 소소한 감정, 느낌, 생각을 가리키는데, 그것이 지극히 큰 것과 같다는 것은 곧 그 하나하나가 진리요 도요 깨달음이요 불법이라는 말이다. 그것은 마치 아무리 작고 보잘것없는 파도 한 방울일지라도 그 하나하나가 무한히 큰 바닷물임에는 틀림없고, 아무리 초라하고 하찮은 생명일지라도 그것이 한없이 넓은 허공 안에 존재함은 두말할 나위가 없다. 불법에 '예외'란 존재하지 않으며, '밖'이라는 것도 없다. 이 진실에 눈을 뜬다면 거기 어디에 상대적인 경계가 남아 있겠는가. 모두가 하나일진대, 거기 어디에 가려서 택할 것이 남아 있겠는가. 그러므로 지금 이 순간을 떠나지 말라. 매 순간 있는 그대로의 자신을 버리지 말라. 우리 자신이 곧 길이요 진리요 생명이다.

노자는 말한다.

합포지목 생어호말
合抱之木 生於毫末
구층지대 기어누토
九層之臺 起於累土
천리지행 시어족하
千里之行 始於足下

아름드리나무도 털끝같이 작은 싹에서 나고
9층이나 되는 높은 건물도 한 줌 흙에서 비롯되며
천릿길도 발 밑 한 발자국에서 시작된다.

그러니 지금 이 순간 있는 그대로의 '나'를 떠나지 말라. 지금 이것을 버리지 말라. 여기 있으라.

67

지극히 큰 것이 작은 것과 같으니
그 가장자리를 보지 못한다

극대동소極大同小 불견변표不見邊表

그렇게 '지금'으로 돌아와 보면, 이 자리에는 아무것도 남아 있지 않음을 알게 된다. 크다느니 작다느니 하는 상대적인 경계도 마음에서 사라지고 없고, 너와 나라는 분별도, 삶과 죽음이라고 하는 구분도, 나아가 '이 자리'라고 할 자리조차도 없음을 알게 된다. 그 모든 것은 다만 마음이 지어낸 공허한 개념이요 말들일 뿐이어서 매 순간의 '지금' 속에서는 그 어떤 가장자리도 볼 수가 없는 것이다. 이것을 이름하여 '하나'라고 한다.

68

있음이 곧 없음이요
없음이 곧 있음이니

유즉시무有卽是無 무즉시유無卽是有

우리 마음 안에서 이원의 분별이 사라진다 하더라도 구체적이고도 일상적인 우리의 삶 속에서는 그 모든 것이 하나도 사라지지 않고 그대로 있다. 크고 작은 상대적인 경계도 성성하게 살아 있고, 나와 너라는 구별도 엄존하고 있으며, 삶과 죽음이라는 모습도 분명하게 구분되어 우리 앞에 나타나 있다. 마치 석가모니가 생로병사의 문제가 너무나 괴롭고 고통스러워, 그것을 해결하기 위해 모든 것을 버리고 출가하여 6년 설산 고행 끝에 마침내 부처가 됨으로써 그 고통을 완전히 해결했다고 했지만, 사실은 생로병사에 매여 있는 대부분의 사람과 조금도 다름없이 늙고 병들고 죽은 것과 마찬가지로 말이다.

하지만 분명히 마음 안에서는 이원의 분별이 사라져 모든 것이 '하나'일 뿐 아무런 차별이 없다는 것을 알게 되었기에, 삶 속에서 일어나는 많은 일들에 대해서도 그 있음에 집착하지 않으니 그 있음은 곧 있음이 아니요, 삶 속에 없어서 이런저런 모양으로 불편한 것에 대해서도 그 없음에 조금도 매이지 않으니 그 없음은 곧 없음이 아니며 불편함은 곧 불편함이 아닌 것이다. 그 마음 안에서는 있음이 곧 없음이요, 없음이 곧 있음이어서 그 둘 사이에 아무런 차이가 없다.

그렇기에 삶의 모든 일들에 늘 물드는 듯하지만 조금도 물들지 않고, 안팎의 모든 일들에 늘 흔들리는 듯하지만 전혀 흔들리지 않는다. 마치 하얀 스크린처럼 말이다.

69

만약 이와 같지 않다면
반드시 지킬 것이 없다

약불여차若不如此 필불수수必不須守

"만약 이와 같지 않다면……." 모든 일이 일어나지만 아무 일도 일어나지 않고 온갖 것이 왔다가 가지만 어느 것에도 물들지 않는 마음이 아니라면, 그래서 모든 차별이 곧 차별이 아니요 모든 상대가 곧 하나하나의 절대가 아니라면, 그리하여 마침내 고요해지지 않는다면, 그 고요 속에서 늘 소란스러운 안팎의 모든 삶에 매 순간 있는 그대로 존재할 수 없다면, 안과 밖의 분별이 사라지고 나와 너의 경계가 사라져 나를 사랑하듯 진실로 너를 사랑할 수 없다면, 지금 이 순간 영원히 자유롭지 않다면, 그 자유를 기꺼이 나누어 줄 수 없다면, 그것은 지킬만한 법이 못 된다는 말이다.

70

하나가 곧 모든 것이요
모든 것이 곧 하나다

일즉일체 一卽一切 일체즉일 一切卽一

딸아이가 초등학교에 갓 입학했을 때의 어느 날이었다. 학교에서 돌아와 점심을 먹고는 자그마한 자기 책상에 앉아 무슨 동화책인가를 열심히 보다 말고 문득 무언가 아주 궁금한 것이 생각난 듯 눈을 동그랗게 뜨고는 나를 올려다보며 이렇게 물었다.

"아빠, 자유가 뭐야?"

녀석의 느닷없는 물음에 짧은 순간 뭐라고 말해 주면 좋을까 생각하다가, 나는 이렇게 대답했다.

"응, 아빠가 바로 자유야."

그러자 녀석은 동그랗게 뜬 눈을 더 크게 뜨고는 이렇게 되물었다.

"응? 그게 무슨 말이야?"

나는 다정스레 딸아이를 바라보며 말했다.

"자유란 따로 있는 게 아니란다. 아빠가 곧 자유라는 말이지……."

또 어느 일요일에는 제 엄마와 손잡고 교회에 갔다 오더니, 나한테 쪼르르 달려와서 이렇게 물었다.

"아빠, 아빠는 죽으면 천국 갈 것 같아, 지옥 갈 것 같아?"

아마 예배를 보면서 목사님으로부터 천국과 지옥에 관한 말씀을 듣고는 교회에 가지 않는 아빠가 문득 걱정되었던 모양이다. 그 모습이 얼마나 귀엽던지, 나는 녀석을 번쩍 들어 가슴에 안으면서 말했다.

"응, 아빠는 벌써 천국에 와 있는 걸? 천국은 죽어서 가는 곳이 아니야. 여기 있다가 저기로 가는 공간적인 곳도 아니고, 지금은 아니지만 언젠가 죽고 난 뒤에 갈 수 있는 시간적인 곳도 아니야……. 아빠는 이미 천국에서 살고 있는 걸?"

그러나 녀석은 염려스러운 얼굴로 입을 삐죽거리며 중얼거렸다.

"에이, 아닌데……."

또 이런 일도 있었다. 종일 여기저기 뛰어다니며 강의와 상담을 하고는 저녁 늦게 집으로 돌아와 배가 고파서 허겁지겁 저녁을 먹고 있는데, 식탁으로 가만히 다가온 녀석이 나를 빤히 쳐다보며 물었다.

"아빠는 밥 먹을 때 왜 기도 안 해?"

나는 미소 띤 얼굴로 녀석의 머리를 쓰다듬으며 말했다.

"기도란 말이야, 꼭 다소곳한 자세로 앉아 두 손을 모으고 눈을 지그시 감고 하는 것만이 기도가 아니란다. 밥이 나왔을 때는 밥을 맛있게 먹는 것이 기도요, 길을 걸을 때는 걷는 것이 기도며, 잠을 잘 시간에는 편안히 잠자리에 드는 것이 바로 기도야. 아빠에게는 삶의 모든 순간이 기도란다. 그래서 아빠는 오히려 기도하지 않는 순간이 없는 걸?"

그러자 이번에도 녀석은 입을 삐죽거리며 말했다.

"에이, 아닌데……."

승찬 스님은 "하나가 곧 모든 것이요, 모든 것이 곧 하나다."라고 말했다. 이 '하나'란 따로 있는 것이 아니라 바로 지금 이 순간 우리가 늘 쓰고 있는 이 마음을 가리킨다.

마조 스님은 이렇게 말한다.

고삼계유심 삼라급만상 일법지소인
故三界唯心 森羅及萬象 一法之所印

그러므로 삼계는 오직 마음이며
삼라만상은 마음 하나가 찍어내는 것이다.

아침에 눈을 떴을 때 기분이 좋고 상쾌한 것도 내 마음이요 왠지 모르게 무겁고 우울한 것도 내 마음이며, 비가 오는구나 하고 아는 것도 내 마음이요 나무인지 꽃인지를 구별하는 것도 내 마음이며, 출근 시간에 바쁜데 늦게 오는 버스를 기다리며 발을 동동거리거나 짜증 내는 것도 내 마음이다. 배가 고프다고 느끼는 것도 내 마음이요 피곤하여 쉬고 싶은 것도 내 마음이며, 누군가를 사랑하거나 미워하는 것도 내 마음이요 분노하고 외면하는 것도 내 마음이며, 어느 순간 어색해하거나 안절부절못하는 것도 내 마음이다. 편안하고 당당할 때도 내 마음이요 불안하고 두려워하며 온갖 잡생각과 망상에 사로잡히는 것도 내 마음이며, 강박이나 수치심도 내 마음이요 그 때문에 어쩔 줄 몰라 하며 괴로워하는 것도 내 마음이며, 기쁨과 감사에 들떠 눈물 흘리는 것도 내 마음이다. 우리가 아침에 눈 떠서 밤에 잠들 때까지 심지어 꿈속에서조차 경험하는 모든 감정, 느낌, 생각을 다 적어 보자면 바닷물을 먹물 삼고 하늘을 종이 삼아도 부족할 것이다. 그러나 그 모든 것이 하나도 남김없이 다 내 마음일 뿐이니, 오직 '하나'인 것이다.

모두가 '하나'요 내 마음 아님이 없기에, 거기 어디에 취하고 버릴 것이 있겠는가. 오직 가려서 택하지 말고 내 마음의 전부를 '나'로서 통째로 받아들이기만 한다면, 그래서 매 순간 있는 그대로의 '나'를 경험하며 있는 그대로의 '나'로서 존재하기만 한다면, 우리는 이 일상의 평범하고 아무것도 아닌 경험들 속에서 뜻밖에도 비범하고 영원한 것을 만날 수 있다. 우리가 추구하는 영혼의 자유나 마음의 참된 평화 혹은 진리나 깨달음은 결코 이 일상 속에서 매 순간 경험하는 우리의 평범하고도 소소한 낱낱의 마음을 떠나 있지 않기 때문이다.[44] 오직 매 순간의 '지금' 속에서만 우리는 영원히 변치 않는 무언가를 만날 수 있다.

---

44 황벽 스님은 이렇게 말한다.
"다만 보고 듣고 느끼고 아는 곳에서 본래 마음을 알아라."

이를 두고 혜능 스님은 이렇게 표현하고 있다.

번뇌암택중 상수생혜일

煩惱暗宅中 常須生慧日

불법재세간 불리세간각

佛法在世間 不離世間覺

이세멱보리 흡여구토각

離世見菩提 恰如求兎角

번뇌의 어두운 집 가운데에서 언제나 지혜의 태양이 떠오른다.

불법(佛法)은 세간 속에 곧 매 순간 있는 그대로의 '나'에게 있으니

'나'를 떠나지 않아야 깨달을 수 있다.

지금 여기 있는 그대로의 '나'를 떠나서 깨달음을 찾는다면

마치 토끼에게서 뿔을 구하는 것과 같다.

또 이런 말도 한다.

색류자유도 각불상방뇌

色類自有道 各不相妨惱

증애불관심 장신양각와

憎愛不關心 長伸兩脚臥

사람들에게 본래 도(道)가 있으니

각자는 번뇌를 거리끼지 말라.

싫어하고 좋아함에 마음을 두지 않으면

두 다리 쭉 뻗고 누울 수 있다.

  그러므로 모든 것이 '하나'로서 다만 내 마음뿐임을 알아 취하고 버리는 몸짓을 멈출 수만 있다면 우리 모두는 지금 이대로 완전하다는 실상에 비로소 눈뜨게 되어 그야말로 두 다리 쭉 뻗고 누울 수 있다. 삶에 완전한 자유와 해방이 온 것이다. 그때 삶의 모든 순간은 기도가 되고 명상이 되며, 자유란 어떤 상태나 조건에 있는 것이 아니라 자신이 바로 자유임을 깨닫게 된다. 동시에 모든 의미의 '소유'가 끝난 그 텅 빈 마음속에서 비로소 참되고 영원한 것을, 진실한 사랑을 모든 사람과 아무런 조건 없이 나누게 된다. 그러니 매 순간의 지금 여기가 바로 천국이 아니고 무엇이겠는가.

71

다만 이와 같을 수 있다면
무엇 때문에 끝마치지 못할까 걱정하랴

단능여시 但能如是 하려불필 何慮不畢

진정 이와 같을 수 있다면 무슨 걱정이 있겠는가. 이미 모든 추구가 끝나 있기에 다만 주어진 하루하루를 열심히 살면서, 매 순간 삶을 노래하며 기뻐하며 배우며 성장하며 사랑하며 나누며 감사하며 살아갈 뿐 달리 더 할 일이 무엇이겠는가.

한때 나는 이런 생각을 했다.

'우리가 몸을 가지고 이 세상에 태어난 이유는 오직 자신이 누구인가를 알기 위해서인데, 삶의 이런저런 질곡 속에서 괴로워하며 목말라하다가 문득 자신이 누구인지 알고 나면, 자신이 바로 사랑이라는 것을 깨닫게 된다. 그렇기에 우리가 이 세상에서 해야 할 일은 오직 하나밖에 없다. 그것은 바로 사랑하며 사는 일이다. 우리는 오직 사랑하기 위

해서 사랑의 존재로서 이 세상에 온 것이다. 아, 삶이란 얼마나 단순한
가!'

지금도 이 생각에는 변함이 없다.

72

진실한 마음은 둘이 아니고
둘 아님이 진실한 마음이다

신심불이信心不二 불이신심不二信心

본래 우리 안과 밖의 모든 것은 둘이 아니었다. 다만 있는 그대로일 뿐인데, 이원성에 병든 우리 마음이 스스로 둘로 나누어 봤던 것이다. 꽃은 때가 되면 그냥 피었다가 질 뿐인데 우리가 한 번은 '예쁘다' 하고 다른 한 번은 '추하다' 하며, 또 때에 따라 인연 따라 우리 안에서는 온갖 감정과 느낌과 생각이 그냥 일어났다가 사라질 뿐인데, 우리가 어떤 것은 '좋다' 하고 어떤 것은 '나쁘다' 하며 가려서 택하고 사랑하거나 미워함으로 말미암아 스스로 매여 괴로워하고 힘들어했던 것이다.

그러나 지금 이 순간 일체 모든 것은 그런 이원의 범주 안에 들어가 있지 않다. '둘'이라고 하는 것은 전적으로 우리 마음이 만들어 낸 허구다. 이 진실을 깨달을 때 우리는 비로소 마음 너머의 자리에서 모든 것을 있는 그대로 보며 매 순간을 있는 그대로 살게 되는데, 그때 우리는 어디에도 걸림 없는 완전한 자유와 행복을 누리게 되는 것이다. 이 마음을 승찬 스님은 '진실한 마음信心'이라고 했다.

73

언어의 길이 끊어지니
과거도 미래도 현재도 아니다

언어도단言語道斷 비거래금非去來今

그 마음 너머의 자리란 바로 '지금'이며, 그 자리로 갈 수 있는 유일한 기회는 오직 '지금'밖에 없다. 매 순간 '지금' 속에는 모든 언어의 길, 분별의 길, 이원의 길이 다 끊어져 있다. 여기에는 그 어떤 이름도, 과거니 미래니 현재니 하는 개념이나 관념도 붙을 수 없다. 오직 영원한 자유만이, 기쁨과 행복이, 사랑이 꺼지지 않는 태양처럼 환하게 빛나며 넘실 넘실 춤을 추고 있다.

그러므로 '지금'으로 돌아오라. 지금 두 발을 굳건하게 디디고 서 있는 그 자리로 돌아오라. 지금 자신 안에서 올라오는 이런저런 감정, 느낌, 생각들 가운데 어떤 것을 초라하다거나 못났다 하며 버리지 말라. 지금 자신 안에서 일어났다가 사라지는 온갖 마음 가운데 어떤 것만을 사랑하여 부여잡거나 쌓아 두려고 하지 말라. 그렇게 헛되이 애쓰지 말라. 모든 것은 잠시도 머물러 있지 않는다. 그러므로 다만 매 순간 있는 그대로 존재하라.

승찬 스님은 다시 한 번 우리에게 간곡하게 말한다. 이 간곡한 말씀이 지금 우리들의 가슴 속에서 살아 있기를!

지도무난 유혐간택
至道無難 唯嫌揀擇
단막증애 통연명백
但莫憎愛 洞然明白

지극한 도(道)는 어렵지 않으니
오직 가려서 택하지만 말라.
다만 미워하거나 사랑하지만 않으면
막힘없이 밝고 분명하리라.

신심명 73수 전문

1 　至道無難 지도무난　지극한 도(道)는 어렵지 않으니
　　唯嫌揀擇 유혐간택　오직 가려서 택하지만 말라

2 　但莫憎愛 단막증애　다만 미워하거나 사랑하지만 않으면
　　洞然明白 통연명백　막힘없이 밝고 분명하리라

3 　毫釐有差 호리유차　털끝만큼이라도 차이가 있으면
　　天地懸隔 천지현격　하늘과 땅만큼 벌어진다

4 　欲得現前 욕득현전　도가 앞에 나타나기를 바란다면
　　莫存順逆 막존순역　따라가지도 말고 거스르지도 말라

5 違順相爭 위순상쟁 거스름과 따라감이 서로 다투는 것,
   是爲心病 시위심병 이것이 마음의 병이다

6 不識玄旨 불식현지 현묘한 뜻은 알지 못하고
   徒勞念靜 도로염정 헛되이 생각만 고요히 하려 애쓴다

7 圓同太虛 원동태허 원만하기가 큰 허공과 같아서
   無欠無餘 무흠무여 모자람도 없고 남음도 없건만

8 良由取捨 양유취사 오직 취하고 버림으로 말미암아
   所以不如 소이불여 본래 그대로 한결같지 못하다

9 莫逐有緣 막축유연 인연을 좇아가지도 말고
   勿住空忍 물주공인 빈 곳에 머물러 있지도 말라

10 一種平懷 일종평회 한결같이 평등하게 지니면
   泯然自盡 민연자진 사라져 저절로 끝날 것이다

11 止動歸止 지동귀지 움직임을 그쳐 멈춤으로 돌아가면
   止更彌動 지갱미동 멈춤은 다시 더욱 큰 움직임이 된다

12 唯滯兩邊 유체양변 오직 양쪽에만 머물러 있어서야
   寧知一種 영지일종 어찌 한결같음을 알겠는가

13 一種不通 일종불통 한결같음에 통하지 못하면
   兩處失功 양처실공 양쪽에서 모두 공덕을 잃으리라

14　遣有沒有　견유몰유　있음을 버리면 오히려 있음에 빠지고
　　從空背空　종공배공　공(空)을 따르면 도리어 공을 등지게 된다

15　多言多慮　다언다려　말이 많고 생각이 많으면
　　轉不相應　전불상응　더욱더 통하지 못한다

16　絶言絶慮　절언절려　말이 끊어지고 생각이 끊어지면
　　無處不通　무처불통　통하지 않는 곳이 없다

17　歸根得旨　귀근득지　근본으로 돌아가면 뜻을 얻고
　　隨照失宗　수조실종　비춤을 따라가면 근본을 잃는다

18　須臾返照　수유반조　잠깐이라도 돌이켜 비추면
　　勝脚前空　승각전공　공(空)을 앞세우는 것보다 훨씬 낫다

19　前空轉變　전공전변　공을 앞에 두고도 경계를 따라 흘러감은
　　皆由妄見　개유망견　모두가 허망한 견해 때문이다

20　不用求眞　불용구진　참됨을 구할 필요는 없으니
　　唯須息見　유수식견　오직 허망한 견해만 쉬면 된다

21　二見不住　이견부주　둘로 보는 견해에 머물지 말고
　　愼莫追尋　신막추심　삼가 좇아가 찾지 말라

22　纔有是非　재유시비　옳으니 그르니 따지기만 하면
　　紛然失心　분연실심　어지러이 마음을 잃게 된다

23 二由一有 _{이유일유} 둘은 하나로 말미암아 있으나
一亦莫守 _{일역막수} 하나 또한 지키고 있지 말라

24 一心不生 _{일심불생} 한 마음이 나지 않으면
萬法無咎 _{만법무구} 만 가지 일에 허물이 없다

25 無咎無法 _{무구무법} 허물이 없으면 법도 없고
不生不心 _{불생불심} 나지 않으면 마음이랄 것도 없다

26 能隨境滅 _{능수경멸} 주관은 객관을 따라 소멸하고
境逐能沈 _{경축능침} 객관은 주관을 따라 사라진다

27 境由能境 _{경유능경} 객관은 주관으로 말미암아 객관이요
能由境能 _{능유경능} 주관은 객관으로 말미암아 주관이다

28 欲知兩段 _{욕지양단} 두 끝을 알고자 하는가?
元是一空 _{원시일공} 원래 하나의 공(空)이다

29 一空同兩 _{일공동량} 하나의 공이 두 끝과 같으니
齊含萬象 _{제함만상} 삼라만상을 다 머금는다

30 不見精麤 _{불견정추} 세밀함과 거칢을 나누어 보지 않는다면
寧有偏黨 _{영유편당} 어찌 치우침이 있겠는가

31 大道體寬 _{대도체관} 대도는 바탕이 드넓어서
無易無難 _{무이무난} 쉬움도 없고 어려움도 없다

357

32 小見狐疑 소견호의 좁은 견해로 여우같이 의심하여
轉急轉遲 전급전지 서둘수록 더욱 늦어진다

33 執之失度 집지실도 집착하면 법도(法度)를 잃고서
必入邪路 필입사로 반드시 삿된 길로 들어간다

34 放之自然 방지자연 놓아 버리면 본래 그러하니
體無去住 체무거주 본바탕에는 가거나 머무름이 없다

35 任性合道 임성합도 본성에 맡기면 도에 합하니
逍遙絶惱 소요절뇌 한가하고 번뇌가 끊어진다

36 繋念乖眞 계념괴진 생각에 매달리면 참됨과 어긋나
昏沈不好 혼침불호 어두움에 빠져 좋지 않다

37 不好勞神 불호노신 정신을 피로하게 하는 것을 좋아하지 않는다면
何用疏親 하용소친 어찌 멀리하거나 가까이할 필요가 있겠는가?

38 欲取一乘 욕취일승 한 수레를 얻고자 하거든
勿惡六塵 물오육진 육진(六塵)을 싫어하지 말라

39 六塵不惡 육진불오 육진을 싫어하지 말아야
還同正覺 환동정각 바른 깨달음과 같아진다

40 智者無爲 지자무위 지혜로운 사람은 일부러 하는 일이 없지만
愚人自縛 우인자박 어리석은 사람은 스스로를 얽어맨다

41 法無異法 법무이법 법에는 다른 법이 없는데
　　妄自愛着 망자애착 허망하게 스스로 좋아하고 집착한다

42 將心用心 장심용심 마음을 가지고서 마음을 쓰니
　　豈非大錯 기비대착 어찌 커다란 잘못이 아니겠는가?

43 迷生寂亂 미생적난 어리석으면 고요함과 시끄러움이 생기지만
　　悟無好惡 오무호오 깨달으면 좋아함과 싫어함이 없다

44 一切二邊 일체이변 모든 두 가지 경계는
　　良由斟酌 양유짐작 오직 헤아려 보기 때문에 생긴다

45 夢幻虛華 몽환허화 꿈 같고 환상 같고 헛꽃 같은데
　　何勞把捉 하로파착 어찌 애써 잡으려고 하는가?

46 得失是非 득실시비 얻고 잃음과 옳고 그름을
　　一時放却 일시방각 일시에 놓아 버려라

47 眼若不睡 안약불수 눈이 잠들지 않으면
　　諸夢自除 제몽자제 모든 꿈은 저절로 사라진다

48 心若不異 심약불이 마음이 만약 다르지 않으면
　　萬法一如 만법일여 만 가지 법이 한결같다

49 一如體玄 일여체현 한결같은 바탕은 현묘하니
　　兀爾忘緣 올이망연 그윽이 차별 인연을 잊는다

50　萬法齊觀 만법제관 만법을 평등하게 보면
　　歸復自然 귀복자연 본래 그러함으로 돌아간다

51　泯其所以 민기소이 그 까닭을 없애 버리면
　　不可方比 불가방비 견주어 비교할 수 없다

52　止動無動 지동무동 그침에서 움직이니 움직임이 따로 없고
　　動止無止 동지무지 움직임에서 그치니 그침이 따로 없다

53　兩旣不成 양기불성 둘이 이미 이루어지지 못하는데
　　一何有爾 일하유이 하나가 어찌 이루어지겠는가?

54　究竟窮極 구경궁극 마지막 끝까지 결코
　　不存軌則 부존궤칙 격식을 두지 말라

55　契心平等 계심평등 마음에 계합하면 평등하게 되어
　　所作俱息 소작구식 하는 일이 모두 쉬워진다

56　狐疑盡淨 호의진정 여우 같은 의심이 깨끗이 사라지면
　　正信調直 정신조직 올바른 믿음이 알맞고 바르게 된다

57　一切不留 일체불류 아무것도 머물러 두지 않으면
　　無可記憶 무가기억 기억할 만한 것이 없다

58　虛明自照 허명자조 텅 비고 밝아 스스로 비추니
　　不勞心力 불로심력 애써 마음을 수고롭게 하지 않는다

59 非思量處 비사량처 생각으로 헤아릴 곳이 아니니
   識情難測 식정난측 의식과 감정으로 측량키 어렵다

60 眞如法界 진여법계 진실하고 변함없는 법계에는
   無他無自 무타무자 남도 없고 나도 없다

61 要急相應 요급상응 재빨리 상응하고자 한다면
   唯言不二 유언불이 오직 둘 아님만을 말하라

62 不二皆同 불이개동 둘 아니니 모두가 같아서
   無不包容 무불포용 품지 않는 것이 없다

63 十方智者 시방지자 온 세상의 지혜로운 이들은
   皆入此宗 개입차종 모두 이 근본으로 돌아온다

64 宗非促延 종비촉연 근본은 빠르지도 않고 늦지도 않아
   一念萬年 일념만년 한순간이 곧 만년이다

65 無在不在 무재부재 있거나 있지 않음이 없어
   十方目前 시방목전 온 세상이 바로 눈앞이다

66 極小同大 극소동대 지극히 작은 것이 곧 큰 것과 같으니
   忘絕境界 망절경계 상대적인 경계를 모두 잊고 끊는다

67 極大同小 극대동소 지극히 큰 것이 작은 것과 같으니
   不見邊表 불견변표 그 가장자리를 보지 못한다

68 有卽是無 유즉시무 있음이 곧 없음이요
　　無卽是有 무즉시유 없음이 곧 있음이니

69 若不如此 약불여차 만약 이와 같지 않다면
　　必不須守 필불수수 반드시 지킬 것이 없다

70 一卽一切 일즉일체 하나가 곧 모든 것이요
　　一切卽一 일체즉일 모든 것이 곧 하나다

71 但能如是 단능여시 다만 이와 같을 수 있다면
　　何慮不畢 하려불필 무엇 때문에 끝마치지 못할까 걱정하랴

72 信心不二 신심불이 진실한 마음은 둘이 아니고
　　不二信心 불이신심 둘 아님이 진실한 마음이다

73 言語道斷 언어도단 언어의 길이 끊어지니
　　非去來今 비거래금 과거도 미래도 현재도 아니다

무분별의 지혜

1판 1쇄 펴냄 2015년 6월 16일
1판 7쇄 펴냄 2023년 2월 2일

지은이 | 김기태
발행인 | 박근섭
펴낸곳 | 판미동

출판등록 | 2009. 10. 8 (제2009-000273호)
주소 | 135-887 서울 강남구 신사동 506 강남출판문화센터 5층
전화 | **영업부** 515-2000 **편집부** 3446-8774 **팩시밀리** 515-2007
홈페이지 | panmidong.minumsa.com

도서 파본 등의 이유로 반송이 필요할 경우에는 구매처에서 교환하시고
출판사 교환이 필요할 경우에는 아래 주소로 반송 사유를 적어 도서와 함께 보내주세요.
135-887 서울 강남구 신사동 506 강남출판문화센터 6층 민음인 마케팅부

판미동은 민음사 출판 그룹의 브랜드입니다.